Mathe 2000+

Das Zahlenbuch 4

für

....

von Erich Ch. Wittmann und Gerhard N. Müller

Unter Beratung von

Albert Ellensohn
Sabine Eller
Gundula Geiger
Angelika Kittner
Franz Korn

www.oebv.at

Inhaltsverzeichnis

Wiederholung und Ausblick

·	6	4	
7	42	28	70
3	18	12	30
	60	40	100

Multiplikation und Division im Tausenderraum

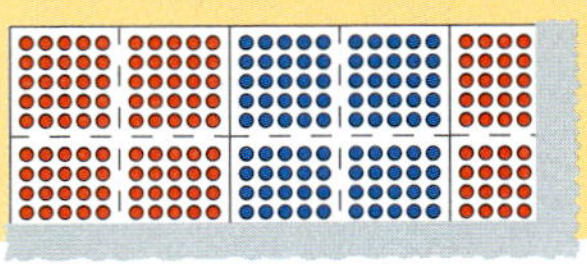

Orientierung im Millionraum

Addition und Subtraktion im Millionraum

$$\begin{array}{r} 34765 \\ +\ 12089 \\ \hline \end{array}$$

Multiplikation und Division im Millionraum

Schriftliche Multiplikation

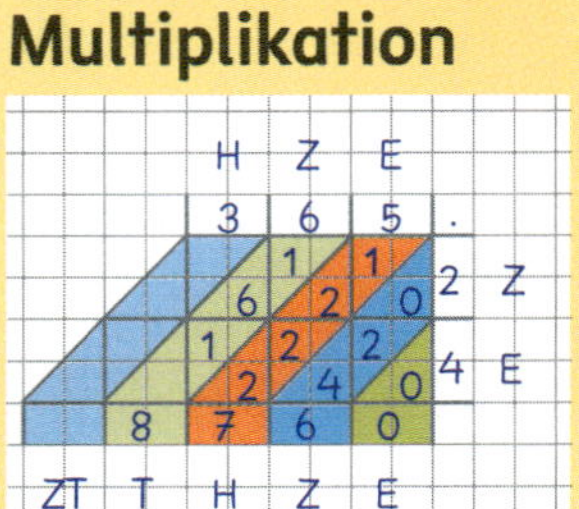

Ausgewiesene inhaltliche Kompetenzen: ■ Arbeiten mit Zahlen ■ Arbeiten mit Ebene und Raum ■ Arbeiten mit Größen. Die Kompetenz „Arbeiten mit Operationen" ist integraler Bestandteil aller dieser Bereiche. Die grün unterlegten Bereiche kennzeichnen Aufgaben mit natürlicher Differenzierung.

Flächeninhalt

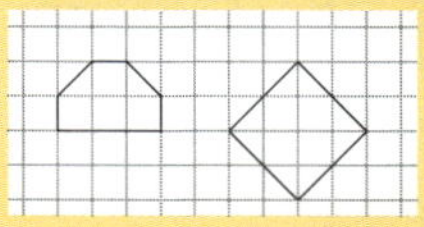

Schriftliche Division

Ergänzende Übungen

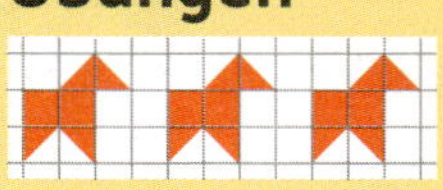
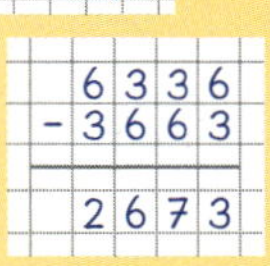

Mini-Projekte

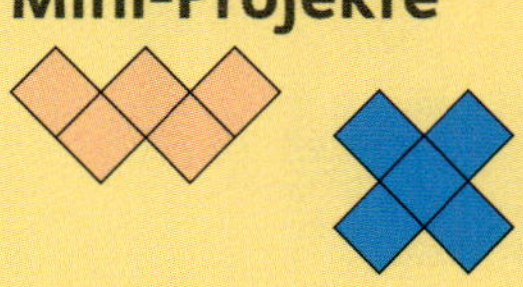

 Hier könnt ihr viele Aufgaben finden.

[?] Findet und besprecht zuerst eine passende Frage.

 Arbeitet und besprecht gemeinsam.

 Hier könnt ihr euch an die Lösungen heranschnüffeln.

 Fragen und Schätzen

 Hier sollt ihr miteinander etwas forschen, finden, erklären.

 Spannende Ausblicke für Neugierige … So geht es weiter!

 Mathekonferenz

⚡ *Blitzrechnen*

→ weist auf passende Seiten im Arbeitsheft oder auf Übungen auf der Blitzrechen CD-ROM hin. Die Mini-Projekte sind zeitlich passend einzuordnen bzw. mit entsprechenden Themen des Sachunterrichts zu kombinieren.

Immer das Zehnfache

Anzahlen

Geschwister
2

· 10

Klasse
20

· 10

Schule
200

· 10

Kleinstadt
2 000

Gewichte

Kleines Gummibärchen
1 g

· 10

Standardbrief

10 g = 1 dag

· 10

Tafel Schokolade
100 g

· 10

Paket Mehl

1 000 g = 1 kg

Rauminhalte

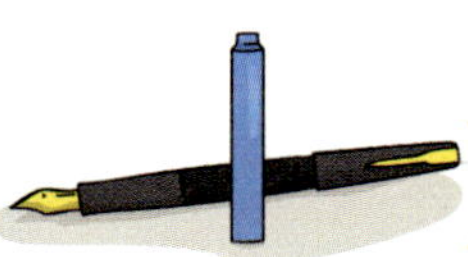

Tintenpatrone
1 ml

· 10

Spritze
10 ml

· 10

Kaffeetasse
100 ml

· 10

Saftflasche

1 000 ml = 1 l

Längen

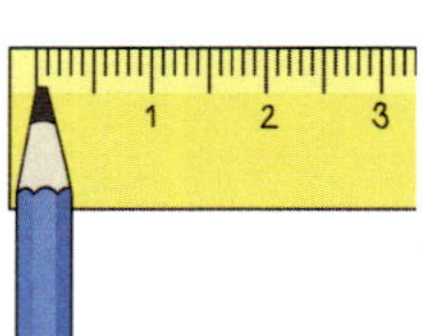

Bleistiftspitze
1 mm

· 10

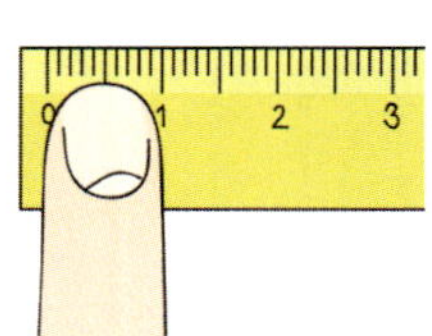

Fingerbreite

10 mm = 1 cm

· 10

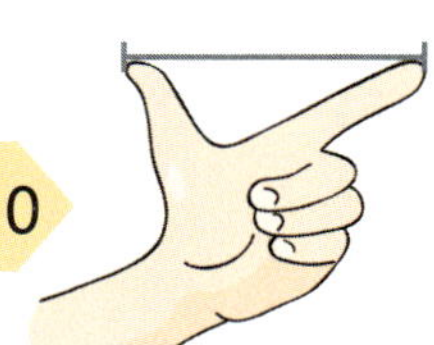

Fingerspanne

10 cm = 1 dm

· 10

Armspanne

100 cm = 1 m

$2\frac{1}{2}$ Runden

1 000 m = 1 km

· 10

25 Runden
10 km

· 10

Entfernung
100 km

■ Die Standardgrößen umweltbezogen verankern. Wiederholung bereits eingeführter Größen und Ausblick auf weitere Größen. Doppelseite als Plakat auffassen. Jede Größe wird sukzessive mit 10 vervielfacht.

10

Mittelgroße Stadt
20 000

· 10

Großstadt
200 000

· 10

Ballungsraum
2 000 000

· 10

Kübel Wasser
10 kg

· 10

Waschmaschine
100 kg

· 10

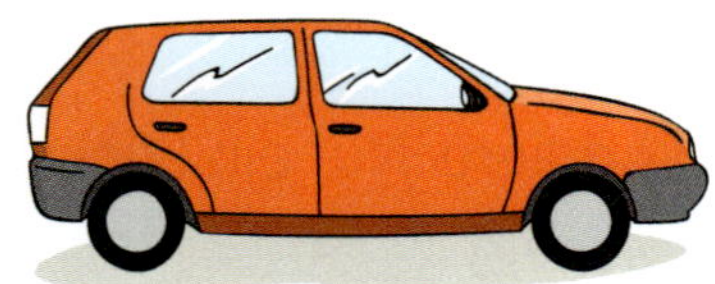

Kleinwagen

1 000 kg = 1 t

· 10

Kübel
10 l

· 10

Kleines Aquarium
100 l

· 10

Meterwürfel
1 000 l

· 10

Länge Klassenzimmer
10 m

· 10

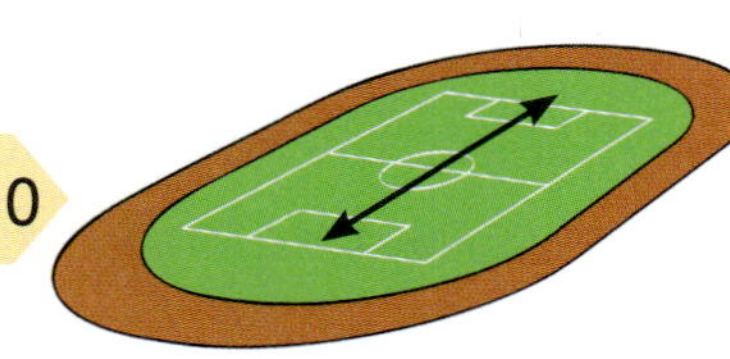

Länge Fußballfeld
100 m

· 10

· 10

Entfernung Wien – Rom
1 000 km

· 10

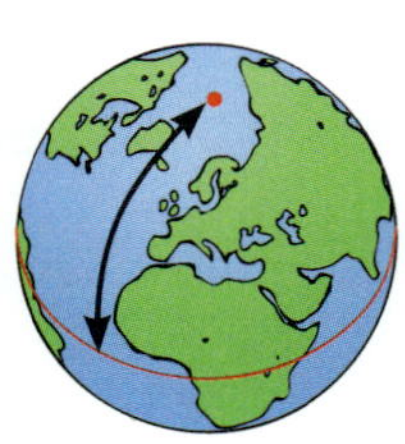

Entfernung Äquator – Nordpol
(ein Viertel Erdumfang) 10 000 km

Wie viele Kinder sind in deiner Klasse?
Wie groß bist du?
Wie lang ist dein Schulweg?
Wie viele Liter Flüssigkeit trinkst du am Tag?

Addieren und Subtrahieren

Rechne und vergleiche. Du kannst auch Nebenrechnungen durchführen.

1 a)
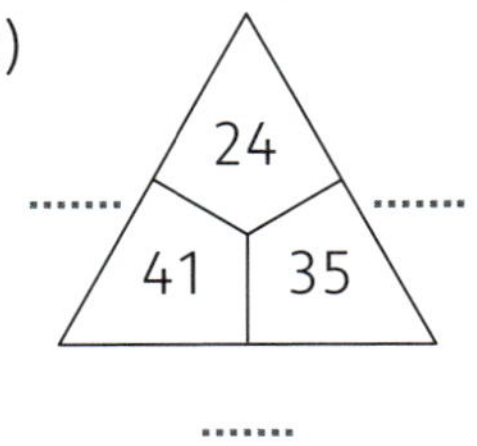

b)
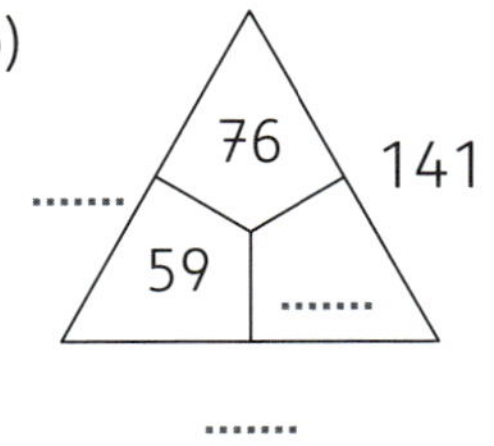

c)
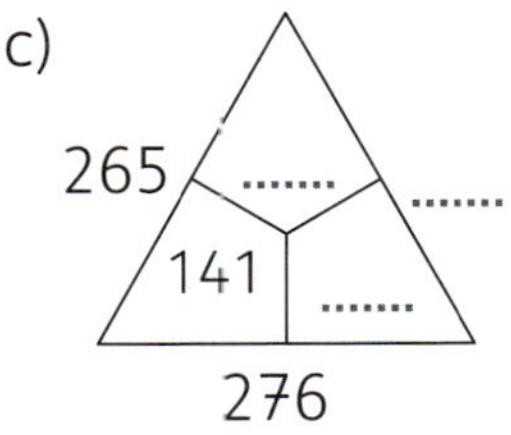

2 a)
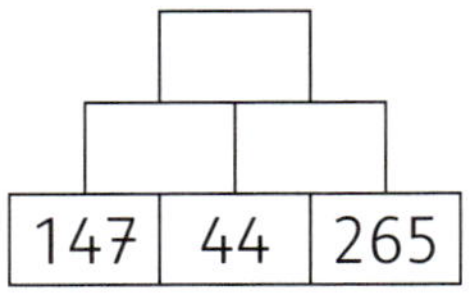

b)
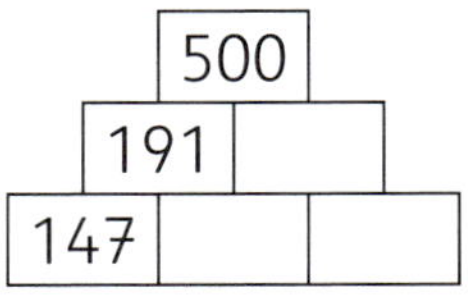

c)
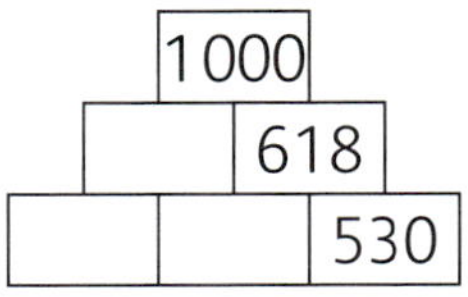

d)
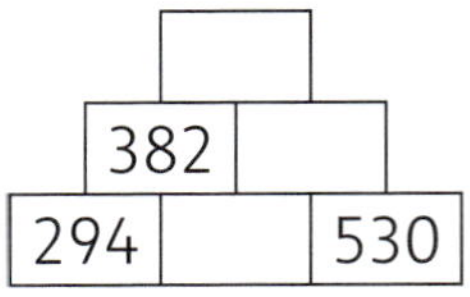

3 Addiere. Nur ein Päckchen ist schön.

a) 260 + 325
311 + 375
362 + 425
414 + 475

b) 210 + 135
260 + 186
310 + 237
360 + 288

4 Subtrahiere. Nur ein Päckchen ist schön.

a) 441 – 260
492 – 210
543 – 160
594 – 100

b) 540 – 94
490 – 145
440 – 196
390 – 247

5 a)

Zahl	125	240	280	320	490
das Doppelte					

b)

Zahl	120	480	520	660	840
die Hälfte					

6 Wie berechnet man die untere Zahl aus der oberen Zahl?

a)

1	2	10	14	30	31
0	1	9	13		

b)

1	5	17	68	73	89
6	10	22	73		

7 0 1 2 3 4 5 6 7 8 9

a) Wähle drei Ziffern.
Bilde daraus eine dreistellige Zahl und ihre Umkehrzahl.
Subtrahiere die kleinere von der größeren Zahl.
Bilde wieder die Umkehrzahl und addiere.

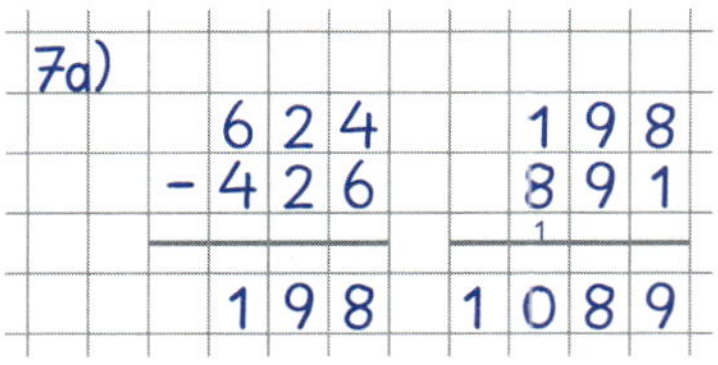

b) Wähle drei andere Ziffern aus und rechne ebenso.

c) Vergleiche die Rechnungen. Beschreibe, was dir auffällt.

8 Fragen und Schätzen
Eine Lehrerin und 7 Kinder besteigen den Südturm des Wiener Stephansdoms bis zur Türmerstube. Es sind 343 Stufen.
a) Wie viele Stufen muss jede Person steigen?

b) 5 Stufen sind zusammen etwa 1 m hoch.
Schätze: Auf welcher Höhe befindet sich die Türmerstube?

■ 1–5 Bekannte Übungsformate wiederholen. 6 Mündlich bearbeiten. 7 Ziffernkarten als Beilage. 8 Enthält eine Kapitänsaufgabe. → Arbeitsheft, Seiten 5, 6

1 **Wie rechnet ihr a) 410 + 267 b) 347 + 578 c) 943 – 678 d) 805 – 796?**

a) 410 + 267

Maria
1a) 410 + 200 = 610
610 + 60 = 670
670 + 7 = 677

Goran
1a)
410
267
677

b) 347 + 578

Frederik
1b)
347
578
925

Tom
1b) 347 + 8 = 355
355 + 70 = 425
425 + 500 = 925

c) 943 – 678

Uma
1c) 900 – 600 = 300
40 – 70 = –30
3 – 8 = –5
300 – 30 – 5 = 265

Hannah
1c)
943
– 678
265

d) 805 – 796

Ahmed
1d)
805
– 796
9

Wie rechnen die Kinder? Vergleicht mit euren Rechenwegen.

2 Überlege zuerst, wie du vorteilhaft rechnen kannst.

a)	b)	c)	d)
425 + 61	519 + 271	800 – 62	764 – 533
639 + 287	374 + 230	606 – 588	941 – 356

3 Rechne geschickt.

a)	b)	c)	d)
689 + 116 + 111	647 + 76 + 253	138 + 87 + 262	647 + 134 + 76
689 + 116 – 209	647 + 234 – 227	138 – 82 + 262	647 – 134 – 76

4 Schreibe selbst Aufgaben auf, die du im Kopf rechnen kannst, und Aufgaben, die du schriftlich rechnest.
Was sagt deine Partnerin oder dein Partner dazu?

■ **1–4** Unterschiedliche Rechenwege der Kinder erklären, vergleichen und nach Rechenaufwand bewerten (Mathekonferenz). **3** Vorteil des geschickten Addierens von Einern, Zehnern und Hundertern besprechen.
→ Arbeitsheft, Seite 7

Autobahnen in Österreich

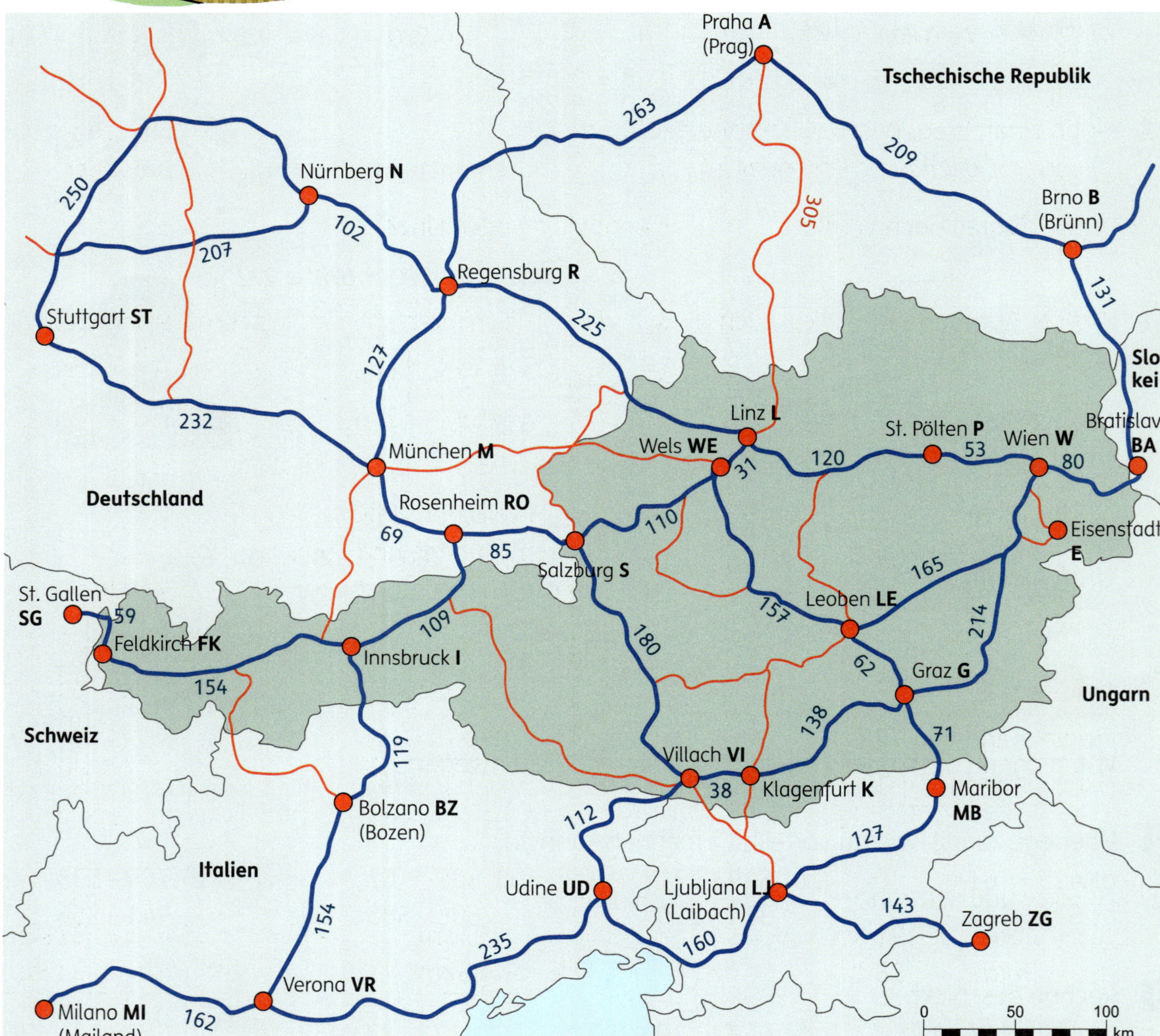

1 Fragen und Schätzen

a) Schätze die Nord-Süd-Ausdehnung von Österreich.

b) Schätze die Ost-West-Ausdehnung von Österreich.

c) Schätze die Länge des Autobahnnetzes von Österreich.

■ Evtl. fehlende Kilometerangaben schätzen oder im Autoatlas nachsehen.
Übersicht über Größen (Längen) auf Seiten 4 – 5 benutzen.

1 Wie viele km sind es von Rosenheim nach Wien?

Luise

1) Rosenheim – Wels – St. Pölten – Wien

```
   8 5 km
 1 1 0 km
   3 1 km
 1 2 0 km
   5 3 km
 ‾‾‾‾‾‾‾‾
 3 9 9 km
```

Osman

1) Rosenheim – Wels – Leoben – Wien

```
   8 5 km
 1 1 0 km
 1 5 7 km
 1 6 5 km
 ‾‾‾‾‾‾‾‾
```

a) Suche die Wege auf der Karte.

b) Welcher Weg ist kürzer?

2 Finde einen Weg. Wie viele km sind es ungefähr

a) von St. Gallen nach Rosenheim,

b) von München nach Bratislava,

c) von Zagreb nach Wien,

d) von Udine nach Linz?

3 Erfinde eigene Aufgaben.

4 Auf der Autobahn von Wien nach München:

A1
München 459 km
Salzburg 305 km
Linz 164 km

Auf weiteren Schildern stehen die Kilometerangaben:

München	417	369	336	321
Salzburg	263	215	182	167
Linz	122	74	41	26

Berechne jeweils den Unterschied

a) zwischen München und Salzburg,

b) zwischen München und Linz.

Vergleiche.

5 Berechne die gefahrenen Kilometer. Prüfe mit einem Überschlag.

Zählerstand neu	272	373	517	582	761	894	1 049
Zählerstand alt	117	229	373	427	517	761	894

5)

```
   2 7 2        Ü:    2 7 0
 – 1 1 7            – 1 2 0
 ‾‾‾‾‾‾‾            ‾‾‾‾‾‾‾
   1 5 5              1 5 0
```

6 Addiere und subtrahiere.

a) 191 km + 38 km; 191 km – 38 km

b) 123 km + 88 km; 123 km – 88 km

c) 399 km + 217 km; 399 km – 217 km

7 Wandle in km und m um.

a) 1 200 m, 2 000 m, 7 500 m, 10 000 m, 42 200 m

b) 1 700 m, 3 000 m, 2 010 m, 6 500 m, 1 234 m

c) 5 · 500 m, 2 · 900 m, 4 · 600 m, 2 · 1 500 m, 9 · 1 111 m

7a) 1 200 m = 1 km 200 m

■ **1–6** Verfahren der schriftlichen Addition und Subtraktion kontextbezogen wiederholen. Karte von Seite 8 benutzen.
→ Arbeitsheft, Seite 8

6 € + 6 € + 6 € = 18 €

3 · 6 € = 18 €

60 € + 60 € + 60 € = 180 €

3 · 60 € = 180 €

Vergleiche die Geldbeträge links und rechts.

1 Wie überlegen die Kinder?

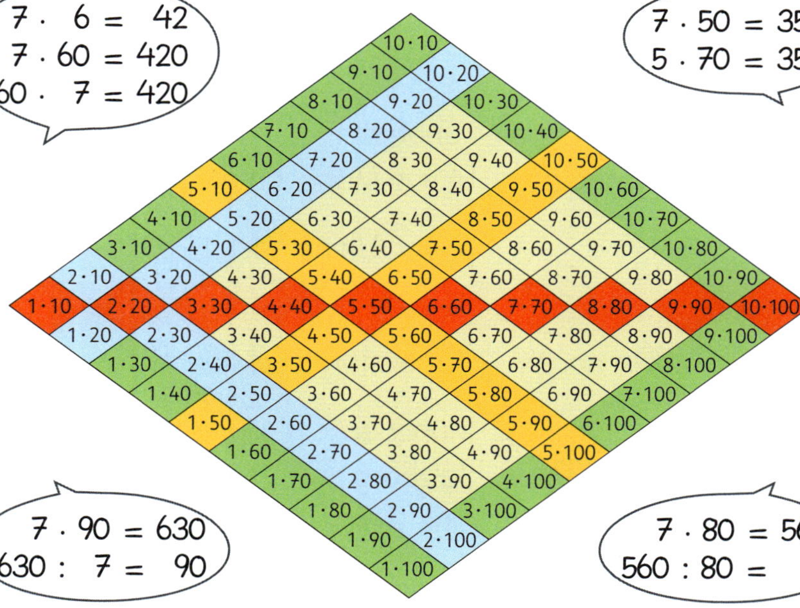

2 Multipliziere.

a)	b)	c)
50 · 4	7 · 80	30 · 4
60 · 3	6 · 60	8 · 30
100 · 2	70 · 8	2 · 60
9 · 20	4 · 90	2 · 120

3 Multipliziere.

a)	b)	c)
6 · 40	2 · 90	5 · 30
9 · 40	20 · 8	7 · 60
4 · 90	40 · 4	50 · 3
40 · 6	3 · 60	6 · 70

Kontrolliere: In den Päckchen von **2** und **3** kommt jedes Ergebnis doppelt vor.

4 Schöne Päckchen. Setze fort.

a)	b)	c)
2 · 20	30 · 3	20 · 5
2 · 30	40 · 4	40 · 5
2 · 40	50 · 5	60 · 5
2 · 50	60 · 6	80 · 5
2 · 60	70 · 7	100 · 5

5 Die Kinder haben eine Malaufgabe gerechnet. Das Ergebnis ist 360.
Nun verändern sie die Zahlen der Aufgabe.
Wie lauten die neuen Ergebnisse?

a) Eine Zahl wird halbiert.

b) Beide Zahlen werden halbiert.

c) Finde Malaufgaben mit dem Ergebnis 360 oder anderen Ergebnissen und verändere die Zahlen.

■ **1** Mit Zehnern rechnen wie mit Einern. **2** Aufgaben an der Tafel untereinander in Beziehung setzen. **3, 4** Tauschaufgabe benutzen. **5** Mit den Zahlen sind die Faktoren gemeint.

18 € : 3 = 6 €
18 € : 6 € = 3

180 € : 3 = 60 €
180 € : 60 € = 3

Vergleiche die Geldbeträge links und rechts.

6 Dividiere und vergleiche die Ergebnisse.

a)	b)	c)	d)	e)	f)
42 : 7	16 : 4	32 : 8	56 : 7	64 : 8	72 : 9
420 : 7	160 : 4	320 : 8	560 :	.... :	.... : ......
420 : 70	160 : 40	320 :	560 :	.... :	.... : ......

Stellt selbst weitere Aufgaben.

Dividiere.

7

a)	b)	c)
49 : 7	160 : 20	21 : 7
160 : 8	280 : 4	300 : 50
160 : 80	160 : 40	400 : 80
490 : 70	320 : 40	270 : 90
140 : 7	140 : 2	25 : 5
140 : 70	80 : 20	54 : 9

8

a)	b)	c)
420 : 60	240 : 3	320 : 4
490 : 70	56 : 8	64 : 8
350 : 70	480 : 6	100 : 20
640 : 80	280 : 70	45 : 9
720 : 90	490 : 70	640 : 8
35 : 7	200 : 50	560 : 70

Kontrolliere: In den Päckchen von **7** und **8** kommt jedes Ergebnis doppelt vor.

9 Schöne Päckchen. Setze fort.

a)	b)	c)
640 : 8	1 000 : 100	21 : 7
490 : 7	810 : 90	21 : 3
360 : 6	640 : 80	210 : 7
250 : 5	490 : 70	210 : 3
160 : 4	360 : 60	210 : 70

10 Schöne Päckchen?

a)	b)	c)
630 : 70	720 : 8	540 : 9
480 : 60	560 : 7	540 : 90
250 : 50	420 : 6	280 : 7
240 : 40	300 : 5	280 : 40
150 : 30	160 : 4	270 : 9
80 : 20	120 : 3	270 : 90

11 Hüpf im Päckchen! Rechne immer mit dem Ergebnis weiter.

a)	b)	c)	d)	e)
810 : 10 = 81	90 · 2	240 : 2	180 · 2	500 · 2
90 : 9 = ...	7 · 50	6 · 40	210 : 3	80 : 8
9 · 6 = ...	60 · 7	720 : 10	90 · 3	200 : 4
540 : 6 = ...	350 · 2	80 · 9	30 · 7	50 · 8
81 : 9 = ...	180 : 3	120 : 20	360 : 4	1 000 : 5
54 · 10 = ...	420 : 60	240 : 3	270 : 9	400 : 5
Ziel 10	Ziel 700	Ziel 72	Ziel 70	Ziel 10

■ **6–9** Durch Einer und durch Zehner teilen. Divisionsaufgaben untereinander in Beziehung setzen.
→ Arbeitsheft, Seite 9

Zerlegen von Multiplikationsaufgaben mit dem Malkreuz

Eine große Malaufgabe:

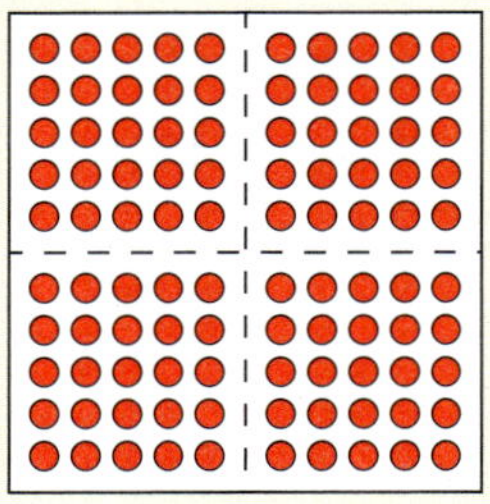

10 · 10 = ...

Vier kleine Malaufgaben:

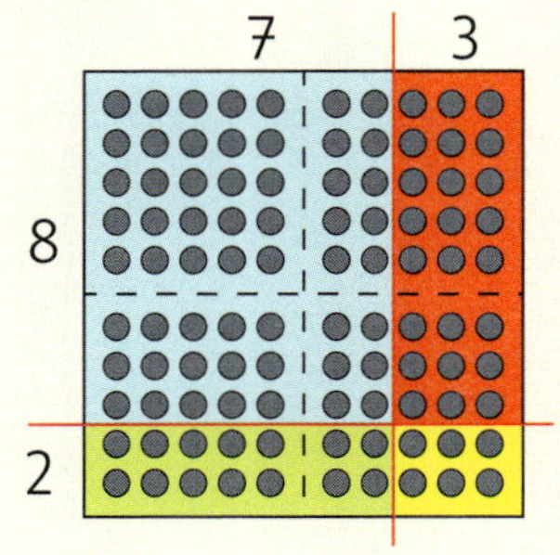

8 · 7 + 8 · 3 + 2 · 7 + 2 · 3

56 + 24 + ... + ... = ...

·	7	3	
8	56	24	80
2	14	6	20
	70	30	100

1

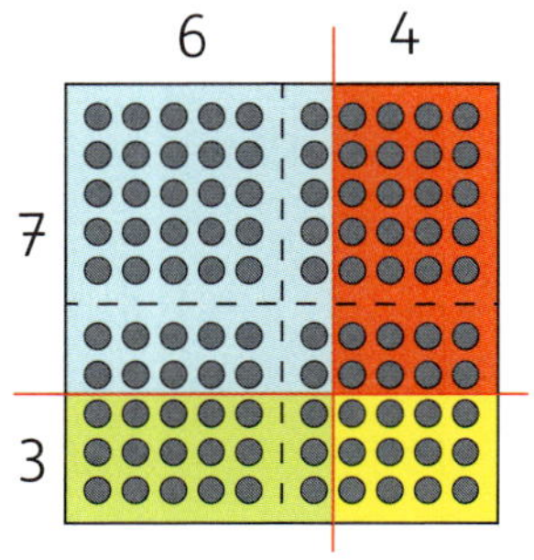

Addiere zeilenweise:

·	6	4	
7	42	28	70
3	18	12	....

Addiere spaltenweise:

·	6	4	
7	42	28	
3	18	12	
	60	....	

2

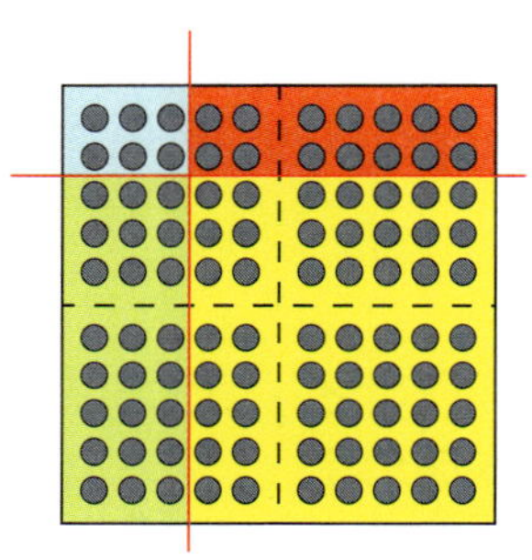

Addiere zeilenweise:

·	3	7	
2			....
8			....

Addiere spaltenweise:

·	3	7	
2			
8			
	....	....	

3 a)

·	2	8	
4			
6			

3a)

·	2	8	
4	8	32	
6			

b)

·	8	2	
6			
4			

c)

·	3	7	
3			
7			

d)

·	4	6	
9			
1			

e)

·	5	5	
7			
3			

4 Finde eigene Zerlegungen und rechne.

■ **1–3** Wiederholung der Multiplikation am Malkreuz. Zerlegung von großen Malaufgaben in kleine Malaufgaben mithilfe des Distributivgesetzes.

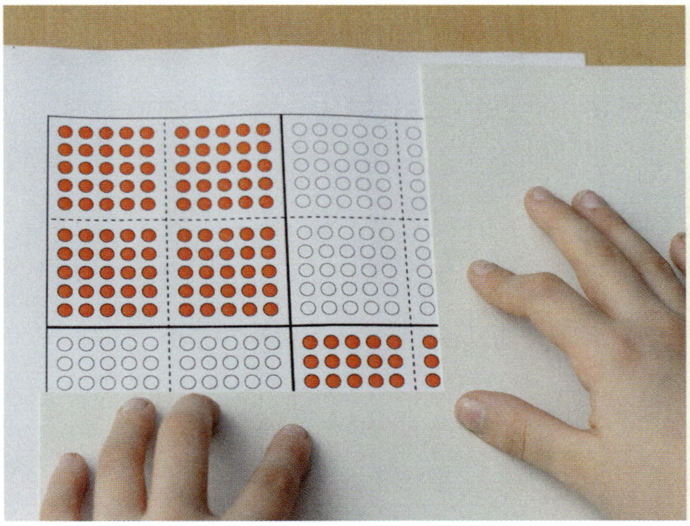

Am Vierhunderterfeld kannst Du Malaufgaben leicht legen.

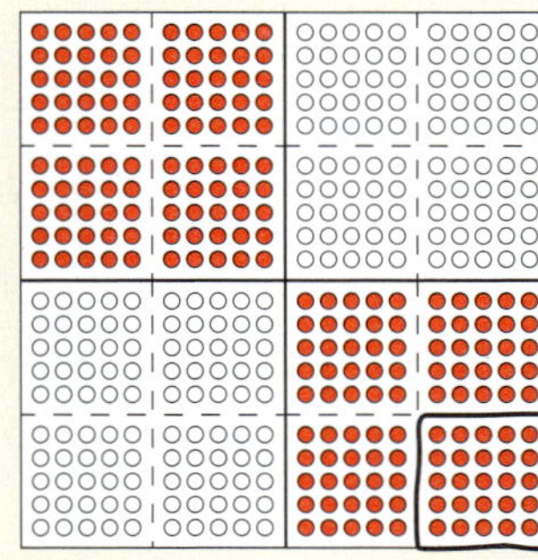

Wie viele rote Punkte sind es insgesamt?

Wie viele Punkte sind in diesem Quadrat?

1 Lege mit dem Winkel am Vierhunderterfeld:

17 · 14 14 · 17 9 · 17 19 · 17 11 · 13 12 · 12

2

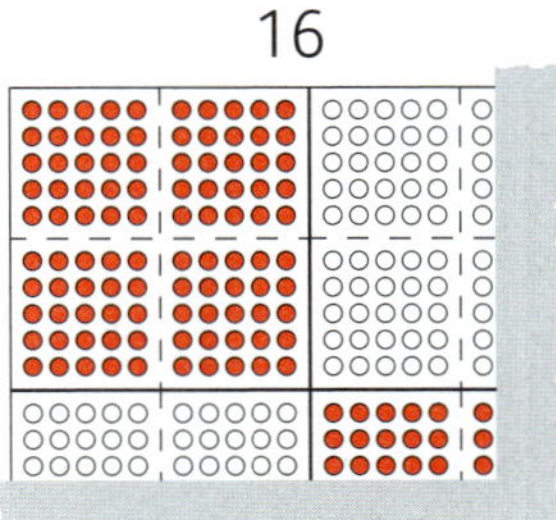

13 · 16

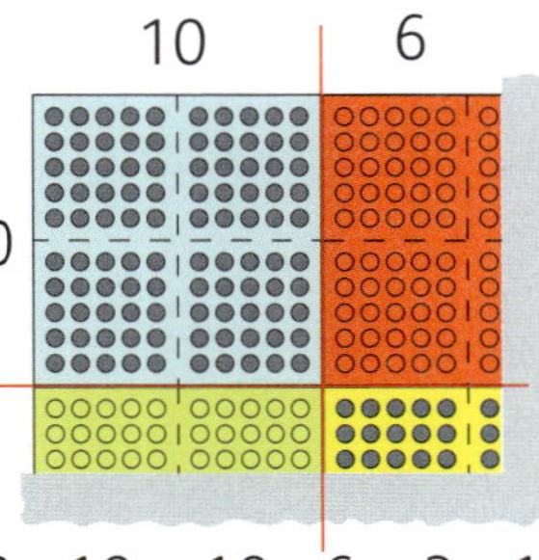

·	10	6	
10	100	60	160
3	30	18	48
	130	78	

10 · 10 + 10 · 6 + 3 · 10 + 3 · 6 = ...

100 + 60 + 30 + 18 = ...

3 Übertrage in das Malkreuz und multipliziere.

a)

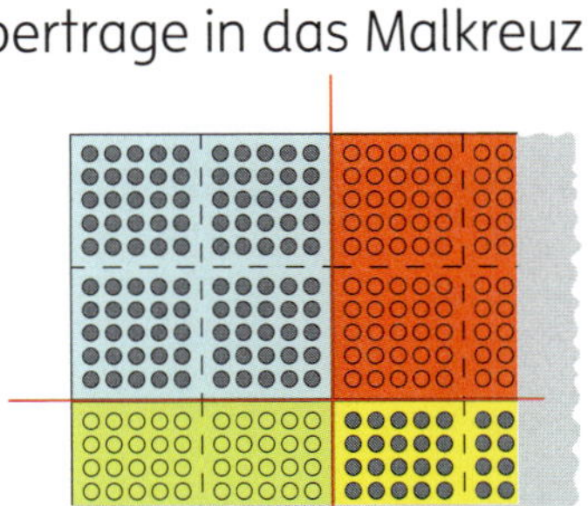

14 · 17

3a)	·	10	7	
	10			
	4			

b)

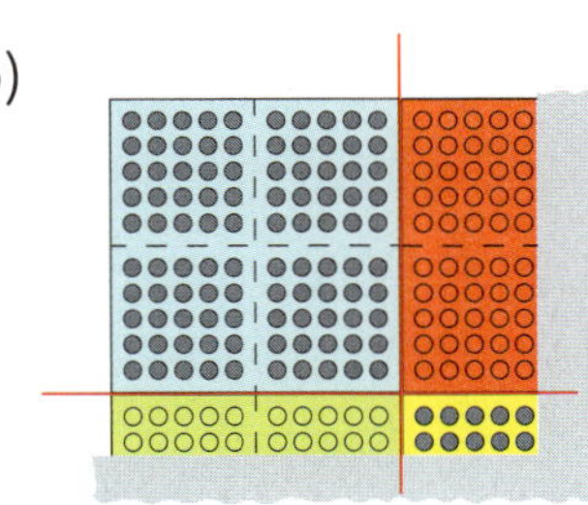

12 · 15

4 Zeige am Feld und multipliziere mit dem Malkreuz. Vergleiche die Ergebnisse.

a) 16 · 12, 12 · 16 b) 17 · 12, 17 · 13 c) 15 · 19, 15 · 18 d) 18 · 10, 18 · 11 e) 17 · 16, 18 · 16 f) 19 · 11, 20 · 11 g) 20 · 17, 18 · 17

5

a)	b)	c)	d)	e)	f)	g)
2 · 6	5 · 9	4 · 8	3 · 7	9 · 3	7 · 2	7 · 8
12 · 16	15 · 19	14 · 18	13 · 17	19 · 13	17 · 12	17 · 18
12 · 6	15 · 9	14 · 8	13 · 7	19 · 3	17 · 2	17 · 8
2 · 16	5 · 19	4 · 18	3 · 17	9 · 13	7 · 12	7 · 18

■ **1–5** Malaufgaben am Vierhunderterfeld legen und mithilfe des kleinen Einmaleins am Malkreuz berechnen.
→ Arbeitsheft, Seite 10

Forschen und Finden

1 a) Die ersten zehn Quadratzahlen kennst du vom kleinen Einmaleins. Zeige und nenne sie.

1 · 1 = 1 2 · 2 = 4 3 · 3 = 9 4 · 4 = 16 …

b) Zeige die nächsten zehn Quadratzahlen am Vierhunderterfeld und berechne sie. Welche sind gerade, welche ungerade?

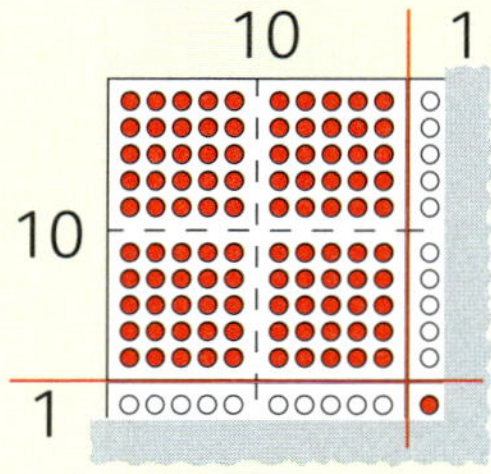

·	10	1
10	100	10
1	10	1
		121

1a) 11 · 11 = 121
12 · 12 = 144
13 · 13 = ……

c) Schreibe die beiden Reihen von Quadratzahlen untereinander. Was fällt dir auf?

1c) 1 4 9 16 … 81 100
121 144 …… …… …… ……

2 Rechne und vergleiche die Aufgabenpaare.

a)

12 · 12 11 · 13	13 · 13 12 · 14	14 · 14 13 · 15	15 · 15 14 · 16	16 · 16 15 · 17

Setze fort.

Begründe das Muster.

b) Verschiebe den Malwinkel am Vierhunderterfeld von der ersten zur zweiten Aufgabe. Wie viele Punkte verlierst du in der untersten Zeile? Wie viele Punkte gewinnst du in der rechten Spalte?

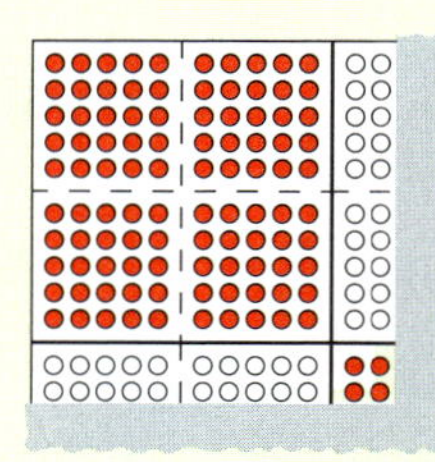

12 · 12

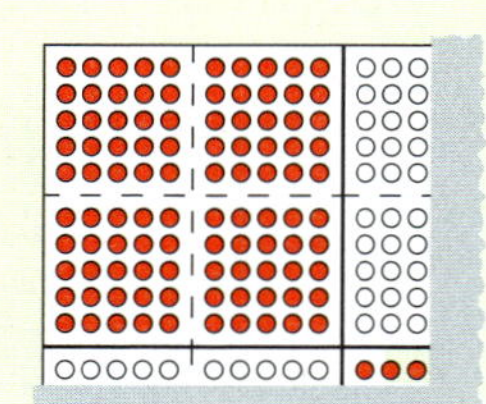

11 · 13

3 Rechne und vergleiche ebenso.

a)

10 · 10 8 · 12	11 · 11 9 · 13	12 · 12 10 · 14	13 · 13 11 · 15	14 · 14 12 · 16

Setze fort.

b)

10 · 11 9 · 12	11 · 12 10 · 13	12 · 13 11 · 14	13 · 14 12 · 15	14 · 15 13 · 16

Setze fort.

■ **1** Quadratzahlen berechnen, dabei Muster geometrisch begründen. **2** Begründung des Musters am Vierhunderterfeld gemeinsam erarbeiten. **3** Aufgaben analog zu 2 selbstständig bearbeiten.

Übe mit einer Partnerin oder einem Partner. Rechne auch mit anderen Zahlen.

1 Einmaleinsaufgaben mit beiden Umkehraufgaben rechnen.

4 · 5

4 · 5 = 20
20 : 4 = 5
20 : 5 = 4

a)	b)	d)	e)
6 · 7	7 · 4	9 · 3	6 · 5
8 · 9	4 · 8	3 · 6	8 · 7
5 · 3	9 · 6	2 · 8	10 · 4

2 Zehnereinmaleins mit beiden Umkehraufgaben rechnen.

7 · 80

7 · 80 = 560
560 : 7 = 80
560 : 80 = 7

a)	b)	d)	e)
9 · 60	6 · 60	4 · 70	3 · 80
4 · 50	8 · 40	6 · 60	2 · 30
3 · 90	3 · 70	7 · 80	5 · 70

3 a) Verdoppeln im Hunderter.

Zahl	14	37	43	44	28	39	36	27	19
das Doppelte									

b) Halbieren im Hunderter.

Zahl	68	46	56	82	72	94	38	52	78
die Hälfte									

4 Welche Zahlen stehen in den roten Kreisen?

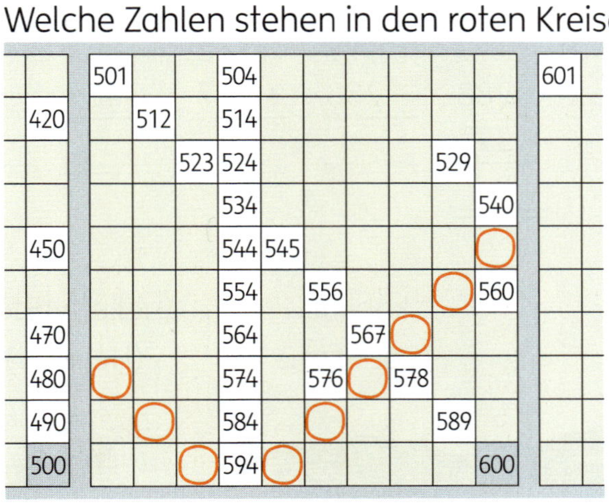

5 Zähle in Schritten vorwärts und rückwärts.

5er-Schritte: 485, 490, 495, ..., ..., ...
720, 715, 710, ..., ..., ...

10er-Schritte: 360, 370, 380, ..., ..., ...
920, 910, 900, ..., ..., ...

25er-Schritte: 150, 175, ..., ..., ...
400, 375, ..., ..., ...

50-Schritte: 650, 700, ..., ..., ...
1 000, 950, 900, ..., ...

6 Ergänze bis 1 000.

576 + ... = 1 000
372 + ... = 1 000
411 + ... = 1 000
937 + ... = 1 000

7 1 000 teilen.

1 000 = 2 mal ....
1 000 = 8 mal ....
1 000 = 4 mal ....
1 000 = 5 mal ....
1 000 = 10 mal ....

8 a) Verdoppeln im Tausender.

230, 470, 320, 170, 420, 290, ...

b) Halbieren im Tausender.

640, 580, 870, 450, 820, 920, 390, ...

9 Einfache Plusaufgaben.

Einer dazu	Zehner dazu	Hunderter dazu
576 + 5	719 + 80	432 + 500
196 + 7	554 + 60	56 + 800

10 Einfache Minusaufgaben.

Einer weg	Zehner weg	Hunderter weg
803 − 5	572 − 60	888 − 400
645 − 7	648 − 90	645 − 600

■ **1–10** Anregung zur gründlichen Wiederholung des Blitzrechenkurses von Band 3. Mündlich in Partner- oder Kleingruppen bearbeiten. Im weiteren Unterricht bis zur sicheren Beherrschung üben lassen. **4** Auch mit anderen Seiten im Tausenderbuch rechnen.

Rechnen in Dänemark

Dänische Flagge

Kleine Meerjungfrau in Kopenhagen

Öresundbrücke von Dänemark nach Schweden

1

a)

tal	100	325	450	575	850
tal + 125	225				

b)

tal	350	500	750	900	950
tal – 250	100				

2 Regn og kontrollér.

a) 593 + 287 = 880 880 – 287 = 593

b) 289 + 432 = ____ 721 – 432 = ____

c) 356 + 416 = ____ .... – 416 = ____

d) 674 + 297 = ____ .... – 297 = ____

3

a) 534 + 283 + 108 = ____ 283 + 108 = ____ 534 + 283 = ____ 925 – 391 = ____ 925 – 817 = ____

b) 199 + 288 + 377 = ____ 199 + 288 = ____ 288 + 377 = ____ 864 – 487 = ____ 864 – 665 = ____

4

søtunge (Seezunge)	rødspætte (Scholle)	ål (Aal)	kabliau (Kabeljau)	helleflynder (Heilbutt)

2 kg 402 g	1 kg 835 g	3 kg 750 g	6 kg 275 g	128 kg 682 g
53 cm	34 cm	2 m 27 cm	1 m 5 cm	1 m 80 cm

Ordn: 835 g < 1 kg 402 g <

5 Die Autofähre fährt abends um 22:00 Uhr von Travemünde ab und kommt morgens um 7:30 Uhr in Trelleborg an. Wie lange ist sie unterwegs?

6 Tæl.

1	5	10	15	20	50	100
en	fem	ti	femten	tyve	halvtreds	hundrede

Grundkenntnisse zur Addition und Subtraktion sowie zu Größen (Gewicht, Länge, Zeit) auffrischen. **6** Dänische Zahlwörter vorlesen, evtl. nachsprechen lassen.

Tschechische Flagge

Alter Markt, Karlsbad

Prag, Hradschin

1 *Počítej.* Rechne.

a)	b)	c)	d)
400 + 300	100 + 200	700 – 400	900 – 600
420 + 300	130 + 200	760 – 400	980 – 600
420 + 360	130 + 240	760 – 410	980 – 640
421 + 360	137 + 240	761 – 410	987 – 640
421 + 365	137 + 248	761 – 416	987 – 645

2 *Doplň.* Ergänze.

a)	b)	c)	d)
7 · 7 + ... = 54	6 · 9 + ... = 57	9 · 8 + ... = 75	8 · 7 + ... = 62
7 · 70 + ... = 540	6 · 90 + ... = 570	9 · 80 + ... = 750	8 · 70 + ... = 620
7 · 70 + ... = 543	6 · 90 + ... = 576	9 · 80 + ... = 791	8 · 70 + ... = 654

2a) 7 · 7 + 5 = 54
7 · 70 + 50 = 540

3 *Rozlož a vyděl.* Zerlege und teile.

a) Erkläre die Rechnungen.

96 : 4 = 80 : 4 + 16 : 4 = 20 + 4 = 24
80 + 16

192 : 6 = 180 : 6 + 12 : 6 = 30 + 2 = 32
180 + 12

b) Rechne ebenso:

196 : 2	136 : 4	155 : 5	190 : 5
165 : 5	158 : 2	153 : 9	164 : 4
128 : 4	132 : 3	136 : 2	198 : 6
195 : 5	176 : 4	189 : 3	141 : 3
196 : 4	144 : 9	186 : 3	182 : 7

4 a) Der Regionalexpress fährt um 16:44 Uhr in Wien ab. Er kommt um 20:55 Uhr in Prag an. [?]

b) Das Flugzeug startet um 11:15 Uhr vom Flughafen Schwechat und landet um 12:05 Uhr in Prag. [?]

5

1	5	10	15	20	50	100
jedna	pet	deset	petnáct	dvaest	padesát	sto

1–3 Grundkenntnisse zur Multiplikation und Division auffrischen. **5** Tschechische Zahlwörter vorlesen, evtl. nachsprechen lassen.

Störche in Österreich

Vor dem Jahr 2000 wurden Störche in Österreich immer seltener, weil es immer weniger feuchte Wiesen und Weiden gab, in denen sie Nahrung für sich und ihre Jungen finden konnten. Nach dem Jahr 2000 wurde in Österreich wieder mehr Lebensraum für den Storch geschaffen. 2005 gab es wegen Verlusten auf dem Zugweg einen Knick nach unten. BirdLife Österreich untersucht, wie sich das auf die Entwicklung der Störche auswirkt. In jedem Jahr werden die Zahl der Horstpaare und die Zahl der Jungstörche ermittelt. Jungstörche werden beringt, damit man ihren Lebensweg verfolgen kann.

Storchenküken

1 In dieser Tabelle kannst du genaue Zahlen über Störche in Österreich ablesen. Berechne die Summen. Kontrolliere mit einem Überschlag.

Bundesland	Jahr 2004		Jahr 2006		Jahr 2012		Jahr 2014	
	Horstpaare	Jungstörche	Horstpaare	Jungstörche	Horstpaare	Jungstörche	Horstpaare	Jungstörche
Burgenland	155	271	119	202	129	257	132	247
Nieder-österreich	118	206	101	171	108	215	109	204
Steiermark	110	190	84	142	95	189	95	177
sonstige Bundesländer	12	21	10	17	30	60	43	80
Summe								

2 a) Suche die berechneten Gesamtzahlen der Horstpaare und Jungstörche im Säulendiagramm.

b) Lies im Diagramm ab, wie viele Horstpaare und Jungstörche es ungefähr in den Jahren 2008 und 2010 waren.

c) Im Jahr 2005 nahm die Anzahl der Störche wegen Verluste am Zugweg deutlich ab. Seither steigt die Zahl wieder an. Zeig das im Säulendiagramm.

d) Zeichnet Säulendiagramme für die Bundesländer.

Ein Horstpaar nach dem Winter zurück in Österreich.

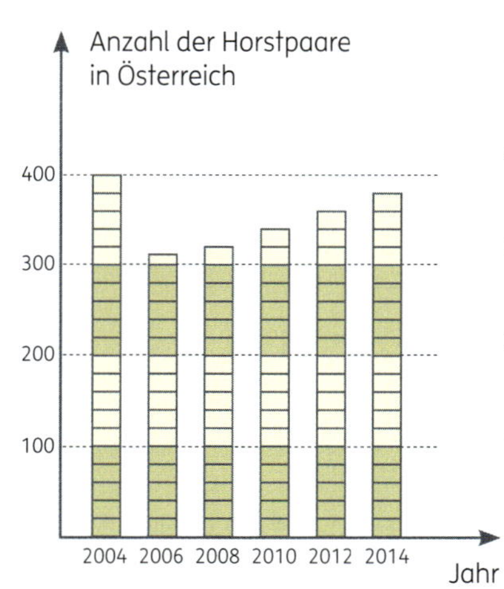

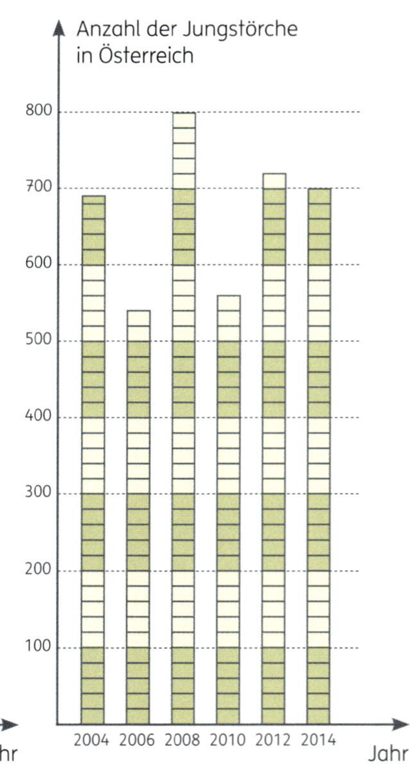

Ein Kästchen ☐ entspricht 20 Paaren bzw. Tieren

Den Text lesen und besprechen, nach Möglichkeit unter Bezug auf Storchennester in der Umgebung (Storchenkarte im Internet heranziehen). **1–2** Auswerten und Vergleichen eines Säulendiagramms und einer Tabelle. Erkenntnis, dass nur langjähriger Umweltschutz über Jahre den Tieren hilft. Ergebnisse auf einem Plakat darstellen und reflektieren.

1 a) Bilde aus den Ziffern 1, 2, 3, 4, 5, 6 dreistellige Zahlen und addiere dazu immer die Umkehrzahl. Jede Ziffer darf dabei mehrfach verwendet werden.

Zahl: 4 3 6	
	4 3 6
	6 3 4
Ergebnis:	1 0 7 0

Zahl: 2 2 5	
	2 2 5
	5 2 2
Ergebnis:	7 4 7

Zahl: 5 5 5	
	5 5 5
	5 5 5
Ergebnis:	1 1 1 0

b) Bilde selbst Aufgaben mit unterschiedlich großen Ergebnissen. Welches ist das größtmögliche, welches das kleinstmögliche Ergebnis?

c) Bei der Zahl 524 und bei ihrer Umkehrzahl 425 erhält man das Ergebnis 949. Prüfe nach. Finde ein weiteres Zahlenpaar, das zum gleichen Ergebnis führt.

d) Bei der Zahl 651 und bei ihrer Umkehrzahl 156 erhält man das Ergebnis 807. Prüfe nach. Finde zwei weitere Zahlenpaare, die zum gleichen Ergebnis führen.

e) Begründe, warum die Ergebnisse 500 und 1 000 nicht möglich sind.

2 Zahlen würfeln mit drei verschiedenfarbigen Würfeln.
Legt fest, welcher Würfel die Hunderterziffer, die Zehnerziffer und die Einerziffer zeigen soll. Bildet daraus eine dreistellige Zahl.

Beispiel:

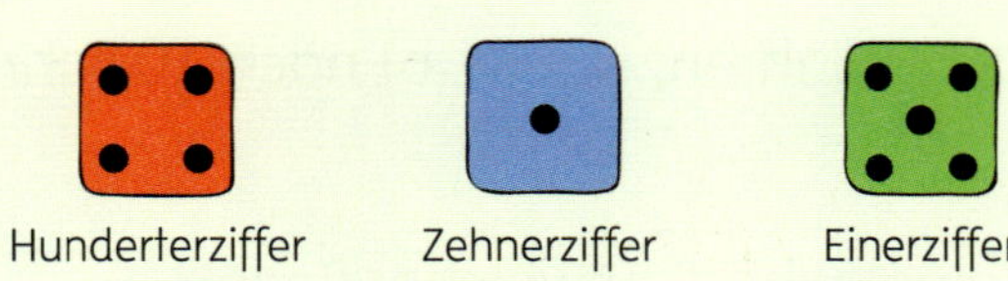

Zahl: 4 1 5

a) Führt dieses Experiment 20-mal durch und schreibt die Zahlen auf. Addiert dann zu jeder Zahl die Umkehrzahl und haltet in einer Tabelle mit Strichlisten fest, wie viele Ergebnisse unter 500, zwischen 500 und 1 000 und über 1 000 liegen.

Ergebnis unter 500	Ergebnis zwischen 500 und 1 000	Ergebnis über 1 000

b) Vergleicht eure Strichliste mit den Strichlisten anderer Kinder. In welcher Spalte finden sich die meisten Striche? In welcher die wenigsten?

3 a) Wie viele dreistellige Zahlen kann man aus den Ziffern 1, 2, 3, 4, 5, 6 bilden?
Tipp: Schaue im Tausenderbuch nach.

b) Für welche Zahlen erhält man bei **1** a) ein Ergebnis über 1 000?

c) Für welche Zahlen erhält man bei **1** a) ein Ergebnis unter 500?

3b)	
	4 4 6
	6 4 4
	1 0 9 0

d) Was ist wahrscheinlicher: ein Ergebnis über 1 000 oder ein Ergebnis unter 500?

■ **1–3** Übungen zur schriftlichen Addition. Ergebnisse auf Muster untersuchen. Die Ziffern dürfen mehrfach verwendet werden.

Folgen fortsetzen

1 Zeichne diese Folge von Kreuzen in dein Heft und setze sie ein Stück weit fort.

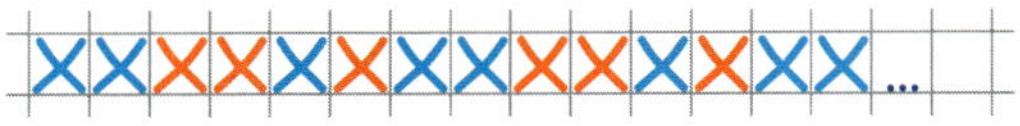

a) Beschreibe eine Regel für die Fortsetzung.

b) Welche Farbe hat das 25. Kreuz?

c) Welche Farbe hat das 50. Kreuz?

d) Welche Farbe hat das 100. Kreuz?

2

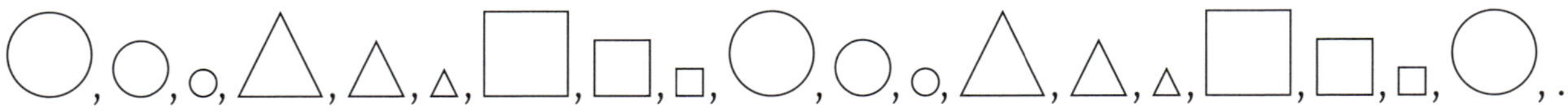

a) Beschreibe eine Regel für die Fortsetzung dieser Folge aus kleinen, mittleren und großen Kreisen, Dreiecken und Quadraten.

b) Welche Figur steht an 25. Stelle der Folge?

c) Welche Figur steht an 45. Stelle der Folge?

d) Welche Figur steht an der 100. Stelle der Folge?

3 Bei diesem Baum wachsen in jedem Jahr aus der Spitze zwei neue Spitzen.

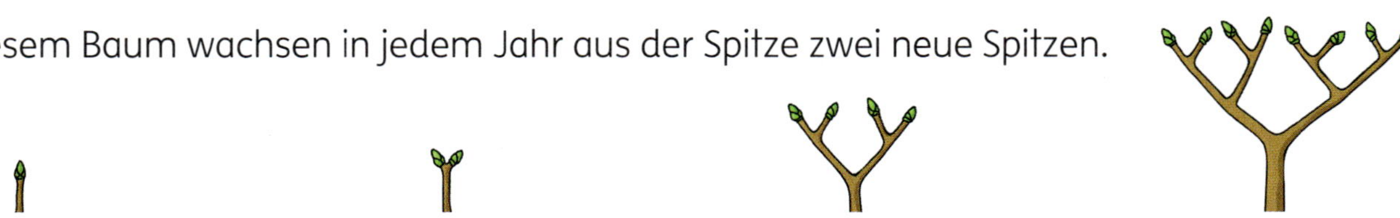

gepflanzt, nach 1 Jahr, nach 2 Jahren, nach 3 Jahren, ...

Berechne die Anzahl der Spitzen a) nach 5 Jahren, b) nach 10 Jahren.

4 Setze die Zahlenfolgen fort. Welche Zahlenfolge gehört zu welcher Regel?

a) 900, 810, 720, ..., 90, 0

b) 1 024, 512, 256, ..., 2, 1

c) 7, 70, 14, 63, ..., 70, 7

d) 15, 30, 45, ..., 150

Regel 1: 7er-Reihe abwechselnd vorwärts, rückwärts.

Regel 2: Immer 90 weniger.

Regel 3: Immer 15 mehr.

Regel 4: Immer die Hälfte.

4a) Regel 2

5 Finde eine Regel. Setze die Zahlenfolgen fort.

a) 3, 6, 12, ..., 384
b) 23, 35, 47, ..., 95
c) 106, 95, 84, ..., 7
d) 6, 9, 14, 17, ..., 54
e) 40, 4, 36, 8, ..., 4, 40
f) 300, 270, 240, ..., 30

6 Wie geht es weiter?

a) 10, 9, 10, 8, 10, 7, ...
b) 4, 7, 6, 9, 8, 11, 10, ...
c) 1, 3, 6, 10, 15, 21, 28, ...
d) 1, 11, 10, 20, 19, 29, 28, ...
e) 2, 6, 12, 20, 30, ...
f) 10, 11, 12, 24, 25, 26, 52, ...

7 Denke dir eine Regel aus. Beginne die Zahlenfolgen und lasse sie von deiner Nachbarin oder deinem Nachbarn erraten und fortsetzen.

1–7 Zu Folgen Regeln finden und entsprechend fortsetzen. → Arbeitsheft, Seite 11

Eine sehr interessante Regel für die Zahlenfolgen ist die

Fibonacci-Regel:
Wähle die erste und die zweite Zahl beliebig.
Jede weitere Zahl ist die Summe der beiden vorhergehenden Zahlen.

Leonardo da Pisa, genannt Fibonacci (1175 – 1250)

1 Überprüfe die Regel und setze bis zur 16. Zahl fort.

a) **1**, **4**, 5, 9, 14, 23, 37, 60, ...
b) **3**, **2**, 5, 7, 12, 19, 31, 50, ...
c) **4**, **1**, 5, 6, 11, 17, 28, 45, ...
d) **1**, **1**, 2, 3, 5, 8, 13, 21, ...

Die Zahlen in Folge d) heißen auch Fibonacci-Zahlen.

2 Setze nach der Fibonacci-Regel fort bis zur fünften Zahl.

a) 4, 3, ...
10, 15, ...
0, 3, ...
1, 1, ...
1, 0, ...

2a) 4, 3, 7, 10, 17
10, 15, 25, 40, 65

b) 10, 1, ...
20, 1, ...
10, 5, ...
20, 6, ...
100, 50, ...

c) 2, 2, ...
20, 20, ...
22, 22, ...
23, 21, ...
24, 30, ...

d) 14, 4, ...
30, 16, ...
10, 6, ...
21, 7, ...
101, 50, ...

3 Die erste Zahl wird immer um 1 vergrößert, die zweite bleibt fest.
Setze nach der Fibonacci-Regel fort bis zur fünften Zahl.

a) 4, 3, 7, 10, 17
5, 3, 8, 11, 19
6, 3, 9, ...
7, 3, ...

b) 1, 1, ...
2, 1, ...
3, 1, ...
4, 1, ...

c) 30, 10, ...
31, 10, ...
32, 10, ...
33, 10, ...

d) Wie ändert sich jeweils die fünfte Zahl? Begründe.

4 Die erste Zahl bleibt fest, die zweite wird immer um 1 vergrößert.
Setze nach der Fibonacci-Regel fort bis zur fünften Zahl.

a) 4, 3, 7, 10, 17
4, 4, 8, 12, 20
4, 5, ...
4, 6, ...

b) 1, 1, ...
1, 2, ...
1, 3, ...
1, 4, ...

c) 30, 10, ...
30, 11, ...
30, 12, ...
30, 13, ...

d) Wie ändert sich jeweils die fünfte Zahl? Begründe.

Forschen und Finden

5 Wähle eine beliebige Zielzahl.
Wie musst du die erste und die zweite Zahl wählen, damit die Zielzahl als fünfte Zahl herauskommt?
Finde immer mehrere Lösungen.
Bei der Zielzahl 100 gibt es 17 Lösungen.
Kannst du sie alle finden?

Zielzahl 20
4, 4, 8, 12, 20
7, 2, 9, 11, 20

Zielzahl 100
47, 2, 49, 51, 100
29, 14, 43, 57, 100

■ Operative Eigenschaften der Addition für Begründungen nutzen. **5** Gemeinsam alle 17 Lösungen mit Zielzahl 100 auf einem Plakat darstellen und Muster reflektieren.

1 Wie lang und breit ist die Tischdecke? Zeichnet eine Skizze.

Ein Tisch ist 1 m 50 cm lang und 60 cm breit.
Wenn man die Tischdecke auflegt, hängt sie an allen Seiten 20 cm über.
Wie lang und wie breit ist die Tischdecke? Zeichnet zuerst, überlegt und rechnet.

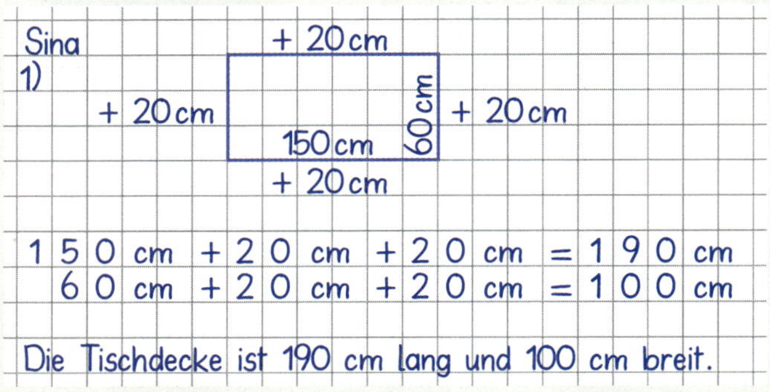

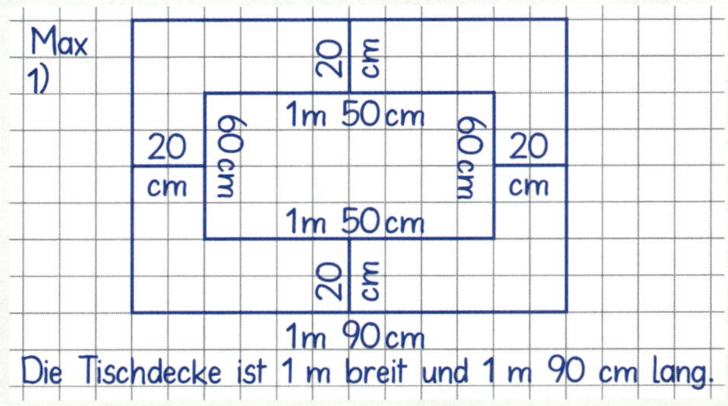

Wie haben die Kinder überlegt und gerechnet? Vergleicht mit euren Lösungen.

2 Ein rechteckiger Tisch ist 1 m 20 cm lang und 70 cm breit. Die Tischdecke soll an allen Seiten 25 cm überhängen. ?

3 Ein quadratischer Esstisch hat eine Seitenlänge von 90 cm. Die Tischdecke soll an allen Seiten 25 cm überhängen. ?

4 Lea möchte eine Tischdecke, die 1 m breit und 1 m 95 cm lang ist, mit einem roten Band einfassen.

a) Wie lang muss das Band ungefähr sein? (Umfang)

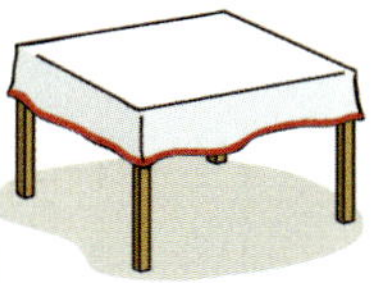

b) 1 m Band kostet 1,20 €. ?

5 Berechne den Umfang.

a) Ein Rechteck ist 17 cm lang und 5 cm breit.

b) Ein Rechteck ist 1 m 40 cm lang und 80 cm breit.

c) Die Seite eines Quadrats misst 13 cm.

6 Ein rechteckiger Obstgarten, der 570 m lang und 130 m breit ist, soll eingezäunt werden. Wie viel Meter Zaun braucht man ungefähr? Vergleicht eure Lösungen.

7 Eine rechteckige Terrasse von 6 m Länge und 4 m Breite soll mit Betonplatten ausgelegt werden. Die Platten sind 50 cm lang und 50 cm breit. ?

Blitzrechnen: Einmaleins und Zehner-Einmaleins

Einmaleins-Aufgabe nennen.

Aufgabe und verwandte Aufgaben rechnen.

1–7 Zu Sachaufgaben Skizzen als Lösungshilfe zeichnen. Ergebnisse auf einem Plakat präsentieren und gemeinsam reflektieren. Zur Grundlegung und zum weiteren regelmäßigen Üben.

8 a) Eine Giraffenmutter und ihr Baby wiegen zusammen 1 t. Die Mutter ist 800 kg schwerer als ihr Junges. ?

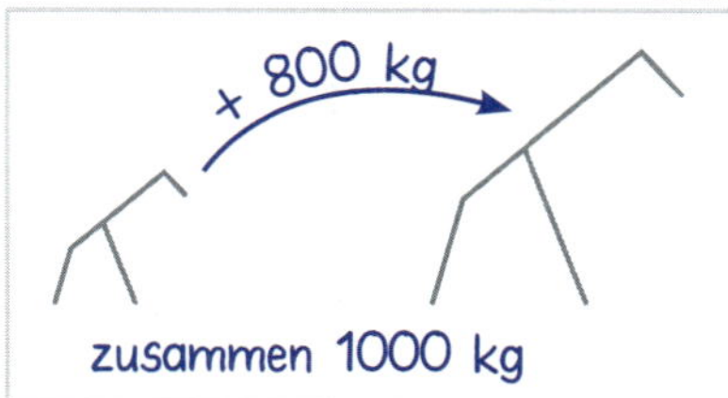

b) Eine Seelöwin und ihr Baby wiegen zusammen 100 kg. Die Mutter ist 90 kg schwerer als ihr Kind. ?

9 a)

Erster Ferientag Letzter Ferientag

Wie viele Tage dauern die Ferien?

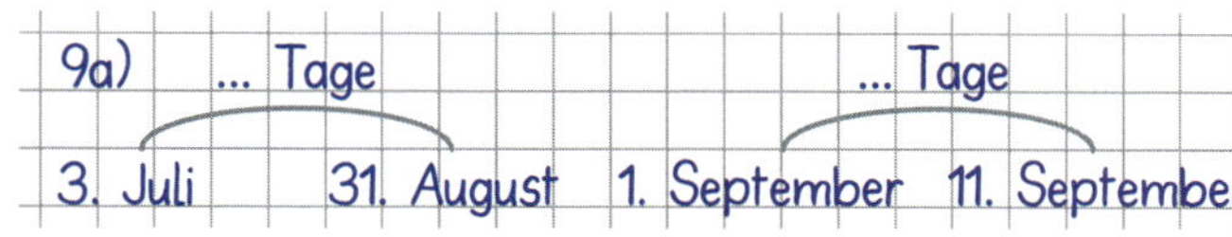

b) Vom 23. Dezember bis 7. Januar sind Weihnachtsferien. ?

c) Vom 24. März bis 3. April sind Osterferien. ?

10 In den ersten 20 Jahren wächst eine Fichte etwa 30 cm im Jahr. Auf dem Marktplatz steht jedes Jahr zu Weihnachten eine Fichte, die mindestens 5 m hoch ist. ?

11 In Jonas Zimmer ist eine Wand 4 m 52 cm lang. Er möchte an dieser Wand sein Bett aufstellen, das 2 m 6 cm lang ist, seinen Kleiderschrank von 1 m 20 cm Breite und ein oder zwei neue Regale. Die Regale gibt es im Möbelhaus in 60 cm und 80 cm Breite. ?

12 Gib in gemischter Schreibweise an.

a) 150 cm, 165 cm, 350 cm, 899 cm.

12a) 150 cm = 1 m 50 cm

b) 105 cm, 65 cm, 305 cm, 89 cm.

13 Gib alle Längen in cm an.

a) 2 · 2 m 50 cm; 3 · 1 m 10 cm; 5 · 1 m 11 cm.

13a) 2 · 2 m 50 cm = 500 cm

b) 70 cm + 1 m 20 cm; 2 m 35 cm + 72 cm.

Blitzrechnen: Einmaleins und Zehner-Einmaleins umgekehrt

Umkehraufgabe des Einmaleins nennen.

Aufgabe und verwandte Aufgaben rechnen.

Werkzeuge

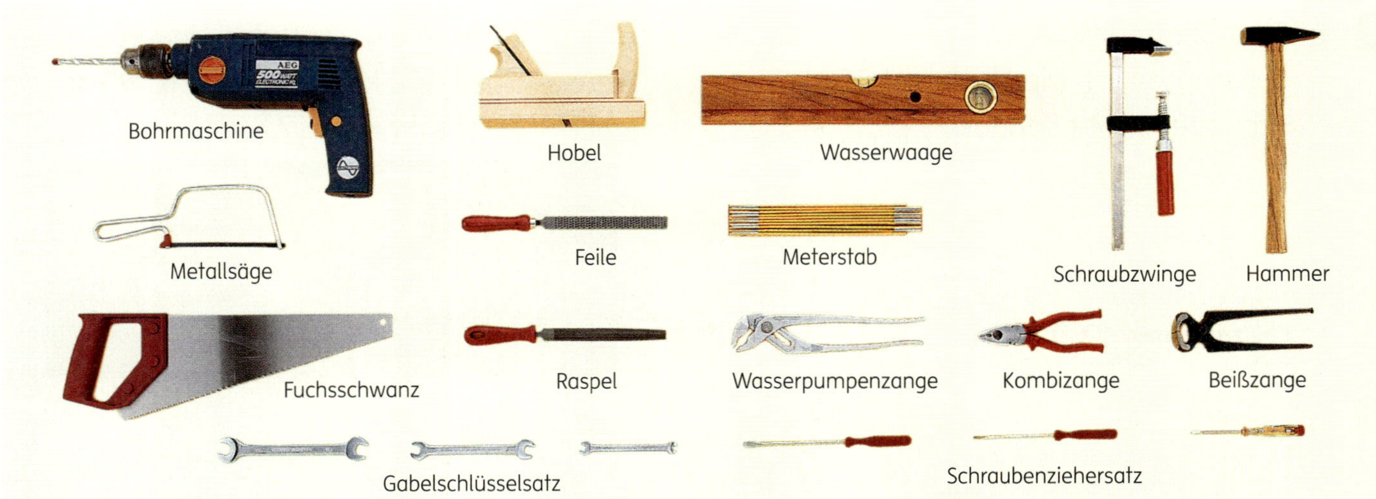

Für Heimwerkerinnen und Heimwerker gehören diese Werkzeuge zur Grundausrüstung.

1 Erkundige dich, welche Werkzeuge ihr zu Hause habt.
Welche Arbeiten kannst du mit diesen Werkzeugen ausführen?

2

Werkzeug	Preis in €	Werkzeug	Preis in €
Bohrmaschine	45 bis 210	Fuchsschwanz	8 bis 66
Hobel	25 bis 55	Raspel	9 bis 17
Wasserwaage	9 bis 34	Feile	7 bis 19
Meterstab	4 bis 16	Wasserpumpenzange	8 bis 31
Schraubzwinge	5 bis 26	Kombizange	5 bis 28
Hammer, 100 g	4 bis 27	Beißzange	9 bis 17
Hammer, 200 g	6 bis 37	Gabelschlüsselsatz	12 bis 71
Metallsäge	10 bis 35	Schraubenziehersatz	14 bis 45

a) Berechne die ungefähren Anschaffungskosten für eine preiswerte Ausrüstung.

b) Berechne die ungefähren Anschaffungskosten für eine teure Ausrüstung.

c) Stellt weitere Fragen zur Tabelle und beantwortet sie.

3

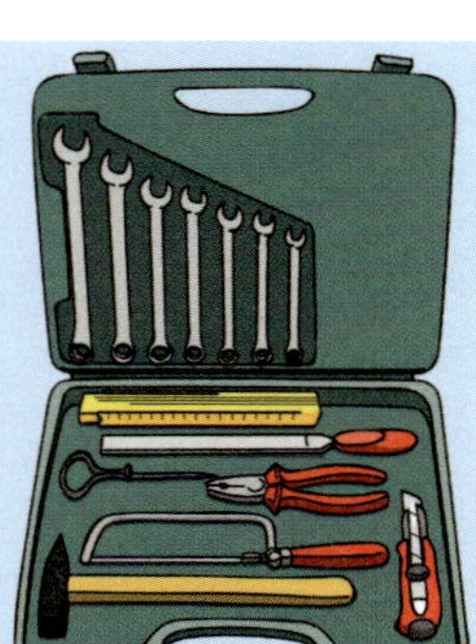

Unser Angebot

1 Hammer (100 g)
1 Meterstab
1 Metallsäge
1 Kombizange
1 Feile
1 Teppichmesser
1 Satz Gabelschlüssel
1 Nagelbohrer

! zusammen nur **39,95** Euro

a) Was hältst du von diesem Angebot?

b) Berechne die ungefähren Kosten, wenn du die Werkzeuge einzeln kaufen würdest.

■ **1–3** Sachwissen über Werkzeuge erarbeiten und rechnerisch durchdringen (Überschlag).

1 Die Waschmaschine ist defekt.
Der Kundendienst muss kommen.
Für die Reparatur braucht der Monteur insgesamt 2 Stunden.
Er berechnet pro Stunde 48 Euro.
Hinzu kommen noch die Kosten für die Ersatzteile in Höhe von 134,50 Euro und die Fahrtkosten in Höhe von 17 Euro.
Wie viel kostet die Reparatur insgesamt?

Sophie:

1) Arbeitskosten: 48 € + 48 € | Ersatzteile: 134,50 € | Fahrtkosten: 17 €

Arbeitskosten	96,00
Ersatzteile	134,50
Fahrt	17,00
	247,50

Die Reparatur kostet 247,50 €.

Matthias:

1)

48,00 €
134,50 €
17,00 €
199,50 €

Reparaturkosten: 199,50 €

a) Wie hat Sophie überlegt?
b) Was hat Matthias nicht beachtet?
c) Vergleiche mit deiner Lösung.

2 Für eine Arbeitsstunde berechnet eine Autowerkstatt 44 Euro pro Stunde.
Wie hoch sind die Lohnkosten bei einer Arbeitszeit von 30 min, 1 h, 1 h 30 min, 2 h, 2 h 30 min, 3 h?
Lege eine Tabelle an.

2)

Arbeitszeit	30 min	1h	1h 30 min
Kosten		44 €	

3 Eine Fernsehmonteurin installiert von 14:15 Uhr bis 16:45 Uhr eine Satelliten-Anlage.
Pro Arbeitsstunde werden 38 Euro berechnet. ?

4 Eine Gartenbaufirma legt einen Rasen an. Sie berechnet für den Meister 2 Stunden (pro Stunde 40 Euro), für den Lehrling 4 Stunden (pro Stunde 36 Euro) und für den Helfer 3 Stunden (pro Stunde 28 Euro). Für Samen und Dünger werden 186 Euro berechnet. ?

5 Eine Keramikerin fertigt ein Geschirr mit 12 Kaffeegedecken an.
Für einen Teller berechnet sie 13 Euro, für eine Untertasse 7 Euro und für eine Tasse 9 Euro. ?

1 Das Prinzip von Handwerkerrechnungen erklären. **2** Kosten für Bruchteile von Arbeitsstunden berechnen.

Steyregger Brücke in Linz

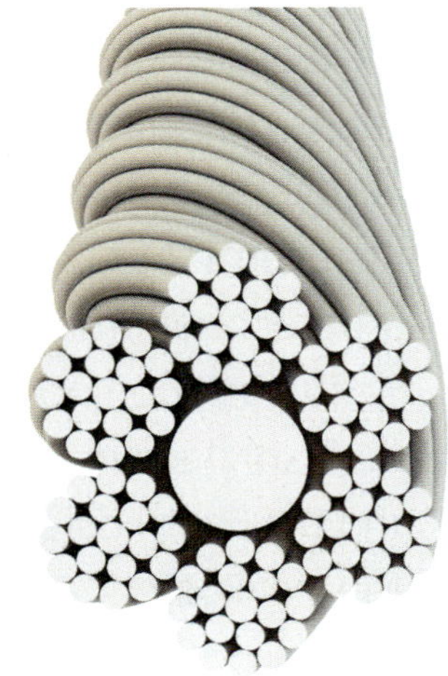

Aus Sicherheitsgründen wird ein Drahtseil aus vielen Drähten zusammengedreht.

1 Wie rechnet ihr die Aufgabe 8 · 37?

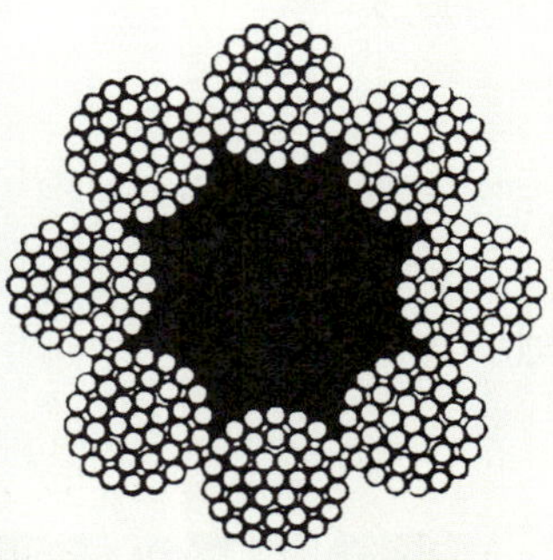

Drahtseil-Querschnitt:
Dieses Drahtseil besteht aus 8 Litzen mit je 37 Drähten und einer Fasereinlage in der Mitte.

Aus wie vielen einzelnen Drähten besteht das Drahtseil?

Ben

1) 8 · 37 = 240 + 56 =
8 · 30
8 · 7

Kathi

1)

·	30	7
8		

Felix

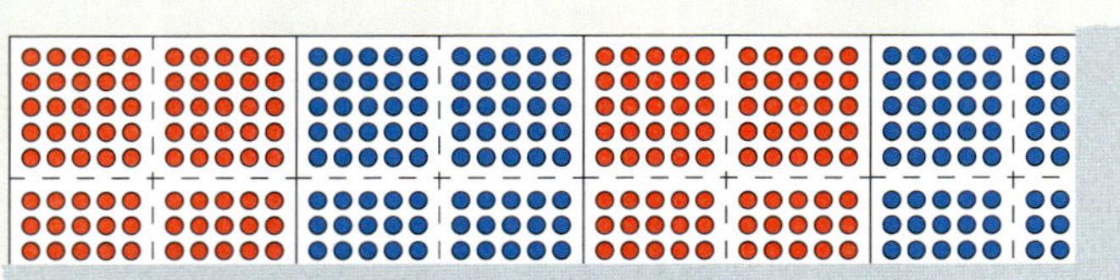

1) 80 + 80 + 80 + 56 =

Sarah

1) 10 · 37 = 370
2 · 37 = 74
8 · 37 = 370 − 74 =

Wie rechnen die Kinder? Vergleicht mit euren Rechenwegen.

2

a) Rechne mit deinem Rechenweg. 6 · 18 | 19 · 7 | 6 · 19 | 6 · 7 | 18 · 7

b) Welche der Multiplikationsaufgaben aus a) gehören zu welchem Drahtseil?

A
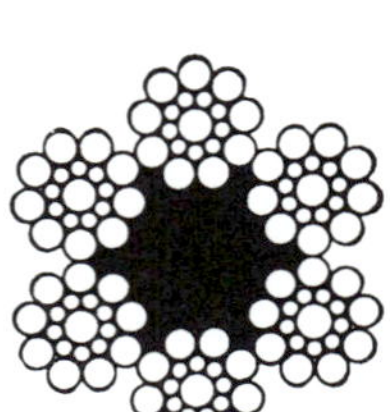

B
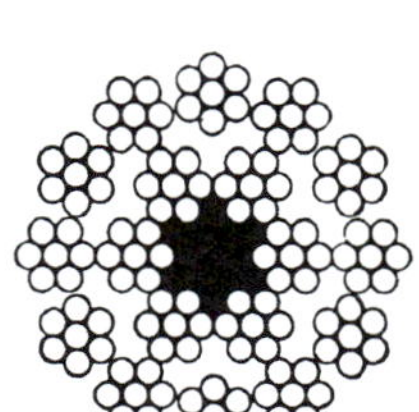

C
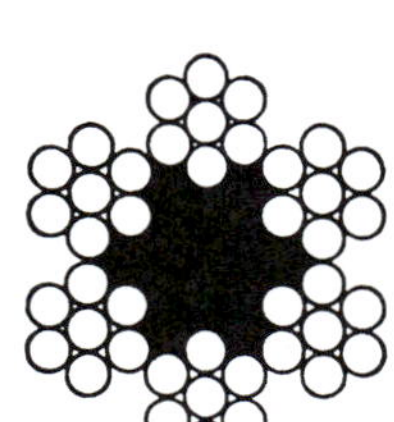

D
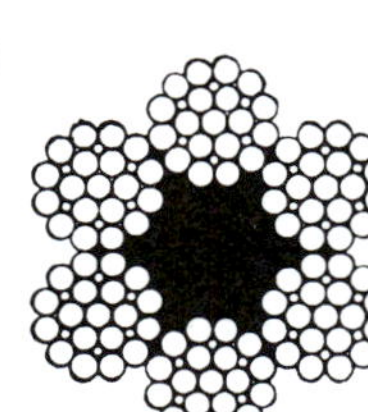

E
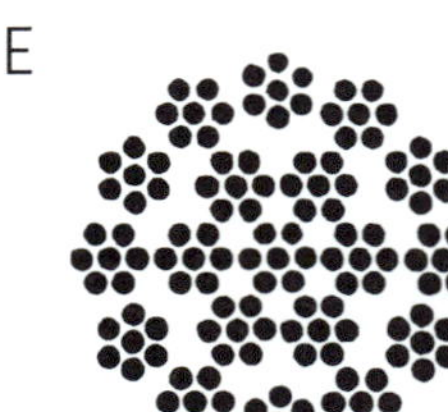

■ 1–2 Verschiedene Rechenwege und Überschlag bei der Multiplikation berechnen (Mathekonferenz).

1 Wie rechnet ihr 184 · 4?

Ein Jahr hat ungefähr 184 Schultage. Die Volksschulzeit dauert meist vier Jahre. Wie viele Tage sind das?

Christian
1)
2 Jahre: 184 + 184 = 368
4 Jahre: 368 + 368 = 736

Zoe
1)
184 · 4 = 400 + 320 + 16 = 736
100 · 4
80 · 4
4 · 4
736 Schultage

Tarek
1)

1. Jahr	184
2. Jahr	184
3. Jahr	184
4. Jahr	184
	736

Sophie
1)

·	4
100	400
80	320
4	16
	736

Wie rechnen die Kinder? Welche einfachen Aufgaben benutzen sie?
Vergleicht mit euren Rechenwegen.

2 Probiere selbst. Denke auch an die Tauschaufgabe.

a) 3 · 172, 143 · 7
b) 3 · 209, 3 · 290
c) 6 · 143, 3 · 146
d) 5 · 124, 4 · 125
e) 167 · 4, 164 · 6

3 Wie viele Stunden sind die Tierkinder alt?

Fohlen: 2 Tage

Küken: 3 Tage

Kätzchen: 6 Tage

Hundewelpe: 9 Tage

4 Wie viele Stunden haben 1, 2, 3, 4, ..., 10 Tage? Lege eine Tabelle an.

4)

Tage	1	2	3	4	5	6	7	8	9	10
Stunden	24	48								

5 Ein Jahr hat 52 Wochen. Wie viele Wochen haben 1, 2, 3, 4, ..., 10 Jahre? Lege eine Tabelle an.

1 Verschiedene Rechenwege aufzeigen und besprechen (Mathekonferenz). **2** Multiplikationsaufgaben auf eigenen Wegen rechnen. **3 – 5** Multiplikationsaufgaben schrittweise oder mit dem Malkreuz berechnen.

Von einfachen zu schwierigen Multiplikationsaufgaben

1 Rechne mit dem Malkreuz. Vergleiche die Ergebnisse. Warum sind sie verschieden?

a) 6 · 18 und 8 · 16

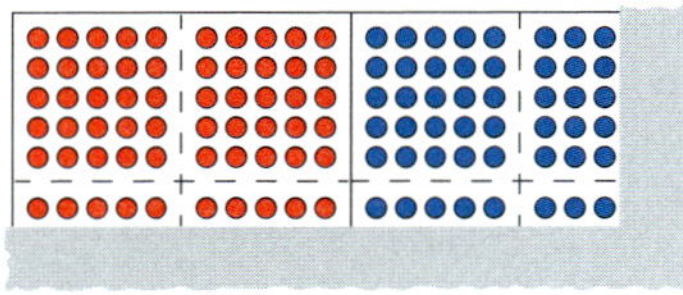

6 · 18

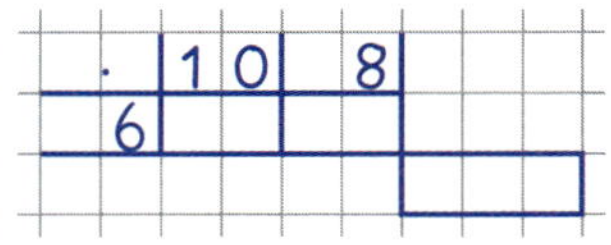

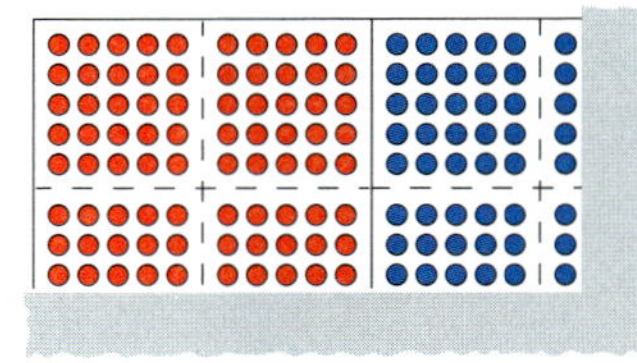

8 · 16

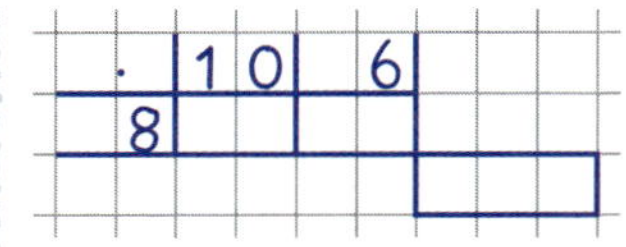

b) 7 · 16 und 6 · 17 c) 4 · 16 und 6 · 14 d) 5 · 18 und 8 · 15 e) 2 · 19 und 9 · 12

2 Zeige die folgenden Aufgaben am Tausenderfeld und berechne sie mit dem Malkreuz.

a) 4 · 26

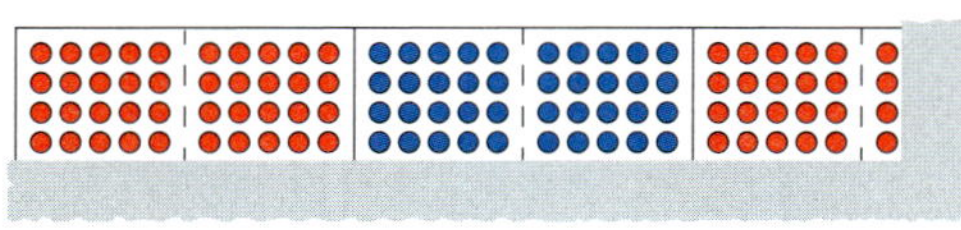

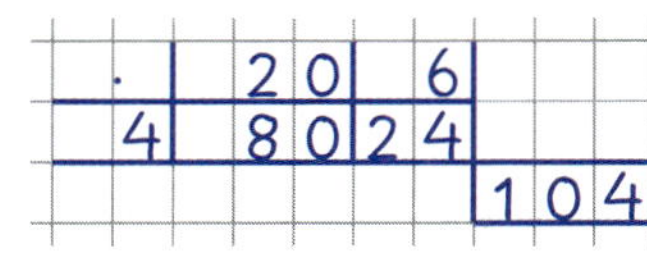

b) 6 · 24

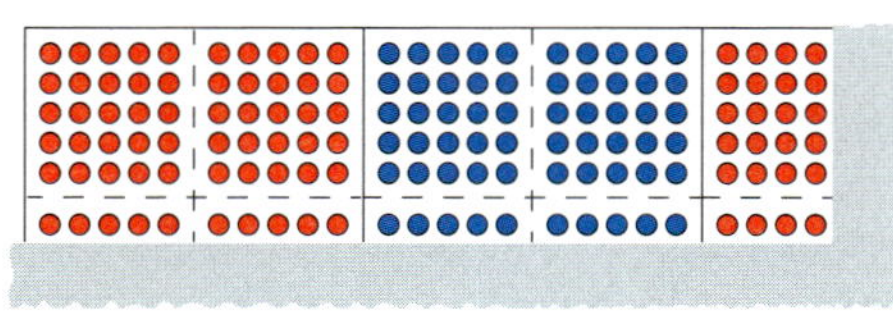

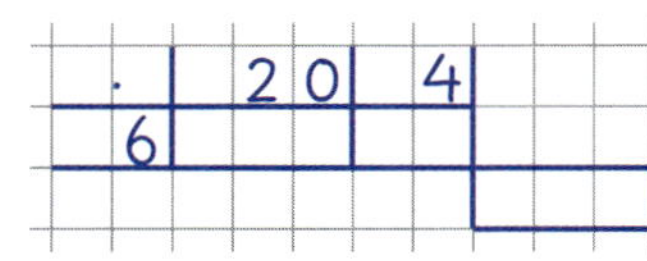

c) 6 · 42

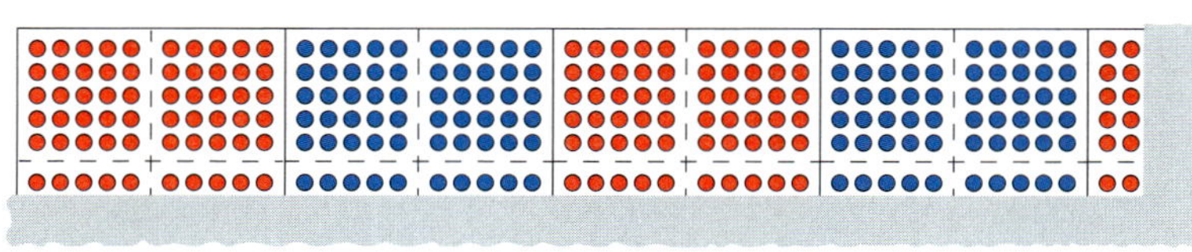

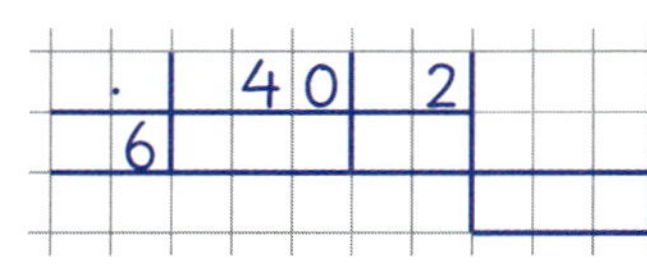

d) 4 · 62 e) 2 · 46 f) 2 · 64

3 Multipliziere ebenso mit dem Malkreuz.

a) 3 · 57 5 · 37 7 · 35
3 · 75 5 · 73 7 · 53

b) 2 · 68 6 · 82 8 · 26
2 · 86 6 · 28 8 · 62

4 a) 4 · 57
4 · 50
4 · 7

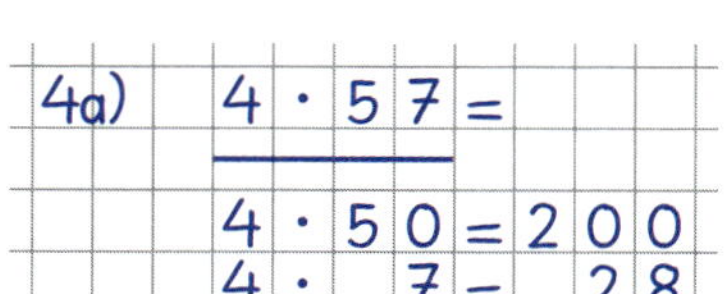

b) 6 · 33
6 · 30
6 · 3

c) 5 · 68
5 · 60
5 · 8

d) 4 · 99
4 · 90
4 · 9

e) 9 · 56

5 a) 4 · 168
4 · 100
4 · 60
4 · 8

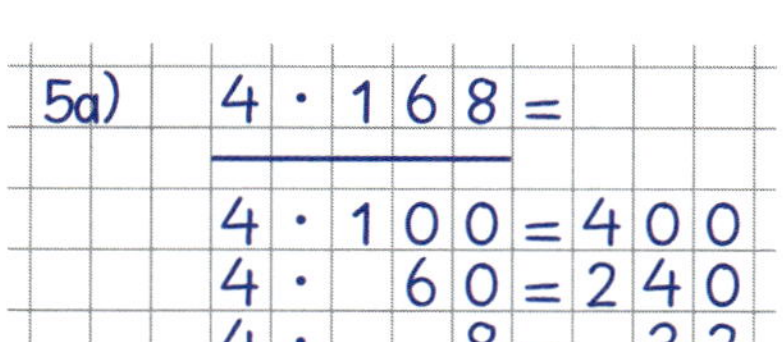

b) 8 · 146
8 · 100
8 · 40
8 · 6

c) 6 · 184
6 · 100
6 · 80
6 · 4

d) 3 · 327
3 · 300
3 · ....
3 · ....

e) 4 · 207
4 · 200

4 · ....

■ **1–3** Große Zahlen am Tausenderfeld legen und am Malkreuz in Teilrechnungen zerlegen **4–5** Große Zahlen in Stellenwerte zerlegen und Multiplizieren auf das Einmaleins zurückführen. → Arbeitsheft, Seite 14

1 a) Berechne die 23-er Reihe. Überlege vorher, wie du vorteilhaft (evtl. im Kopf) rechnen kannst.

1 · 23	2 · 23	3 · 23	4 · 23	5 · 23	6 · 23	7 · 23	8 · 23	9 · 23	10 · 23

Lisa rechnet:

1a)
1 · 23 = 23
2 · 23 = 46

10 · 23 = 230
9 · 23 =
230 − 23 =

5 · 23 =
230 : 2 = 115

8 · 23 =
8 · 20 = 160
8 · 3 = 24

b) Berechne ebenso die 37er-Reihe

1 · 37	2 · 37	3 · 37	4 · 37	5 · 37	6 · 37	7 · 37	8 · 37	9 · 37	10 · 37

c) Trage beide Reihen in die Tabelle ein und berechne von jeder Spalte die Summe.

1c)

23er–Reihe	23	46								230
37er–Reihe	37	74								370
Summe	60									

d) Was fällt euch auf? Begründet am Tausenderfeld.

2 Rechne ebenso mit der 53er-Reihe und der 47er-Reihe. Berechne die Summen. Was fällt dir auf?

2)

53er–Reihe	53	106								530
47er–Reihe	47	94								
Summe	100									

3 Rechne ebenso.
a) mit der 24er-Reihe und der 26er-Reihe.
b) mit der 32er-Reihe und der 18er-Reihe.
c) mit der 21er-Reihe und der 19er-Reihe.

d) Findet andere Reihen, mit denen ihr schöne Summen bilden könnt.

4 Schöne Ergebnisse. Kontrolliere: Drei Ergebnisse passen nicht ins Muster.

a)	b)	c)	d)	e)	f)
296 · 3	6 · 120	9 · 89	69 · 5	2 · 315	499 · 2
259 · 3	5 · 144	6 · 117	76 · 6	3 · 210	332 · 3
222 · 3	4 · 180	3 · 201	81 · 7	5 · 126	142 · 7
185 · 3	3 · 240	6 · 85	226 · 3	6 · 105	248 · 4
148 · 3	2 · 370	9 · 45	263 · 3	7 · 80	198 · 5

■ **1–4** Produkte vorteilhaft berechnen. Dabei Muster zur Kontrolle bzw. Selbstkontrolle benutzen.

1 Wie rechnet ihr 956 : 4?

Beim Schulfest wurden 956 Euro eingenommen. Das Geld wird auf vier Jahrgänge aufgeteilt.

Birgit
956 : 4 = 239
400 : 4 = 100
R 556
400 : 4 = 100
R 156
120 : 4 = 30
R 36
36 : 4 = 9
R 0

Maja
956 : 4 = 239
800 : 4 = 200
R 156
120 : 4 = 30
R 36
36 : 4 = 9

Alexej
956 : 4 = 239
800 : 4 = 200
100 : 4 = 25
40 : 4 = 10
16 : 4 = 4

Fabian
1000 : 4 = 250
960 : 4 = 240
956 : 4 = 239

Lily
956 : 2 = 478
900 : 2 = 450
56 : 2 = 28

478 : 2 = 239
400 : 2 = 200
78 : 2 = 39

Wie rechnen die Kinder? Welche einfachen Aufgaben benutzen sie?
Vergleicht mit euren Rechenwegen.

2 Rechne auf deinem Weg. Wie viele Packungen mit 6 Eiern ergibt das?
a) 150 Eier b) 200 Eier c) 250 Eier

3 Wie rechnet ihr 107 : 6?

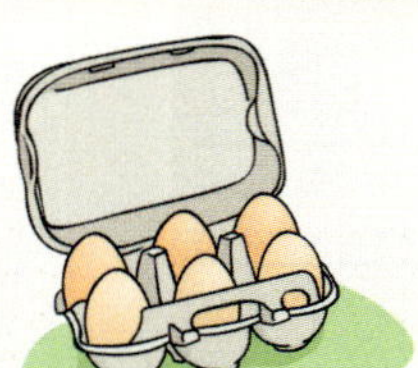

Auf dem Bio-Bauernhof legten die Hühner 107 Eier.
Wie viele volle Packungen mit 6 Eiern ergibt das?

Tom
107 : 6 = 17 R 5
60 : 6 = 10
47 : 6 = 7 R 5
Probe: 6 · 17 = 102
6 · 10 = 60
6 · 7 = 42
102 + 5 = 107

Elias
107 : 6 = 17 R 5
60 : 6 = 10
R 47
42 : 6 = 7
R 5
Probe:

·	10	7
6	60	42
		102

102 + 5 = 107

Burhan
107 : 6 = 17 R 5
60 : 6 = 10
R 47
30 : 6 = 5
R 17
12 : 6 = 2
R 5
Es ergibt 17 Packungen,
5 Eier bleiben übrig.

Wie rechnen die Kinder? Welche einfachen Aufgaben benutzen sie?
Vergleicht mit euren Rechenwegen.

4 Probiere selbst.
a) 856 : 4 b) 856 : 8 c) 428 : 4
d) 344 : 8 e) 678 : 3 f) 462 : 7

5 Die Astrid-Lindgren-Schule hat beim Schulfest 920 Euro eingenommen. Das Geld wird auf die 8 Klassen verteilt. ?

■ **1–4** Rechenwege zur halbschriftlichen Division im Tausender besprechen (Mathekonferenz).

1 Kleine und große Divisionsaufgaben.

a) 108 : 6
60 : 6
48 : 6

1a) 108 : 6 = 18
60 : 6 = 10
48 : 6 = 8

b) 64 : 4
40 : 4
24 : 4

c) 90 : 5
50 : 5
40 : 5

d) 112 : 8
80 : 8
32 : 8

2 Kleine und große Divisionsaufgaben mit Rest.

a) 100 : 7
70 : 7
30 : 7

2a) 100 : 7 = 14 R 2
70 : 7 = 10
30 : 7 = 4 R 2

b) 100 : 8
80 : 8
20 : 8

c) 100 : 9
d) 70 : 4
e) 90 : 8
f) 80 : 7

3 Dividiere Schritt für Schritt. Bei einer Aufgabe bleibt Rest.

a) 492 : 4
400 : 4
80 : 4
12 : 4

3a) 492 : 4 = 123
400 : 4 = 100
80 : 4 = 20
12 : 4 = 3

b) 684 : 3
600 : 3
60 : 3
24 : 3

c) 548 : 8
d) 414 : 6
e) 548 : 4
f) 828 : 6

4 Teile die Geldbeträge. Welche Ergebnisse sind gleich? Begründe.

a) 976 € : 8
b) 488 € : 4
c) 244 € : 2
d) 488 € : 8
e) 976 € : 4
f) 488 € : 2
g) 244 € : 4
h) 122 € : 2

5 Rechne und schreibe deinen Rechenweg auf. Mache die Probe.

a) 954 : 6
945 : 9
945 : 7
945 : 5
954 : 9

6a) 954 : 6 = 159
600 : 6 = 100
300 : 6 = 50
54 : 6 = 9

Probe: 6 · 159 = 954
6 · 100 = 600
6 · 50 = 300
6 · 9 = 54

b) 504 : 9
504 : 8
504 : 7
504 : 6
504 : 3

c) 336 : 3
336 : 4
336 : 6
336 : 7
336 : 8

6 Eine Tierforscherin wiegt 7 neugeborene Igel zusammen. Die Waage zeigt 150 g. Wie viel wiegt ein kleiner Igel etwa?

7 Sophia, Paul, Tobias und Lena fahren mit dem Zug nach Salzburg. Die Fahrt kostet für alle zusammen 168 Euro. ?

8 Fünf Freunde zahlen für die Zugfahrt nach Amstetten 210 Euro. ?

1–5 Zusammenhänge zwischen Aufgaben erkennen, evtl. begründen. **6** Aufgaben rechnen, Proben durchführen. **7–8** Sachaufgaben zur Division. → Arbeitsheft, Seite 15

Übungen zur Division

1 Bilde jeweils alle sechs dreistelligen Zahlen aus den angegebenen Ziffernkarten und dividiere alle Zahlen durch 3.

a) 2 3 4 b) 2 3 5 c) 2 3 6

d) 3 4 5 e) Welche Zahlen sind ohne Rest durch 3 teilbar, welche haben einen Rest?

1a) 234, 243, 324, 342, 423, 432

234 : 3 = 78

210 : 3 = 70
24 : 3 = 8

2 Die folgenden Zahlen haben alle die Ziffernsumme 3 und sind deshalb mit 3 Plättchen an der Stellenwerttafel zu legen: 3, 12, 21, 30, 102, 111, 120, 201, 210, 300

a) Überzeuge dich, dass alle diese Zahlen durch 3 ohne Rest teilbar sind.

b) Addiere immer zwei Zahlen und teile ebenfalls durch 3.

c) Subtrahiere immer zwei Zahlen und teile ebenfalls durch 3.

2b) 111 + 30 = 141 141 : 3 = 47

120 : 3 = 40
21 : 3 = 7

2c) 300 − 3 = 297 297 : 3 = 99

270 : 3 = 90
27 : 3 = 9

3 Gegeben sind die Zahlen 1, 2, 4, 8, 16, 32, 64, 128, 256, 512, 1 024.

a) Wie lautet die Regel für diese Zahlenfolge?

b) Dividiere wenn möglich die Zahlen zuerst durch 2, dann durch 4 und durch 8. Beginne von hinten bei 1 024.

c) Was fällt euch auf? Begründet.

4 Rechne und vergleiche.

a) 720 : 2; 720 : 4 | 148 : 2; 148 : 4

b) 720 : 3; 720 : 6 | 222 : 3; 222 : 6

c) 720 : 8; 720 : 4 | 488 : 8; 488 : 4

d) 720 : 10; 720 : 5 | 480 : 10; 480 : 5

e) 420 : 6; 420 : 2 | 336 : 6; 336 : 2

f) 720 : 9; 720 : 3 | 243 : 9; 243 : 3

5 Schöne Ergebnisse.

a) 369 : 3, 492 : 4, 615 : 5

b) 850 : 2, 972 : 3, 892 : 4

c) 896 : 8, 784 : 7, 672 : 6

d) 364 : 7, 441 : 7, 518 : 7

e) 882 : 9, 784 : 8, 686 : 7

f) 987 : 3, 876 : 3, 765 : 3

6 736 : 4 = 184

Vergleiche mit den Ergebnissen von 368 : 4 und 736 : 8. Begründe.

1 a) Vergleicht Start- und Zielzahl. Beschreibt das Muster.

Start	· 10		+ 20		: 10	Ziel
2	→	20	→	40	→	4
3		30		50		5
4		40		60		6
5		50		70		7

b) Startet die Rechenkette auch mit 6, 7, 8, 9, 10 und begründet das Muster.

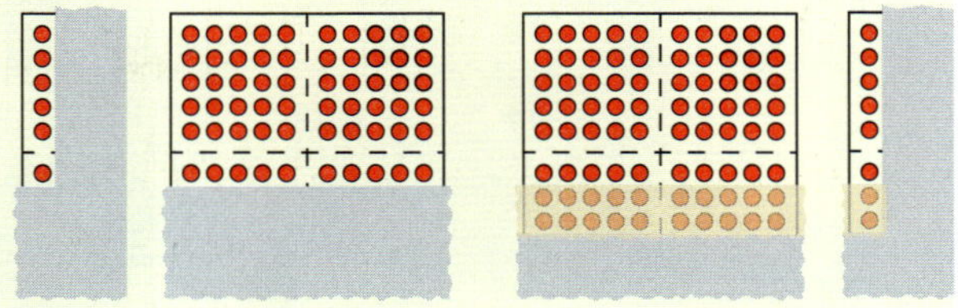

1b) 6 —· 10→ 60 —+ 20→ 80 —: 10→ 8

c) Rechnet und beschreibt ebenso.

Start	· 10		− 20		: 10	Ziel
2	→	20	→	0	→	0

Startet auch mit 3, 4, 5, 6, ..., 10.

2 a)

Start	· 70		+ 140		: 70	Ziel
3	→	....	→	....	→	....

Starte auch mit 4, 5, 6, 7, 8.

b)

Start	· 70		− 140		: 70	Ziel
3	→	....	→	....	→	....

Starte auch mit 4, 5, 6, 7, 8, 9, 10.

c) Versuche, die Rechenketten so abzuändern, dass die Zielzahl immer um 1 kleiner ist als die Startzahl.

d) Versuche, die Rechenketten so abzuändern, dass die Zielzahl immer um 4 größer ist als die Startzahl.

3 a)

Start	· 90		+ 270		: 90	Ziel
3	→	....	→	....	→	....

Starte auch mit 4, 5, 6, 7.

b)

Start	· 90		− 270		: 90	Ziel
3	→	....	→	....	→	....

Starte auch mit 4, 5, 6, 7, 8, 9, 10.

c)

Start	· 90		− 90		: 90	Ziel
3	→	....	→	....	→	....

Starte auch mit 4, 5, 6, 8, 9, 10.

d) Versuche, die Rechenketten so abzuändern, dass die Zielzahl immer um 1 größer ist als die Startzahl.

e) Versuche, die Rechenketten so abzuändern, dass die Zielzahl immer um 2 kleiner ist als die Startzahl.

4 Finde verschiedene Rechenketten, bei denen die Zielzahl immer um 5 größer ist als die Startzahl und rechne Beispiele.

4)

	· 30		+ 150		: 30	
4	→	120	→	270	→	9
5		150		300		10

■ **1–4** Wiederholung des Übungsformats „Rechenketten". Operationen mit dem Malwinkel am Tausenderbuch für Begründungen nutzen („operative Beweise").

Ein **Spiegelbuch** besteht aus zwei klappbaren Spiegeln. Man kann damit viele schöne Figuren erspiegeln.

Ein **Kaleidoskop** ist ein Spielzeug. Es ist wie ein Spiegelbuch aufgebaut. Das Wort Kaleidoskop stammt aus dem Griechischen und bedeutet „Schönbildschauen“.

1 Zeichne diese Figur  auf ein Blatt Papier. Mache daraus mit dem Spiegelbuch:

a) 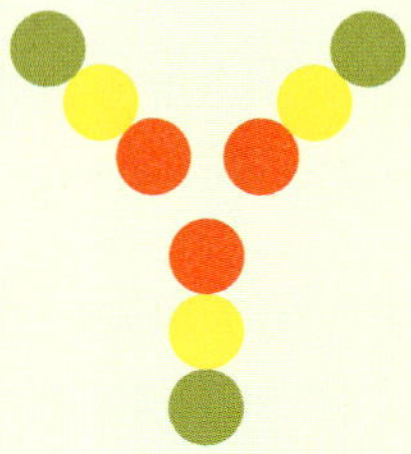

b) 

c) 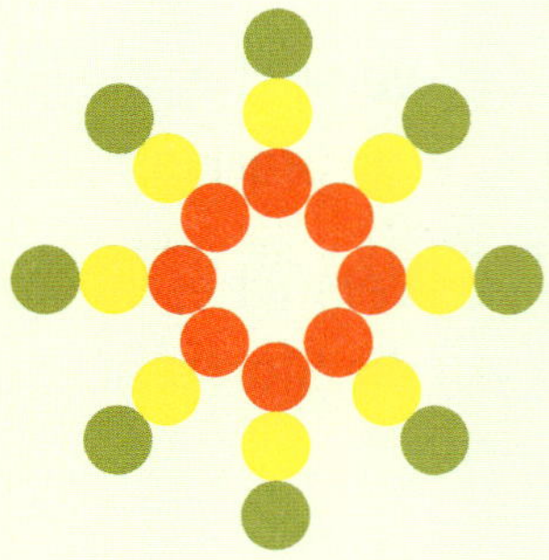

d) 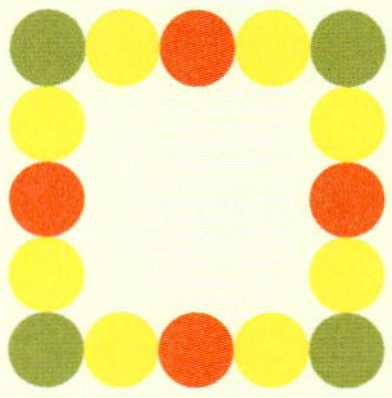

e) 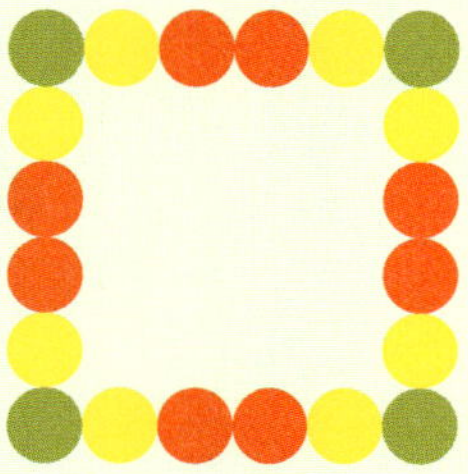

f) 

g) 

h) 

2 Zeige mit einem Lineal die Symmetrieachsen der Figuren.

3 Finde weitere schöne Figuren.

■ **1–3** Mit Gewebeklebeband zwei Handspiegel zu einem Spiegelbuch zusammenkleben und aus der Ausgangsfigur Spiegelbilder herstellen.

4 Zeichne diese Figur ______ auf ein Blatt Papier.
Mache daraus mit dem Spiegelbuch:

a)
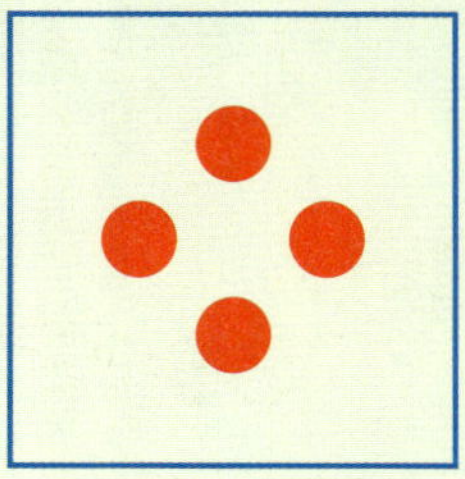

b)
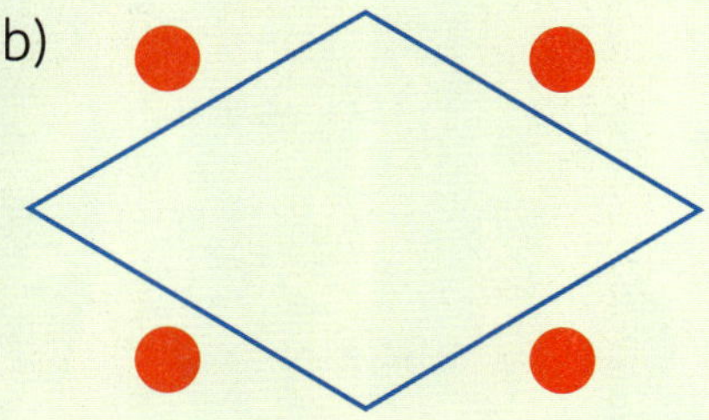

c)
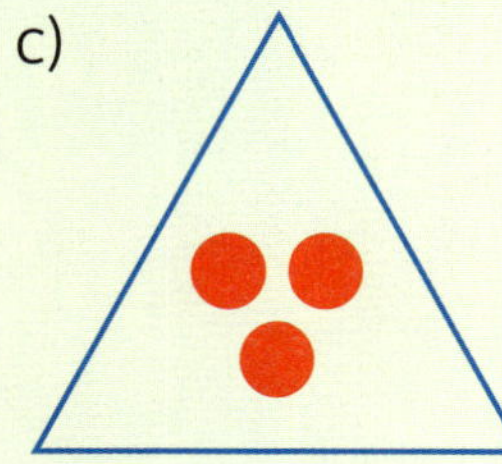

d)
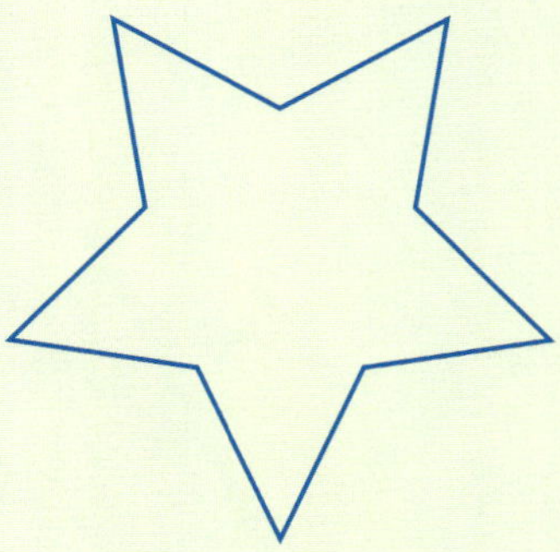

e)
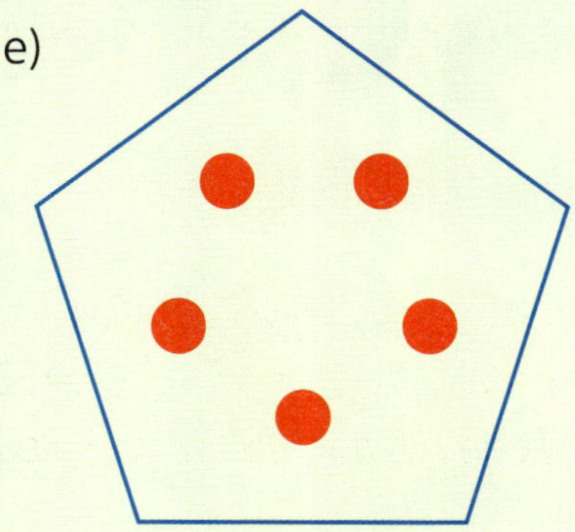

f)
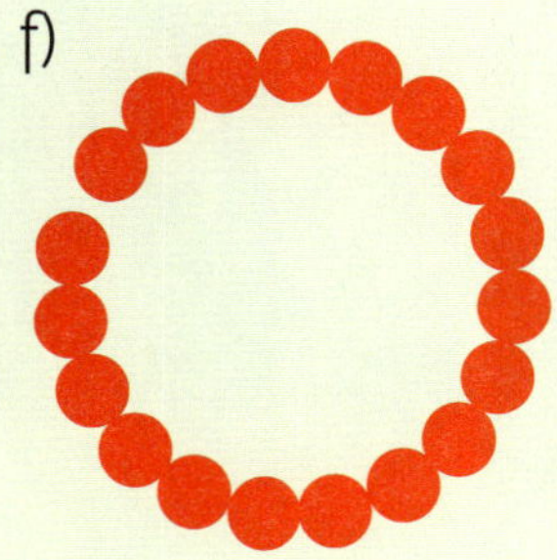

5 Zeichne die Figuren ab und spiegle die blauen Teile dreimal an den roten Spiegelachsen.
Prüfe mit dem Spiegel, ob du richtig gezeichnet hast.

a)
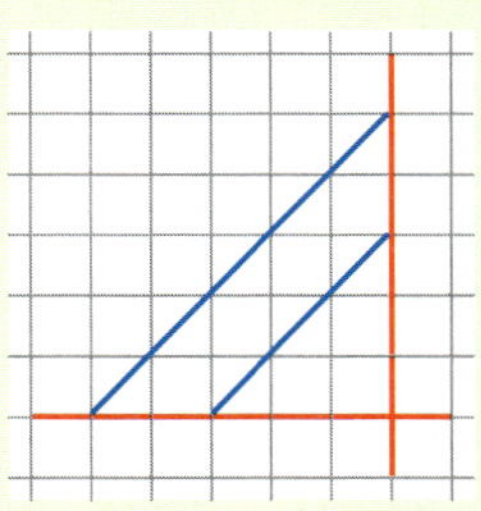

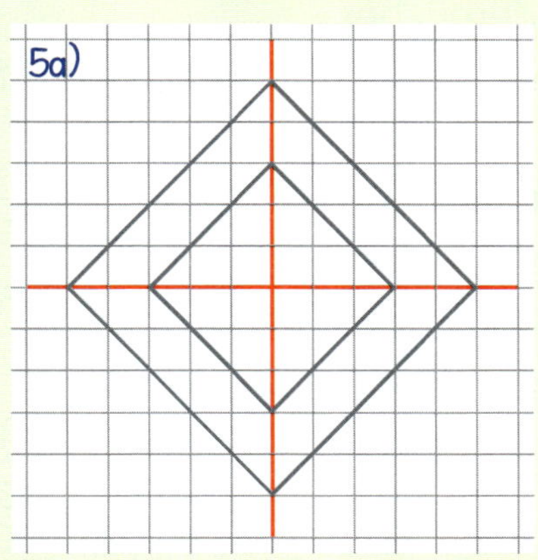

b)
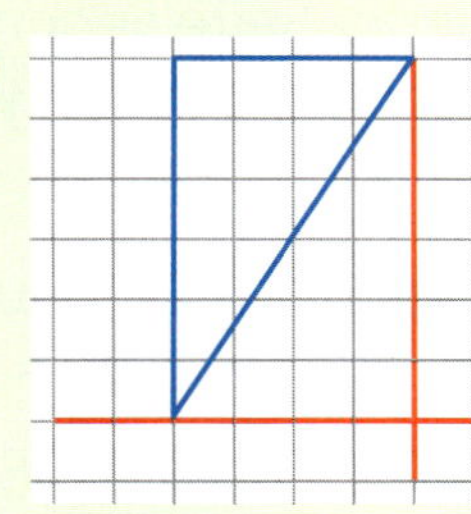

c)
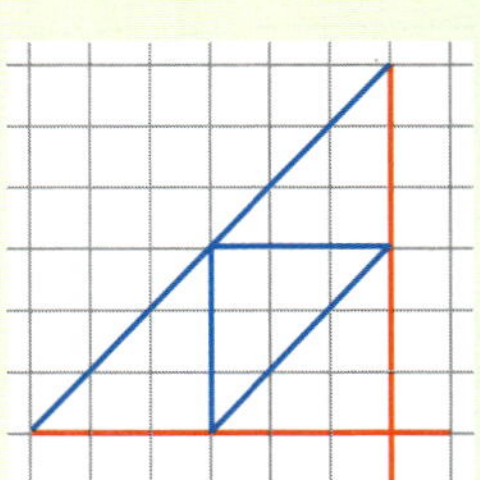

d)
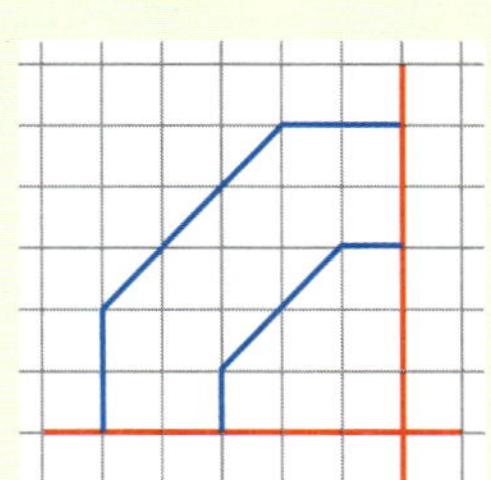

e)
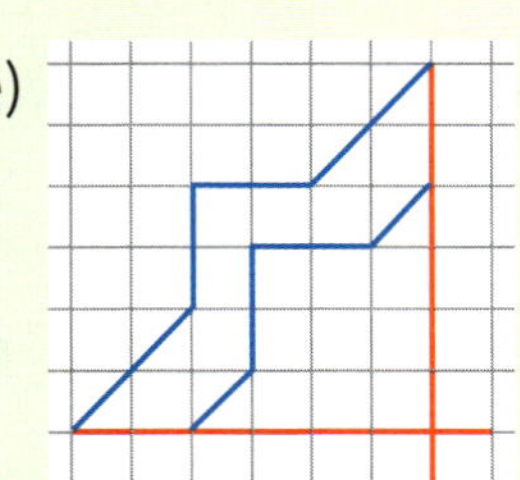

f) Erfinde selbst solche Figuren.
Zeichne sie in dein Heft.

Das Millionbuch hat 1 000 Felder.
Auf jedem Feld liegt 1 Tausenderbuch.
In jeder Zeile liegen 10 Tausenderbücher.
Auf jeder Seite liegen 100 Tausenderbücher.
Jede Zahl von 1 bis 1 000 000 hat im Millionbuch ihren bestimmten Platz.

1 Zeige am Millionbuch 58 volle Tausender und 654 Einer im nächsten angefangenen Tausender.
Die Zahl heißt 58 654, sprich „58tausend 654“.
Tipp: Schreibe nach den Tausendern eine Lücke.

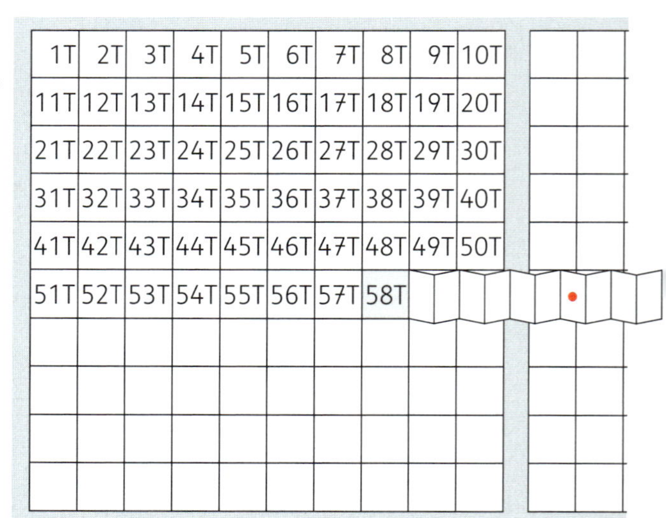

Lücke
↓
58 654

2 Zeigt und erklärt ebenso.

a) 1 001, 1 250, 1 999, 2 000, 2 581

b) 25 699, 25 700, 25 846, 38 999, 39 000

c) 48 999, 50 000, 50 001, 50 010, 50 110

d) 61 333, 61 555, 70 734, 70 934, 71 000

e) 84 005, 84 050, 84 500, 99 999, 100 000

3 Ein Marathonlauf geht über 42 km 195 m. Wie viele Meter sind das? (1 km = 1 000 m)
Überlege am Millionbuch.

1, 2 Aufbau der Million durch sukzessive Hinzufügung von Tausenderbüchern erarbeiten. Tausender (T) als neue Einheit einführen. **3** Millionbuch für Größenbeziehungen nutzen.

Die Zahl 166 479 im Millionbuch.

4 Lies und erkläre die Zahlen am Millionbuch ebenso.

a)	b)	c)	d)	e)	f)	g)
100 001	102 500	7 815	23 730	9 999	1 111	750
100 010	102 750	78 150	230 730	99 999	11 111	7 502
100 100	103 000	781 500	203 730	999 999	111 111	75 200

5 Fülle auf zum nächsten Tausender. Von
a) 123 000 in 100er-Schritten zu 124 000.
b) 154 500 in 50er-Schritten zu 155 000.
c) 179 900 in 10er-Schritten zu 180 000.

6 <, > oder = ? Vergleiche am Millionbuch.
51 926 ◯ 49 999
742 325 ◯ 325 742
123 456 ◯ 654 321

7 Ergänze auf Tausend.

a)	b)	c)
370	778	544
375	667	655
475	556	766

7a) 370 + 630 = 1000

8 Ergänze auf eine Million. Schreibe mit Lücke.

a)	b)	c)
370 000	778 000	544 000
375 000	667 000	655 000
475 000	556 000	766 000

8a) 370 000 + 630 000 =

9 Ergänzt auf den nächsten Tausender und erklärt die Zusammenhänge.

a) 855 + ... = 1 000
38 855 + ... = 39 000

b) 693
24 693

c) 319
112 319

d) 243
499 243

e) 7
398 007

Blitzrechnen: Zahlen zeigen und nennen

Zahl am Millionbuch zeigen.

Zahl erklären und nennen.

4–6 Mündliche Übungen. **7–9** Analogie des Ergänzens im Tausenderraum und im Millionraum besprechen.
Zur Grundlegung und zum weiteren regelmäßigen Üben Millionbuch und Tausenderbücher benutzen.
→ Arbeitsheft, Seite 16

1

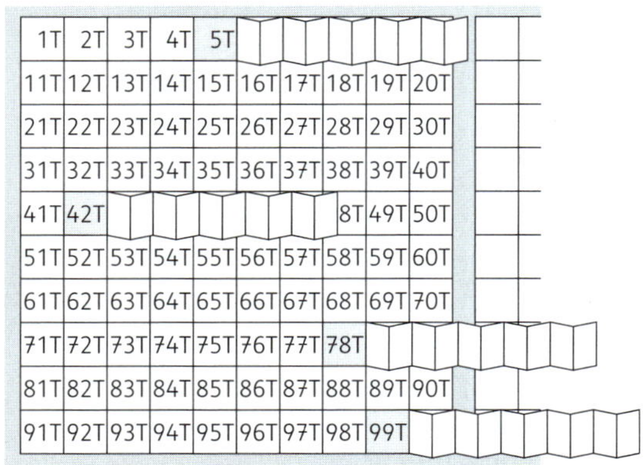

Fülle den nächsten Tausender in 100er-Schritten auf.

a) 5 000, 5 100, …, 5 900, 6 000

b) 42 000, 42 100, …, 43 000

c) 78 000, …, 79 000

d) 99 000, …, 100 000

Überprüfe und erläutere am Millionbuch.

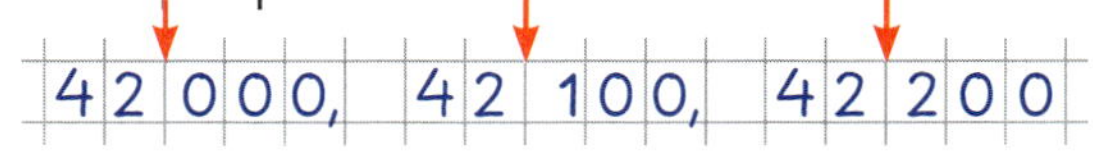

2

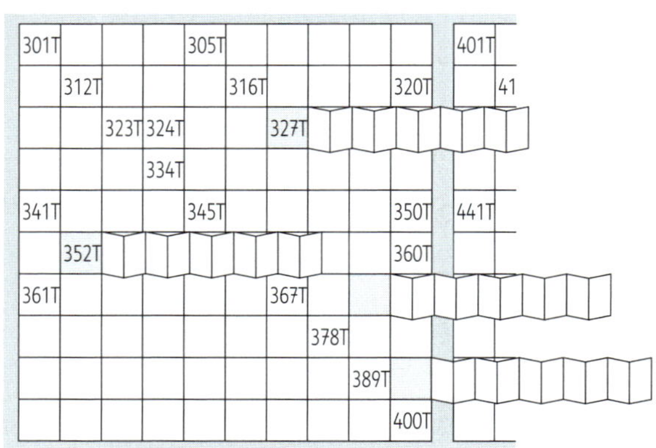

Fülle den nächsten Tausender in 10er-Schritten auf.

a) 327 900, 327 910, …, 328 000

b) 352 900, 352 910, …, 353 000

c) 369 900, 369 910, …, 370 000

d) 390 800, 390 810, …, 391 000

Überprüfe und erläutere am Millionbuch.

3

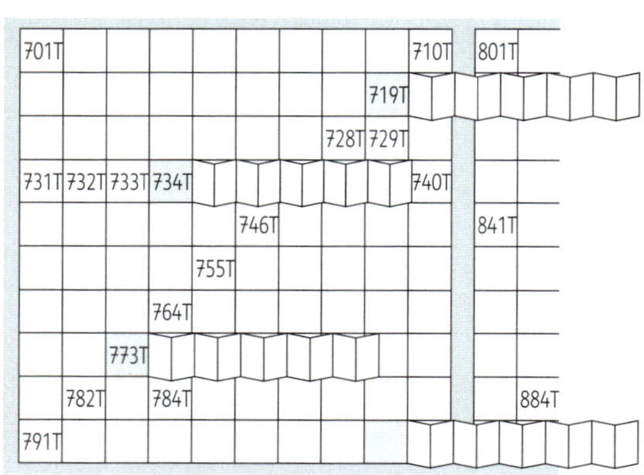

Fülle den nächsten Tausender in Einerschritten auf.

a) 719 990, 719 991, …, 720 000

b) 734 990, 734 991, …, 735 000

c) 773 990, 773 991, …, 774 000

d) 799 985, 799 986, …, 800 000

Überprüfe und erläutere am Millionbuch.

Blitzrechnen: Ergänzen auf 1 Million

Vollen Tausender nennen.

Auf 1 Million ergänzen.

1–3 Mündliche Übungen. Das Auffüllen des „angefangenen“ Tausenders muss am Millionbuch bewusst vollzogen werden. Zur Grundlegung und zum weiteren regelmäßigen Üben analoge Aufgaben im Tausender nutzen.

4 Überlege am Tausenderbuch.
a) Wie viele Hunderter hat ein Tausender?
b) Wie viele Zehner hat ein Hunderter?
c) Wie viele Zehner hat ein Tausender?

5 Überlege am Millionbuch.
a) Wie viele Hunderttausender hat die Million?
b) Wie viele Zehntausender hat ein Hunderttausender?
c) Wie viele Zehntausender hat die Million?

6 Teile den Tausender in
a) 2 gleich große Teile.
b) 4 gleich große Teile.
c) 5 gleich große Teile.
d) 10 gleich große Teile.
e) 8 gleich große Teile.

7 Teile die Million in
a) 2 gleich große Teile.
b) 4 gleich große Teile.
c) 5 gleich große Teile.
d) 10 gleich große Teile.
e) 8 gleich große Teile.

8 Überlege und erkläre am Millionbuch. Volle Tausender lassen sich halbieren.
8 000 : 2 = 4 000, 1 000 : 2 = 500, also 9 000 : 2 = 4 500
Halbiere ebenso: 22 000, 31 000, 91 000, 49 000, 909 000

9

a)	b)	c)
10 : 2	10 : 5	10 : 10
100 : 2	100 : 5	100 : 10
1 000 : 2	1 000 : 5	1 000 : 10
10 000 : 2	10 000 : 5	10 000 : 10
100 000 : 2	100 000 : 5	100 000 : 10
1 000 000 : 2	1 000 000 : 5	1 000 000 : 10

! Die Zahlen 1, 10, 100, 1 000, ... heißen Stufenzahlen.

Blitzrechnen: Stufenzahlen teilen

Aufgabe zeigen. – Aufgabe lösen.

■ **4–7** Das Millionbuch als „großes Tausenderbuch" verdeutlichen. **8–9** Mündlich bearbeiten. Zur Lösung das Millionbuch heranziehen. ⚡ Zur Grundlegung und zum weiteren regelmäßigen Üben. → Arbeitsheft, Seite 17

Millionbuch

1 Der Kilometerzähler eines Autos springt gerade auf 210 000.
Welche Zahl hat er direkt davor angezeigt?
Welche Zahl kommt direkt danach?

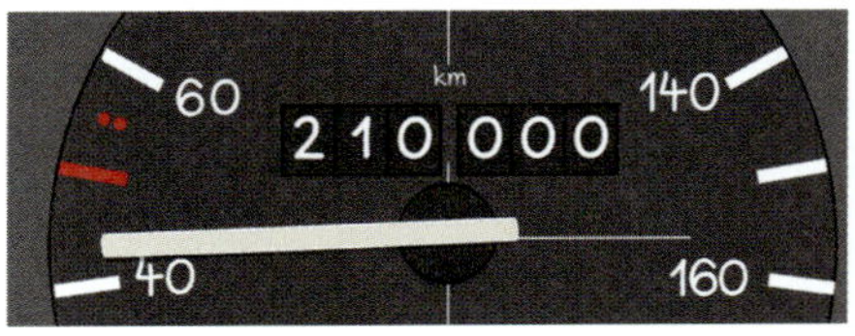

2 Starte mit einer Zahl. Addiere zuerst 1 dazu, dann zum Ergebnis 10, dann 100, dann 1 000, dann 10 000 und zum Schluss 100 000.
Starte mit

a) 132 645, b) 149 512, c) 649 200,
d) 333 333, e) 400 000, f) 799 999.

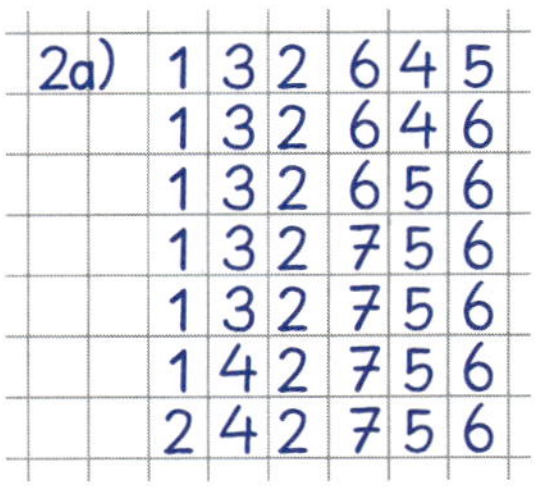

g) Welche Startzahl musst du wählen, damit du die Zahl 999 999 (1 000 000) erreichst?

3 a) Starte wieder mit einer Zahl. Subtrahiere nun von der Zahl zuerst 1, dann vom Ergebnis 10, dann 100, dann 1 000, dann 10 000 und zum Schluss 100 000.

b) Welche Startzahl musst du wählen, damit du die Zahl 345 678 erreichst?

4 a) Überlege am Tausenderbuch.

1 000 – 1
1 000 – 10
1 000 – 100
1 000 – 1 000

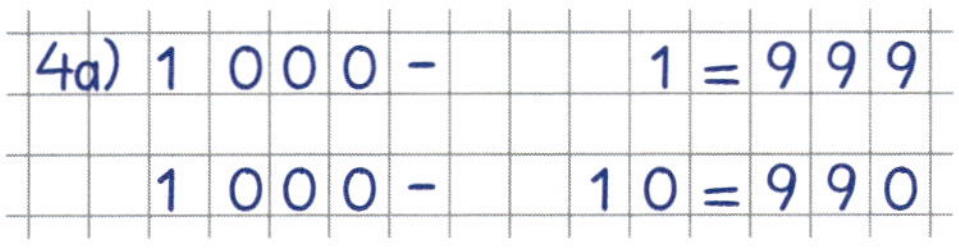

b) Überlegt an 10 Tausenderbüchern.

10 000 – 1
10 000 – 10
10 000 – 100
10 000 – 1 000

5 Überlege am Millionbuch.

a)	b)	c)
100 000 – 1	546 000 – 1	200 000 – 1
100 000 – 10	546 000 – 10	200 000 – 10
100 000 – 100	546 000 – 100	200 000 – 100
100 000 – 1 000	546 000 – 1 000	200 000 – 1 000
100 000 – 10 000	546 000 – 10 000	200 000 – 10 000
100 000 – 100 000	546 000 – 100 000	200 000 – 100 000

Blitzrechnen: Subtraktion von Stufenzahlen

1 000 – 1	10 000 – 1	100 000 – 1	1 000 000 – 1
1 000 – 10	10 000 – 10	100 000 – 10	1 000 000 – 10
1 000 – 100	10 000 – 100	100 000 – 100	1 000 000 – 100
	10 000 – 1 000	100 000 – 1 000	1 000 000 – 1 000
		100 000 – 10 000	1 000 000 – 10 000
			1 000 000 – 100 000

Aufgabe zeigen. – Aufgabe lösen.

■ **1–5** Mündlich bearbeiten. Zur Lösung das Millionbuch heranziehen. Zur Grundlegung und zum weiteren regelmäßigen Üben.

6 Lege in Gedanken auf jeden Punkt des Tausenderbuches
a) 1 Cent, b) 10 Cent,
c) 5 Cent, d) 50 Cent.
Wie viel Euro sind das insgesamt?

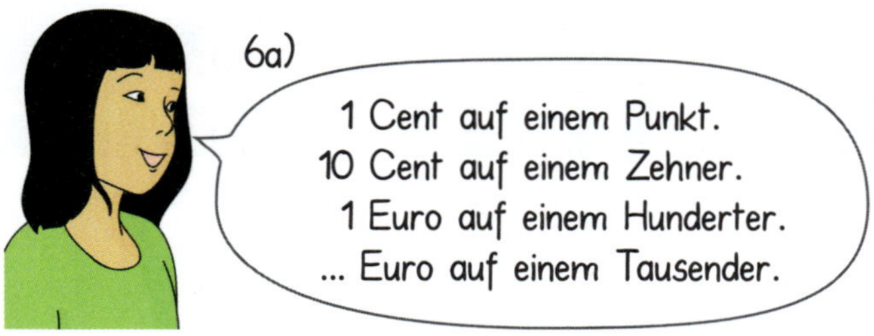

7 Lege in Gedanken auf jeden Punkt des Millionbuches
a) 1 Cent, b) 10 Cent,
c) 5 Cent, d) 50 Cent.
Wie viel Euro sind das insgesamt?

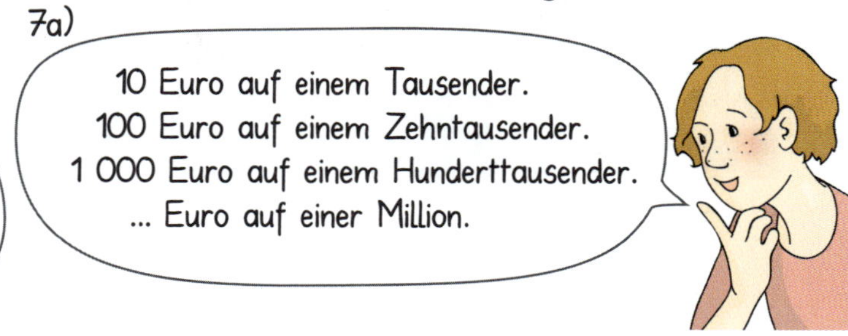

Überlege ebenso am Tausender- und am Millionbuch.

8 Wie viele Meter sind es?
a) 1 000 mm
b) 1 000 cm

8a) 1 000 mm = 1 m

9 Wie viele Kilometer sind es?
a) 1 000 000 m
b) 1 000 000 cm
c) 1 000 000 mm

10 Wie viele Kilogramm sind es?
a) 10 000 g
b) 1 000 000 g

11 Wie viele Jahre sind es ungefähr?
a) 1 000 Tage
b) 1 000 000 Tage

12

Überlege am Millionbuch.
Ein modernes Fußballstadion fasst rund 50 000 Zuschauerinnen und Zuschauer.
Wie oft muss sich das Stadion füllen, damit eine Million Besucherinnen und Besucher gezählt werden?

13 a) Bestimme alle Zahlen im Tausenderbuch, die sich nur mit den Ziffern 0 und 1 schreiben lassen.
b) Bestimme alle vierstelligen Zahlen mit den Ziffern 0 und 1.
c) Bestimme alle fünfstelligen Zahlen mit den Ziffern 0 und 1.
d) Bestimme alle sechsstelligen Zahlen mit den Ziffern 0 und 1.
Kontrolle: Zusammen sind es 63 Zahlen.

6–13 Alle Aufgaben gemeinsam mündlich oder schriftlich am Tausender- oder Millionbuch lösen.

Große Zahlen darstellen

1 Große Städte in Europa und ihre Bevölkerungszahlen.

Stockholm	921 504		Kopenhagen	583 525		Sevilla	693 878		Millionenstädte:	
Düsseldorf	604 527		Palermo	674 834		Athen	664 046		Istanbul	14 377 018
Lissabon	509 312		Amsterdam	838 338		Helsinki	630 225		London	8 538 689
			Zagreb	795 505		Oslo	647 676		Wien	1 840 573
									Paris	2 241 346

(Stichtag: 01.09.2016)

a) Lies die Zahlen.

b) Ordne die Städte nach ihrer Größe.

c) Erkundige dich: Wie viele Menschen leben an dem Ort, in dem du wohnst?

2 Millimeterpapier kann man in jedem Schreibwarengeschäft kaufen. Auf dem Papier sind viele kleine Millimeterquadrate abgedruckt.

a) Warum erinnern diese Ausschnitte an das Hunderter- und Tausenderfeld?

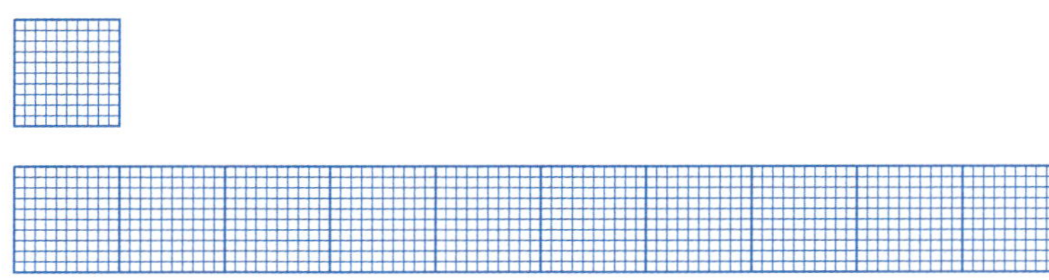

b) Wie viele Millimeterquadrate hat das rote Millimeterpapier?

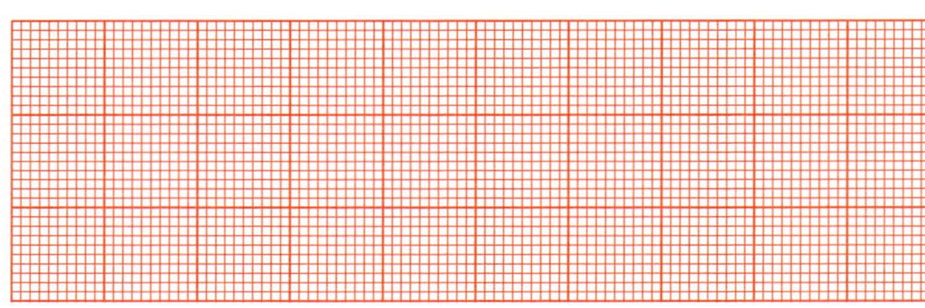

3 Überlege und zähle geschickt.

a) Wie viele Millimeterquadrate hat ein Quadrat von 10 cm Seitenlänge?

b) Wie viele Millimeterquadrate sind auf einem DIN-A4-Blatt Millimeterpapier?

c) Wie viele Blätter Millimeterpapier benötigst du, um die Zahl 1 000 000 in Millimeterquadraten darzustellen?

4 Stellt die Anzahl auf Millimeterpapier dar.

a) Alle Kinder eurer Klasse. b) Alle Kinder eurer Schule. c) Alle Menschen eures Ortes.

5 (orange Figur) steht für 100 000. (blaue Figur) steht für 10 000. (graue Figur) steht für 1 000. (grüne Figur) steht für 100.

a) Welche Bevölkerungszahlen sind hier dargestellt?

b) Stelle die Bevölkerungszahl deines Ortes dar.

■ **1–5** Zahlen (Daten) im Millionraum in unterschiedlicher Weise geometrisch und grafisch darstellen. Daten selbst erheben. Übersicht über Größen (Anzahlen) auf Seiten 4–5 benutzen. **3** Anmerkung: Die Anzahl der Millimeter-quadrate auf einem DIN-A4-Blatt kann sich je nach Ausführung geringfügig unterscheiden.

1 Stelle dir eine Million in gleichen Geldscheinen vor.
Wie viele
a) 500-Euro-Scheine, b) 100-Euro-Scheine,
c) 200-Euro-Scheine, d) 10-Euro-Scheine,
e) 5-Euro-Scheine wären es jeweils?

2 a) 1 000 Euro werden an 2 Gewinner verteilt. ?
b) Verteile an 4 Gewinnerinnen. c) Verteile an 5 Gewinner. d) Verteile an 8 Gewinnerinnen.
e) Eine Million Euro werden an 2, 4, 5 und 8 Gewinnerinnen und Gewinner verteilt. Vergleiche.

Nutze die Rechnungen im Tausenderraum für den Millionraum.

3
125 + 125 | 125 000 + 125 000
231 + 427 | 231 000 + 427 000
609 + 108 | 609 000 + 108 000
83 + 283 | 83 000 + 283 000

4
408 + 319 | 408 000 + 319 000
385 + 320 | 385 000 + 320 000
57 + 728 | 57 000 + 728 000
222 + 99 | 222 000 + 99 000

5
480 – 365 | 480 000 – 365 000
999 – 250 | 999 000 – 250 000
601 – 89 | 601 000 – 89 000
539 – 251 | 539 000 – 251 000

6
712 – 108 | 712 000 – 108 000
857 – 460 | 857 000 – 460 000
987 – 62 | 987 000 – 62 000
1000 – 505 | 1000 000 – 505 000

7
2 · 160 | 2 · 160 000
2 · 16 | 2 · 16 000
2 · 600 | 2 · 600 000
2 · 60 | 2 · 60 000

8
2 · 240 | 2 · 240 000
2 · 24 | 2 · 24 000
2 · 315 | 2 · 315 000
2 · 35 | 2 · 35 000

9
3 · 30 | 3 · 30 000
4 · 70 | 4 · 70 000
6 · 9 | 6 · 9 000
7 · 80 | 7 · 80 000

10
4 · 200 | 4 · 200 000
5 · 9 | 5 · 9 000
5 · 90 | 5 · 90 000
8 · 60 | 8 · 60 000

11
160 : 2 | 160 000 : 2
16 : 2 | 16 000 : 2
840 : 2 | 840 000 : 2
84 : 2 | 84 000 : 2

12 Fragen und Schätzen
Wie hoch und wie breit ist ein Fußballtor der Bundesliga?

■ **1 – 12** Mündlich bearbeiten. Analogie der Rechenoperationen (Addition, Subtraktion, Verdoppeln, Halbieren, Multiplikation) im Tausender- und Millionraum besprechen. → Arbeitsheft, Seite 18

Stellenwerttafel

Million M	Hunderttausender HT	Zehntausender ZT	Tausender T	Hunderter H	Zehner Z	Einer E
	•• 2	• 1	••• 3	••••• 5	••• 3	•••• 4

zweihundertdreizehntausendfünfhundertvierunddreißig

An der Stellenwerttafel kannst du die Zahlen mit Plättchen legen.

1 Lege, schreibe mit Ziffern und sprich die Zahlen.

a) Welche Zahlen kannst du an der Stellenwerttafel mit einem einzigen Plättchen legen?

b) Welche Zahlen kannst du mit zwei Plättchen legen (Zahlen mit Ziffernsumme 2)?

c) Welche Zahlen zwischen 1 000 und 3 000 haben die Ziffernsumme 3?

d) Welche Zahlen zwischen 10 000 und 12 000 haben die Ziffernsumme 3?

2 Schreibe die Zahlen mit Ziffern und lies die Zahlen.

a)

M	HT	ZT	T	H	Z	E
	•	••	•••		•	•••••

2a) 1 2 3 0 1 5

b)

M	HT	ZT	T	H	Z	E
	•••	••••	••	•••	••	

c)

M	HT	ZT	T	H	Z	E
	••••	•••••		•••••		••••

d)

M	HT	ZT	T	H	Z	E
	••		•	••		•

3 Lies die Zahlen und schreibe sie mit Ziffern.

a) fünfhundertzwölftausendsiebenhundertzweiundachtzig

b) vierundzwanzigtausendneunhundertachtzehn

c) sechshundertsechsundfünfzigtausendsechshundertfünf

d) siebenhundertdreitausenddreihundertsiebenunddreißig

e) zweihundertzweiundzwanzigtausendzweihundertzweiundzwanzig

4 a) Charlotte legt die Zahl 48 371 an der Stellenwerttafel. Elias legt ein Plättchen dazu. Welche Zahl kann es jetzt sein?

b) Sebastian legt die Zahl 215 786 an der Stellenwerttafel. Valerija verschiebt ein Plättchen. Welche Zahl kann es jetzt sein?

5 Lege auch diese Zahlen an der Stellenwerttafel und schreibe sie.

a) Von Bregenz bis Madrid sind es ungefähr achtzehnhundert Kilometer.

b) Ein Fernseher kostet zwölfhundert Euro.

c) Astrid Lindgren wurde neunzehnhundertsieben geboren, sie starb zweitausendzwei.

Astrid Lindgren (1907 – 2002) schrieb über 100 Kinderbücher, die von Kindern in aller Welt geliebt werden. „Pippi Langstrumpf" wurde in 58 Sprachen übersetzt.

6 Fragen und Schätzen

Wie viele Buchseiten hat Astrid Lindgren wohl insgesamt geschrieben?

■ **1–4** Legen, Sprechen, Schreiben von Zahlen sorgfältig koordinieren, dabei Analogie der Dreiergruppen betonen. **5** Zahlwörter der Umgangssprache verstehen. **6** Daten selbst erheben und abschätzen. → Arbeitsheft, Seite 19

M	HT	ZT	T	H	Z	E
	4	6	7	9	1	3

vierhundertsiebenundsechzigtausendneunhundertdreizehn
An der Stellenwerttafel kannst du die Zahlen auch mit Ziffernkarten legen.

1 Nimm die Ziffernkarten 1 3 4 6 7 9.
a) Lege damit sechsstellige Zahlen und lies sie.
b) Lege eine möglichst große Zahl.
c) Lege eine möglichst kleine Zahl.

2 Wähle selbst sechs Ziffernkarten und lege damit Zahlen wie in **1**.

3 Lege mit den Ziffernkarten 0 1 2 3 4 5 6 7 8 9
a) eine Zahl möglichst nahe bei 100 000,
b) eine Zahl möglichst nahe bei 500 000,
c) eine Zahl möglichst nahe bei 555 555,
d) eine Zahl möglichst nahe bei 900 000.

4 Welche sechsstelligen Zahlen können es sein? Probiere.
a) Die Zahl lässt sich mit den Ziffernkarten 1 2 3 5 7 8 legen.
Die Zahl ist kleiner als 200 000 und größer als 180 000. Die Hunderterziffer ist um 4 größer als die Zehnerziffer.
b) Die Zahl lässt sich mit den Ziffernkarten 0 2 4 4 7 9 legen.
Die Zahl ist größer als 900 000 und durch 10 ohne Rest teilbar. Die Zehntausenderziffer und die Zehnerziffer sind gleich.

5 Lege mit 0 1 2 3 4 5 6 7 8 9
a) zwei fünfstellige Zahlen, die möglichst weit auseinander liegen,
b) zwei fünfstellige Zahlen, die möglichst nahe beisammen liegen.

6 Welche vierstelligen Zahlen könnt ihr mit den vier Ziffernkarten 1 3 5 8 legen?
Findet ihr alle 24 Möglichkeiten?

Blitzrechnen: Zahlen lesen und schreiben

Zahl legen. Zahl lesen.

Zahl sagen. Zahl legen und schreiben.

■ **1–6** Die Kinder zu eigenständigem Umgang mit den Ziffernkarten (Beilage) anregen. **6** Alle Möglichkeiten gemeinsam auf einem Plakat darstellen und Vorgehensweise reflektieren. ⚡ Zur Grundlegung und zum weiteren regelmäßigen Üben Stellenwerttafel und Ziffernkarten benutzen.

Zahlenstrahl

1

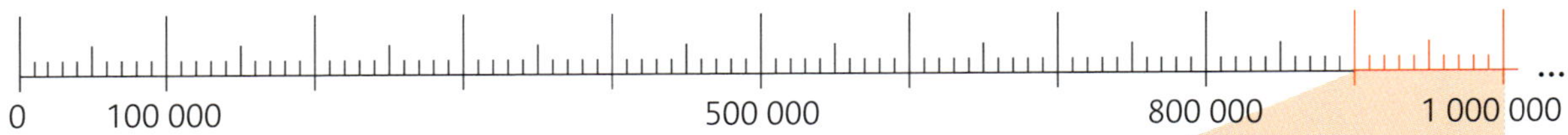

Zeige am Zahlenstrahl und zähle weiter:

a) 100 000, 200 000, 300 000, ..., 1 000 000
b) 50 000, 100 000, 150 000, ..., 500 000
c) 770 000, 780 000, 790 000, ..., 860 000

Zeige: Wo ungefähr liegen die Zahlen 5 000, 501 000, 650 100, 870 010, 999 999?

2

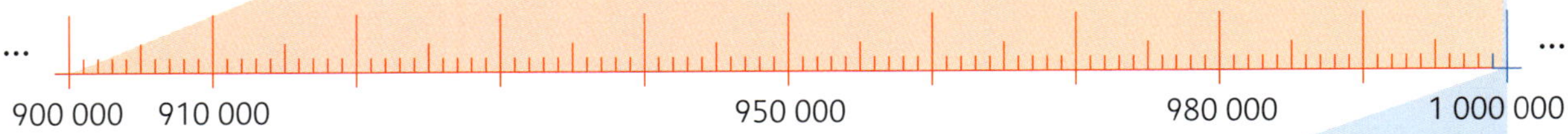

Zeige am Zahlenstrahl und zähle weiter:

a) 900 000, 910 000, 920 000, ..., 1 000 000
b) 930 000, 931 000, 932 000, ..., 940 000
c) 955 000, 960 000, 965 000, ..., 995 000

Zeige: Wo ungefähr liegen die Zahlen 910 500, 950 500, 967 600, 988 850, 999 999?

3

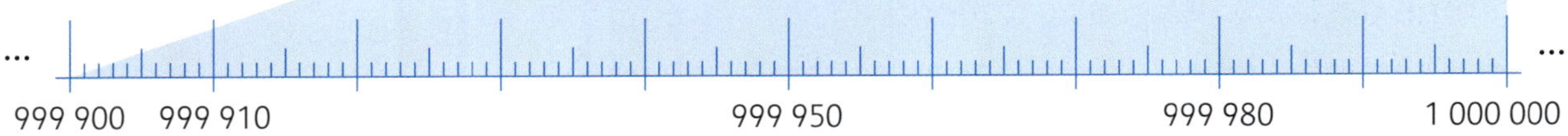

Zeige am Zahlenstrahl und zähle weiter:

a) 999 910, 999 920, 999 930, ..., 1 000 000
b) 999 969, 999 970, 999 971, ..., 999 980
c) 999 905, 999 910, 999 915, ..., 999 955

4 Zähle in Einerschritten vorwärts von 6 995 bis 7 002.

5 Zähle in Tausenderschritten vorwärts von 17 000 bis 24 000.
Zeichne einen Rechenstrich.

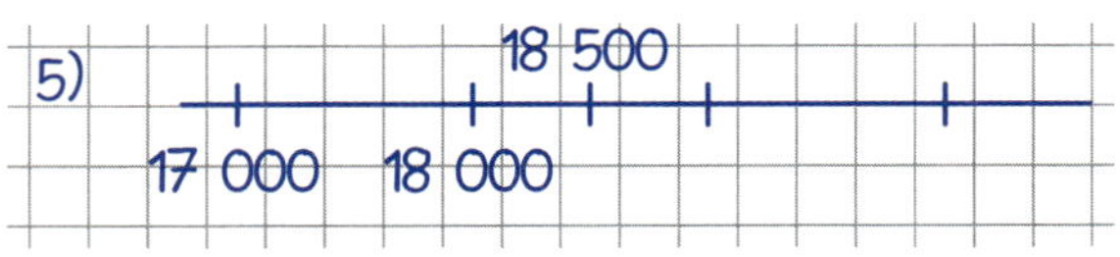

Zeige und markiere: Wo ungefähr liegen die Zahlen 18 500, 20 100, 21 001, 22 400, 23 999?

6 Zähle in Hunderttausenderschritten vorwärts von 55 000 bis 755 000.
Zeichne einen Rechenstrich.

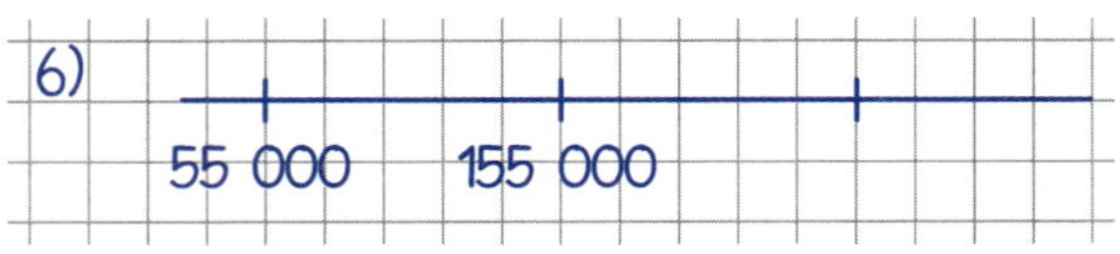

Zeige und markiere: Wo ungefähr liegen die Zahlen 301 000, 550 000, 705 000, 654 500?

■ **1–3** Abschnitte in **2** und **3** als vergrößerte Ausschnitte von **1** verdeutlichen. **4–6** Zählen in Schritten und Ausschnitte am Rechenstrich zeichnen.

7 Zähle bis zu einer Million

a) in 100 000er-Schritten,   b) in 50 000er-Schritten,   c) in 25 000er-Schritten.

8 a) Zähle am Rechenstrich in 2, dann in 4 und in 8 Schritten bis 1 000 und bis 1 000 000. Vergleiche.

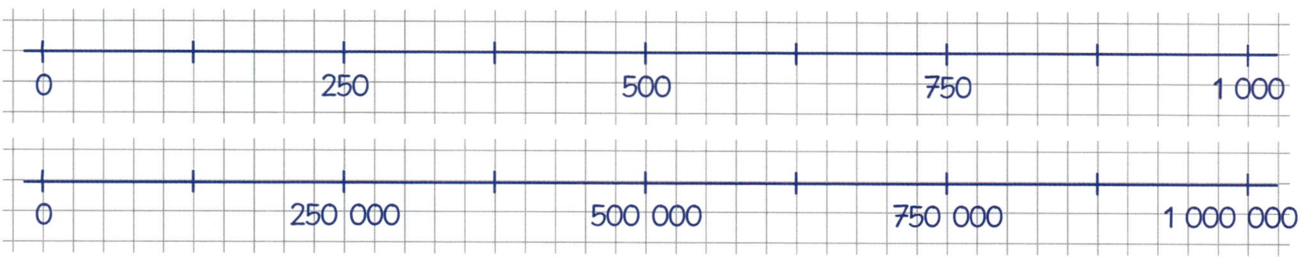

b) Zähle ebenso in 2 und in 4 Schritten bis 100 und bis 100 000. Vergleiche.

c) Zähle ebenso in 8 Schritten bis 100 000 und bis 1 000 000. Vergleiche.

d) Zähle ebenso in 5 und in 10 Schritten bis 100, bis 1 000, bis 10 000. Vergleiche.

9 Welche Zahl liegt genau in der Mitte zwischen 7 000 und 9 000?
Bestimme die Mitte ebenso zwischen

a) 70 000 und 90 000,
700 000 und 900 000,
770 000 und 990 000,

b) 3 000 und 4 000,
300 000 und 400 000,
303 000 und 404 000.

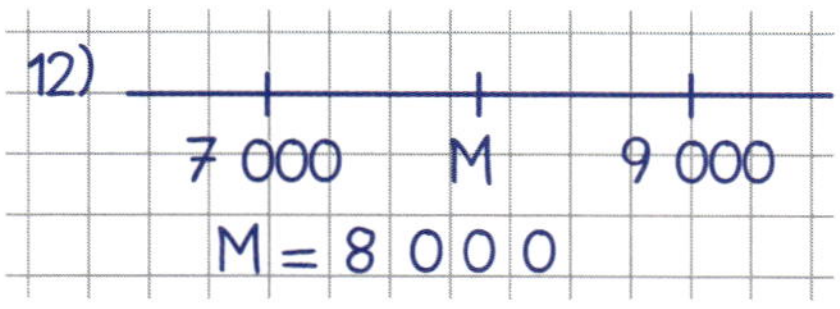

10

a) 

b) 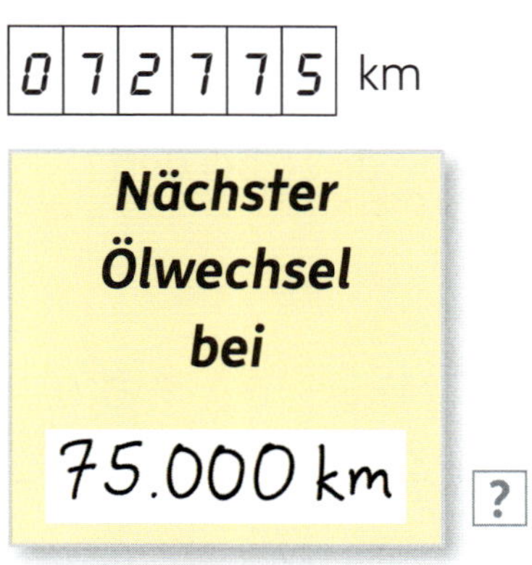

c) 

Blitzrechnen: Zählen in Schritten

Anzahl der Schritte (2, 4, 5, 8, 10) und Stufenzahl nennen.

In Schritten zählen.

7–10 Analogien bei der Untergliederung von Stufenzahlen aufzeigen. Zur Grundlegung und zum weiteren regelmäßigen Üben. → Arbeitsheft, Seiten 20, 21

Nachwuchsmitglieder des Österreichischen Fußballbundes			
bis 12 Jahre		13 bis 18 Jahre	
männlich	weiblich	männlich	weiblich
140 834	2 669	79 593	1 451
143 503		81 044	

Mitglieder des Österreichischen Leichtathletik-Verbandes			
bis 18 Jahre		über 18 Jahre	
männlich	weiblich	männlich	weiblich
7 294	8 687	9 738	7 752

Mitglieder des Österreichischen Tennisverbandes			
bis 18 Jahre		über 18 Jahre	
männlich	weiblich	männlich	weiblich
32 158	14 823	96 783	26 405

1 Wie viele Buben bis 18 Jahre a) betreiben Leichtathletik, b) spielen Fußball, c) spielen Tennis?

! Runden auf Tausender Ist die Hunderterziffer 0, 1, 2, 3 oder 4, so wird abgerundet.
Ist die Hunderterziffer 5, 6, 7, 8 oder 9, so wird aufgerundet.
Für grobe Rechnungen genügen gerundete Werte.

2 Runde die Anzahl der Mitglieder in den Tabellen auf reine Tausender und verwende diese bei den folgenden Aufgaben.

2) Zahl	gerundet
143 503	144 000
81 044	81 000

3 Wie viele Kinder bis 18 Jahre
a) betreiben Leichtathletik,
b) spielen Tennis?

Maya 3a) 7 000 + 9 000 = 16 000
7 + 9 = 16

Blitzrechnen: Einfache Additions- und Subtraktionsaufgaben

Plusaufgaben mit vollen Tausendern lösen.

Minusaufgaben mit vollen Tausendern lösen.

1, 2 Auf Tausender runden. Rundungsregeln besprechen. Sinn von Rundungsregeln besprechen. **3** Mit Tausendern rechnen wie mit Einern. Zur Grundlegung und zum weiteren regelmäßigen Üben.

4 Fragen und Schätzen
Schätze: Wie viele Buben bis 16 Jahre spielen Fußball? Vergleiche mit den Mädchen.

5 Wie viele Frauen und Mädchen a) spielen Fußball, b) spielen Tennis?

6 Berechne die Unterschiede bei den Mitgliederzahlen in der Leichtathletik und beim Tennis.

6) Buben bis 18 Jahre:
32 000 − 7 000 = 25 000
32 − 7 = 25
Beim Tennisverband waren 25 000 mehr Buben bis 18 Jahre Mitglied als beim Leichtathletik-Verband.

7 Berechne die Gesamtmitgliederzahl a) in der Leichtathletik, b) beim Tennis, c) beim Fußball.

8 Mitgliederentwicklung im österreichischen Parasportverband.

Jahr	1969	1990	2000	2005	2010	2015
Mitglieder	4 312	5 301	6 878	6 032	6 111	5 952

Rundet auf volle Tausender und stellt die Mitgliederzahlen auf einem Plakat als Säulendiagramm dar. Zeichnet zuerst eine horizontale Gerade mit den Jahreszahlen, darüber mit dem Geodreieck die Säulen (1 Rechenkästchen für 500 Mitglieder). Stellt dazu Fragen und beantwortet sie.

9 Verdopple und halbiere. Schreibe in eine Tabelle.

a)	b)	c)	d)	e)
400 000	60 000	80 000	450 000	70 000
300 000	160 000	160 000	350 000	170 000
200 000	260 000	240 000	250 000	90 000

9a) die Hälfte	Zahl	das Doppelte
200 000	400 000	800 000

Blitzrechnen: Verdoppeln und Halbieren

Tausenderzahl verdoppeln.

Tausenderzahl halbieren

4–9 Mit Tausendern rechnen wie mit Einern. Zur Grundlegung und zum weiteren regelmäßigen Üben.
→ Arbeitsheft, Seite 22

Zahlen aus Stadt und Land

Tirol
Landeshauptstadt: Innsbruck
Fläche: So groß wie 12 650 Kilometerquadrate
Einwohner: 739 002
373 Volksschulen mit 28 147 Kindern

Oberösterreich
Landeshauptstadt: Linz
Fläche: So groß wie 11 980 Kilometerquadrate
Einwohner: 1 454 250
556 Volksschulen mit 59 205 Kindern

Wien
Landeshauptstadt: Wien
Fläche: So groß wie 415 Kilometerquadrate
Einwohner: 1 840 573
271 Volksschulen mit 68 164 Kindern

Kärnten
Landeshauptstadt: Klagenfurt
Fläche: So groß wie 9 536 Kilometerquadrate
Einwohner: 560 300
230 Volksschulen mit 20 401 Kindern

(Stand 2017)

1 Sucht die Städte und Bundesländer sowie euren Wohnort auf einer Landkarte von Österreich.

2 Vergleicht die Zahlen.

3 Fragen und Schätzen
Sucht Zahlen aus eurer Gemeinde oder eurem Bezirk.
Informationen bekommt ihr im Magistrat, der Bezirkshauptmannschaft oder im Internet:
Anzahl der Einwohner, Anzahl der Kinder, Anzahl der Volksschulen, Fläche.

■ **1–2** Im Klassengespräch bearbeiten. **3** In Gruppen bearbeiten. Daten selbst erheben und auswerten. Informationen und Links zu Bundesländern und Städten im Internet nutzen.

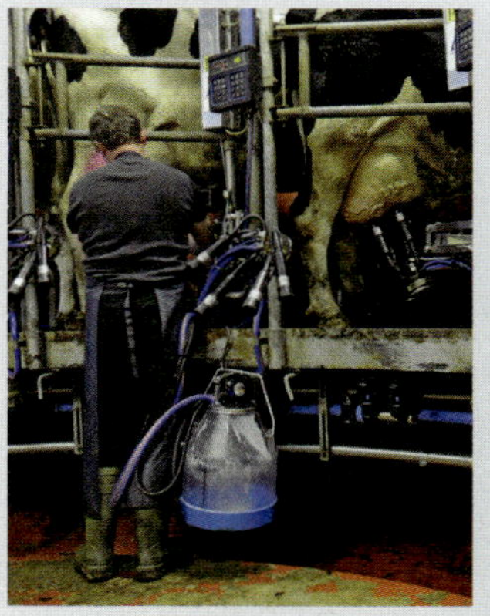

Milchbauern geben auf

Noch im Jahr 2000 gab es in Österreich mehr als 45 000 Milchbauern. Im Jahr 2010 waren es weniger als 30 000. Die Zahl der Kühe sank dagegen kaum. Es sind nach wie vor eine halbe Million.

Wie viele Kühe muss ein Milchbauer durchschnittlich versorgen?

Mineralwasser sprudelt aus 40 Meter Tiefe

Quellberg: 24 000 Flaschen werden stündlich in dem Getränkebetrieb abgefüllt, 60 Millionen Flaschen im Jahr.

In eine Kiste passen 12 Flaschen. Wie viele Kisten werden stündlich abgefüllt?

Schwimm-Marathon im Stadtbad

Wie viele km schwamm Christel durchschnittlich jeden Tag?

Dornbirn: Ausdauer und Fleiß waren beim Schwimm-Marathon gefragt, den das Stadtbad vom 21. Juni bis 3. September veranstaltete. Vom Bademeister ließen sich rund 60 Schwimmerinnen und Schwimmer ihre zurückgelegten Kilometer bescheinigen. Christel T. war mit Abstand die eifrigste Teilnehmerin. Sie schwamm insgesamt 681 km. 159 km schaffte die zweitplatzierte Nicole V., fast 132 km die Dritte, Katrin F.

Verkehrschaos auf der Autobahn

Salzburg: Eine riesige Stauwelle schob sich gestern auf München zu. 150 km lang drängten sich Wagen dicht an dicht, im Schnitt alle acht Meter ein weiteres Fahrzeug.

Wie viele Autos standen im Stau?
Jeder Wagen befördert durchschnittlich 3 Personen.
Wie viele Personen warteten im Stau?

Der Uhu kommt zurück

Linz: Vor 30 Jahren war der Uhu in Deutschland fast ausgestorben. Vogelschützern ist es zu verdanken, dass er gerettet wurde.

Als die Großeule 2005 zum Vogel des Jahres gewählt wurde, gab es in Österreich bereits wieder etwa 800 Brutpaare. In den letzten Jahren wurden immer mehr Uhus auch in Städten beobachtet, z.B. in Wien und im Mühlviertel. Uhus sorgen dafür, dass sich Ratten, Tauben und Kaninchen dort nicht zu stark vermehren. Fachleute schätzen, dass sich die Anzahl der Brutpaare inzwischen mehr als verdoppelt hat.

Wie viele Uhu-Brutpaare gibt es heute in Österreich ungefähr?

Kurznachrichten der Region

Sonne und Mond

SA: 5:25 Uhr **SU**: 21:52 Uhr
MA: 13:38 Uhr **MU**: 0:55 Uhr

Wie lange scheint heute die Sonne?

Wir gratulieren

In Holzhausen gab es am 11. Mai 2016 die goldene Hochzeit von Elli (83) und Karl Fritsch (82) zu feiern.

Wann haben Elli und Karl geheiratet?

16. Musik-Festival Erfolgreiche Bilanz

In mehr als 60 Konzerten boten 54 Orchester aus aller Welt ein vielseitiges Programm, das 41 000 Besucher genossen – rund 1 000 mehr als im Vorjahr.

Wie viele Besucher waren durchschnittlich in einem Konzert?

Glitzernde Pracht

Von Freitag bis Sonntag findet im Heimatmuseum eine große Mineralienausstellung statt. Sie ist jeweils von 10 bis 18 Uhr geöffnet. Der Eintritt für Erwachsene beträgt 4 Euro, für Kinder ab 8 Jahren 2,50 Euro.

Wie viel würde der Eintritt für deine Familie kosten?

1 Sucht Zahlen aus Zeitungen, Büchern und Prospekten und stellt dazu Fragen.

■ Aus Zeitungstexten Daten entnehmen und verarbeiten. Evtl. Plakat gestalten.

! Runden auf Millionen

Ist die Hunderttausenderziffer 0, 1, 2, 3 oder 4, so wird abgerundet.
Ist die Hunderttausenderziffer 5, 6, 7, 8 oder 9, so wird aufgerundet.

1 Ordne die 12 Länder nach ihrer Einwohnerzahl. Runde auf Millionen und schreibe in eine Tabelle.

1)

Land	Einwohnerzahl	gerundet
Deutschland	81 314 381	81 Mio.
Italien	59 890 149	60 Mio.

■ 1 Auf Millionen runden.

2 Stelle die gerundeten Bevölkerungszahlen Österreichs und der anderen Länder in einem Diagramm dar. Lass Liechtenstein weg.
1 Rechenkästchen bedeutet 1 Million Einwohner.

2) 4 Mio. Bosnien–Herzegowina
2 Mio. Slowenien
1 Million

3 Wie viele Menschen leben insgesamt in diesen Ländern?
Rechne mit den gerundeten Zahlen aus Aufgabe **2**.

4

Volksschulkinder in Österreich			
Bundesland	2000	2015	2030 (Prognose)
Burgenland	11 900	10 200	10 500
Kärnten	28 200	20 400	19 700
Niederösterreich	76 300	62 700	69 800
Oberösterreich	74 400	59 200	59 900
Salzburg	26 500	20 800	21 300
Steiermark	56 300	43 200	44 200
Tirol	35 600	28 100	29 300
Vorarlberg	20 000	16 800	16 800
Wien	64 300	68 200	75 000

Zahlen gerundet auf Hunderter.

Ordne die 9 Bundesländer nach ihren Volksschulkinderzahlen in den Jahren 2000 und 2015.
Runde auf Tausender und schreibe in eine Tabelle.
Rechne auch die nächsten Aufgaben mit vollen Tausendern.

4) Bundesland	Jahr 2000	Jahr 2015
Oberösterreich	72 000	69 000
Niederösterreich	69 000	66 000

5 Vergleiche die Volksschulkinderzahlen der Jahre 2000, 2015 und 2030.
a) Wo steigen die Zahlen?
b) Wo fallen die Zahlen?
c) Berechne die Unterschiede für das Bundesland, in dem du wohnst.

6 a) Wie viele Volksschulkinder gab es 2000 insgesamt?
b) Wie viele Volksschulkinder gab es 2015 insgesamt?
c) Wie viele Volksschulkinder wird es voraussichtlich im Jahr 2030 geben?

1 a) Bilde aus den Ziffern 0 1 2 3 4 5 6 7 8 9 auf verschiedene Weise zwei fünfstellige Zahlen und addiere sie.
Berechne immer auch die Ziffernsumme der Ergebnisse.
Was fällt dir an der Ziffernsumme auf?
Beispiel: 3 4 7 6 5
1 2 0 8 9

1a)

34765
12089
46854

Ziffernsumme: 4 + 6 + 8 + 5 + 4 = 27

b) Bilde Aufgaben mit dem größten Ergebnis.
c) Bilde Aufgaben mit dem kleinsten Ergebnis.
d) Bilde Aufgaben mit einem Ergebnis möglichst nahe an 150 000 (60 000, 90 000).

2

5 689	5 309	609	5 682	5 902	382	2 345
302	682	5 382	309	89	5 609	3 646
....	....	....	....	....	....	....

3 a) Start 37 289 → + 2 793 → 40 082 → + 7 207 → Ziel ....

3a) NR:

37289
2793
40082

Starte auch mit 35 117, 28 149, 26 001 und 89 999.

b) Wähle eigene Startzahlen. Was fällt dir auf? Beschreibe und begründe das Muster am Rechenstrich.

4 Schönes Päckchen. Rechne und setze fort. Vergleiche immer die erste Zahl mit dem Ergebnis.

12 345	23 456	34 567	45 678
41 976	41 976	41 976	41 976
....	....	....	....

Forschen und Finden

5 a) Addiere immer 1 089.

3 672	4 511	8 765	6 969	4 780	7 603	6 666
1 089	1 089	1 089	1 089	1 089	1 089	1 089
....	....	....	....	....	....	....

b) Wähle weitere vierstellige Zahlen und rechne ebenso.

c) Vergleiche immer die Ziffern der gewählten Zahl mit den Ziffern der Summe und beschreibe, was dir auffällt.
d) Versuche, das Muster zu begründen. Tipp: Berechne 1 000 + 100 – 10 – 1.

e) Bei welchen Zahlen ist das Muster gestört?

■ **1–4** Ergebnisse gemeinsam besprechen. **5** Möglichst selbstständig bearbeiten. → Arbeitsheft, Seite 24

1 a) Bilde aus den Ziffern 0 1 2 3 4 5 6 7 8 9 auf verschiedene Weise zwei fünfstellige Zahlen und subtrahiere sie. Rechne zur Probe immer auch die Umkehraufgabe.

Beispiel: 4 7 6 1 5
2 0 3 9 8

1a)
```
  47615
- 20398
-------
  27217
```
Probe:
```
  27217
  20398
-------
  47615
```

b) Bilde Aufgaben mit möglichst großem Ergebnis.

c) Bilde Aufgaben mit möglichst kleinem Ergebnis.

d) Bilde Aufgaben mit einem Ergebnis möglichst nahe an 10 000 (50 000, 75 000).

2

58 910	73 021	74 404	81 879	103 301	102 020
– 13 456	– 16 456	– 6 728	– 3 092	– 13 403	– 11 111
....	....	....	....	....	....

3 a) Start 24 157 → – 3 072 → 21 085 → – 6 928 → Ziel ....

Starte auch mit 43 333, 35 118, 28 093, 12 104, 21 891.

3a) NR:
```
  24157
-  3072
-------
  21085
```

b) Wähle eigene Startzahlen. Was fällt dir auf? Beschreibe und begründe das Muster am Rechenstrich.

4 Schönes Päckchen. Rechne und setze fort. Vergleiche immer die erste Zahl mit dem Ergebnis.

54 321	65 432	76 543	87 654
– 41 976	– 41 976	– 41 976	– 41 976
....	....	....	....

Forschen und Finden

5 Ein Rechenprogramm.

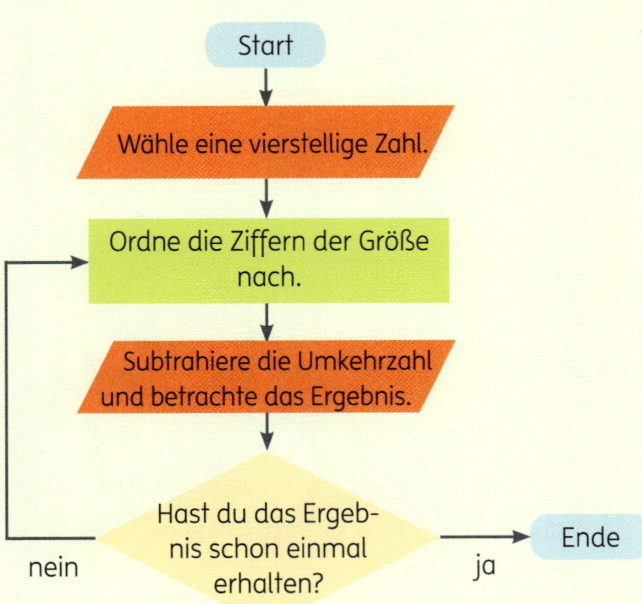

a) Rechne wie angegeben, bis sich das Ergebnis wiederholt.

1. Beispiel: 7 173

5a)
```
  7731      6543      8730
- 1377    - 3456    - 0378
------    ------    ------
  6354      3087
```

2. Beispiel: 2 781

5a)
```
  8721      7443      9963
- 1278    - 3447    - 3699
------    ------    ------
  7443      3996
```

b) Wähle weitere Startzahlen. Vergleiche die Endergebnisse.

■ **1–4** Ergebnisse gemeinsam besprechen. **5** Mit verschiedenen Startzahlen gemäß dem Rechenprogramm rechnen. Die zahlreichen Muster bei den Ergebnissen der Subtraktionen (insbesondere auch bei der Endzahl) darstellen und reflektieren. → Arbeitsheft, Seite 25

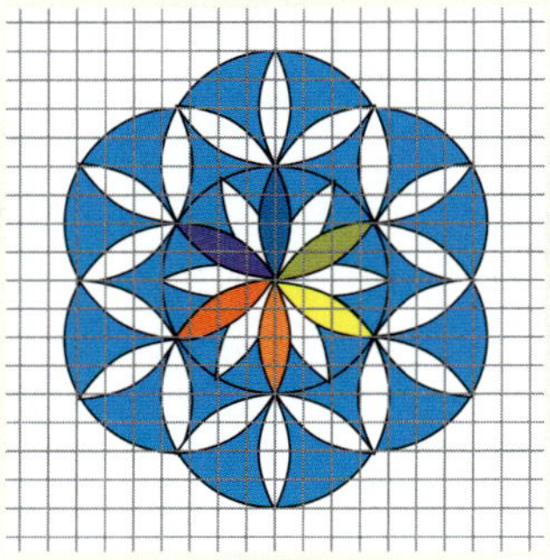

Ornamente sind Muster, die sich immer wiederholen.
Oft bestehen diese Muster aus Kreisen. Ornamente könnt ihr an vielen Stellen finden, zum Beispiel auf Fließen.

1 a) In dem Ornament oben erkennt ihr die Blume, die ihr schon aus der dritten Klasse kennt. Zeichnet das Muster mit dem Zirkel ab. Könnt ihr es auch erweitern?
b) Sucht im Internet weitere Bilder von Ornamenten.
c) Findet ihr auch Ornamente in Eurer Umgebung?

2 a) Dieses Muster besteht nur aus Halbkreisen, die um eine Linie angeordnet werden. Zeichne es im Heft mit dem Zirkel nach.

b) Denke dir eigene Bandmuster mit dem Zirkel aus.

3 Zeichne dieses Muster ins Heft.
- Zeichne einen Kreis mit dem Radius 2 cm.
- Denke dir eine Senkrechte nach oben bis zur Kreislinie. Das ist dein neuer Mittelpunkt.
- Zeichne nun noch 3 weitere Kreise an der Kreislinie.
- Verkleinere dann den Radius um jeweils 5 mm.
- Gestalte das entstandene Muster bunt.

1–3 Mit dem Zirkel arbeiten. Regelmäßige Muster herstellen.
→ Arbeitsheft, Seite 26

Ein LKW transportiert Zuckerrüben zur Zuckerfabrik. Um das Gewicht seiner Ladung festzustellen, wird der LKW zweimal gewogen: Mit der Ladung Zuckerrüben wiegt er 37 800 kg, ohne die Ladung wiegt er 24 900 kg.

Wie viel kg Zuckerrüben hatte der LKW geladen?

1 Ein anderer LKW wiegt mit Ladung 32 t 650 kg und ohne Ladung 23 t 400 kg.
Wie viele t und kg Zuckerrüben hatte er geladen?

! 1 Tonne hat 1 000 Kilogramm.
1 t = 1 000 kg
$\frac{1}{2}$ t = 500 kg

2 Berechne das Gewicht der Ladung in kg.

a)

Art der Ladung	Gesamtgewicht	Leergewicht
Weizen	45 700 kg	30 340 kg
Weizen	39 300 kg	24 950 kg
Hafer	17 920 kg	2 590 kg
Hafer	38 450 kg	23 680 kg

b)

Art der Ladung	Gesamtgewicht	Leergewicht
Roggen	41 340 kg	26 400 kg
Roggen	8 860 kg	3 520 kg
Gerste	38 350 kg	23 940 kg
Gerste	18 410 kg	3 050 kg

3 Berechne das Gewicht der zulässigen Ladung (Nutzlast).

a)

Fahrzeug	zulässiges Gesamtgewicht	Leergewicht
Auto	1 465 kg	975 kg
Kleinbus	2 390 kg	1 412 kg
kl. Reisebus	14 400 kg	11 045 kg
Linienbus	17 200 kg	10 536 kg

b)

Fahrzeug	zulässiges Gesamtgewicht	Leergewicht
Segelflugzeug	459 kg	243 kg
Tankwagen	40 t	16 t 600 kg
Jumbojet	363 t	304 t
Mondrakete	2 837 t	2 832 t

4 Kräne haben ein Schild, auf dem steht, wie viele kg sie heben dürfen.

Ausladung in m	10	15	20	25	30	35	40	45
Tragfähigkeit in kg	5 600	5 460	3 770	2 840	2 250	1 830	1 570	1 300

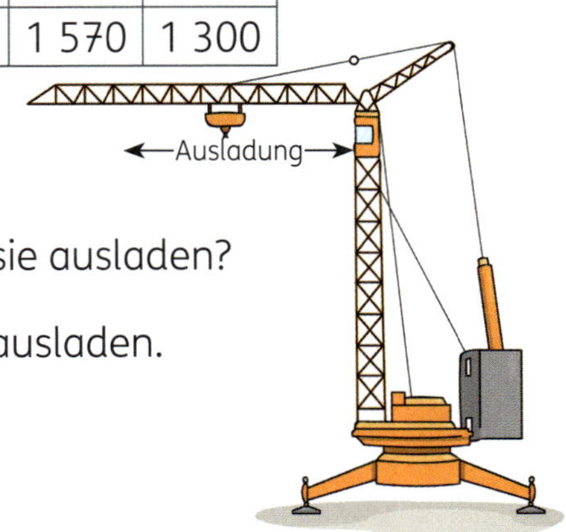

a) Wandle um in t und kg. 5a) 5 600 kg = 5 t 600 kg

b) Der Kran soll eine Last von 3 t 500 kg heben. Wie weit darf er sie ausladen?

c) Der Kranführer soll Paletten von je 700 kg Gewicht 40 m weit ausladen.
Wie viele Paletten auf einmal darf er anhängen?

■ Übersicht über Größen (Gewichte) auf Seiten 4–5 benutzen. **1** Im Klassengespräch bearbeiten. **2–4** Sachsituation vor dem Rechnen klären. **4** Qualitative Beziehungen zwischen Tragfähigkeit und Ausladung besprechen.
→ Arbeitsheft, Seite 27

1 Vergleiche Quader und Würfel.
Wie viele Ecken, Flächen und Kanten haben sie?
Welche Form haben die Flächen?
Welche Kanten sind jeweils gleich lang?

2 a) Löse die Verklebungen einer Schachtel und breite sie aus. Wie viele Laschen hängen an den Seitenflächen? Klebe die Schachtel wieder zusammen.
b) Schneide die Schachtel entlang anderer Kanten auf. Skizziere das entstehende Netz.

3 Zeichne die Netze auf kariertes Papier (25 mm sind 5 Kästchen), schneide sie aus.
Baue aus Netz a) einen Würfel und aus den Netzen b) – d) Quader.
Wie oft passt der Würfel in jeden Quader? Überlege und probiere.

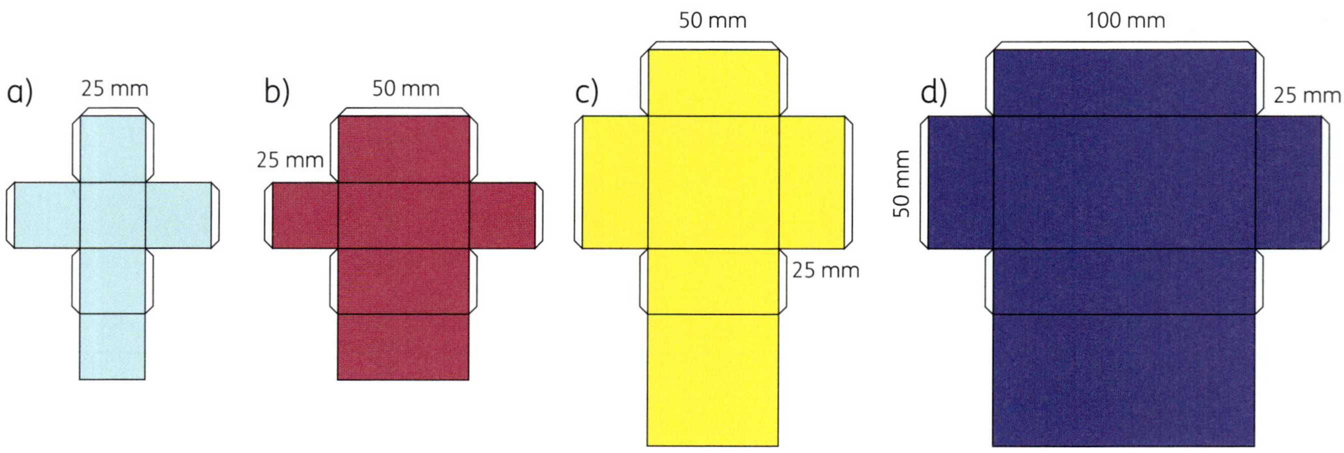

4 Aus welchen dieser Figuren kann man einen Quader falten? Aus welchen nicht? Begründe.

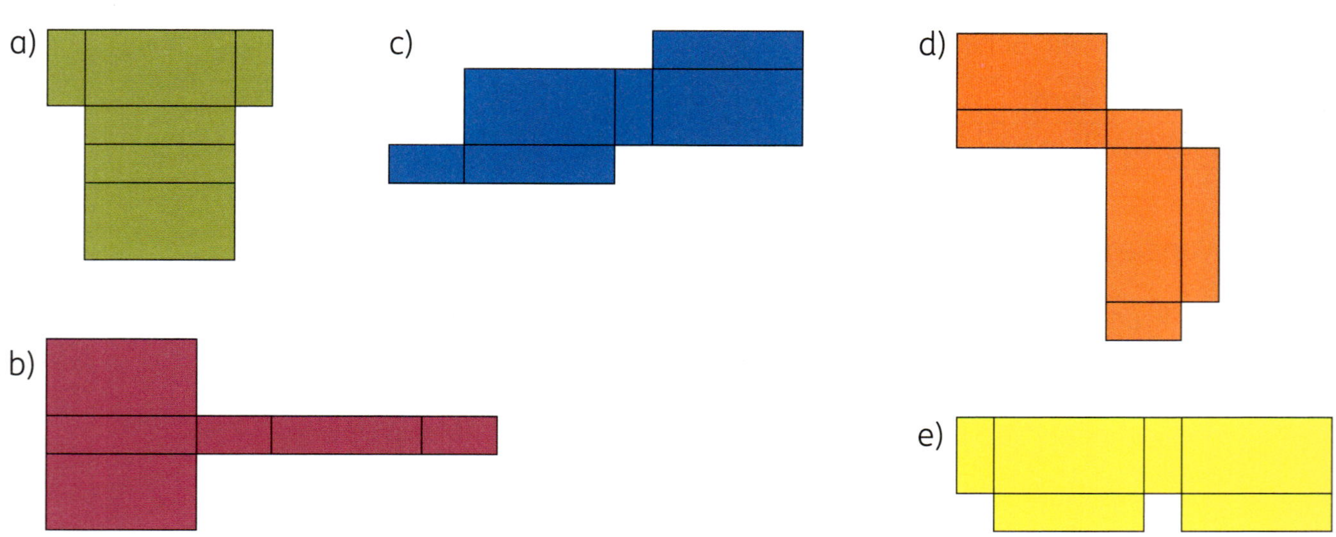

2 Seifenschachteln o. Ä. mitbringen lassen. **3** Netze auf kariertes Papier zeichnen und evtl. auf dünnen Karton kleben.
4 Aufgaben möglichst im Kopf lösen.

5 a) Stelle ein Quadergestell (Kantenmodell) aus Stäben verschiedener Länge her. Wie viele Stäbe von jeder Sorte brauchst du?
b) Stelle ein Quadermodell aus gleich langen Stäben her. Welchen Körper erhältst du?

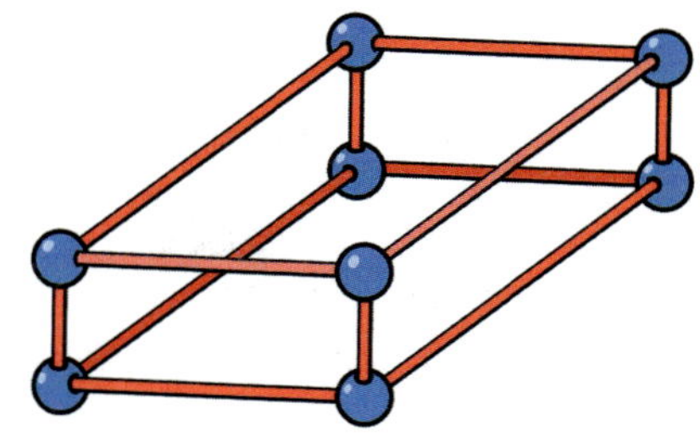

6 Eine Firma stellt Teile für Regale her: kurze, mittlere und lange Stäbe und Eckverbindungen. Wie viele Teile von jeder Sorte braucht man für diese Regale?

a)

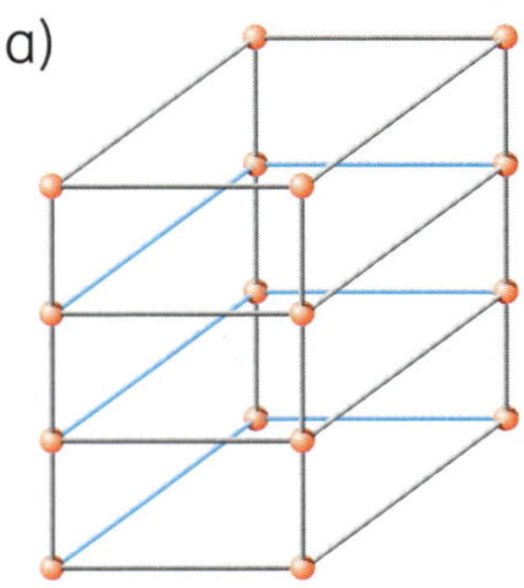

2a) 16 Ecken
12 kurze Stäbe
lange Stäbe
mittlere Stäbe

b)

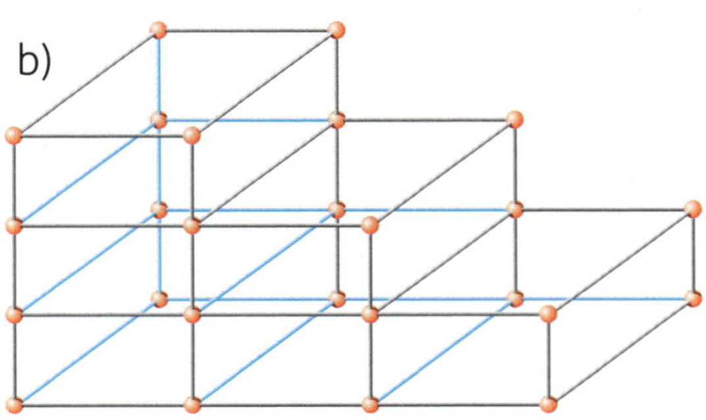

c)

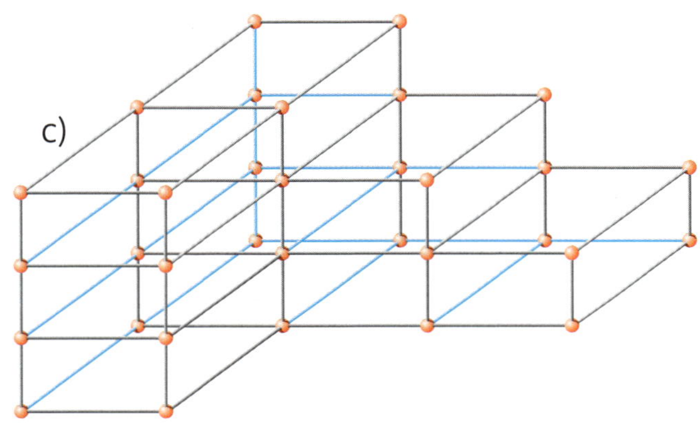

7 Opa Ludwig möchte ein Frühbeet bauen. Im Baumarkt gibt es Holzlatten von 2 m 50 cm Länge für 2,75 € pro Stück. ?

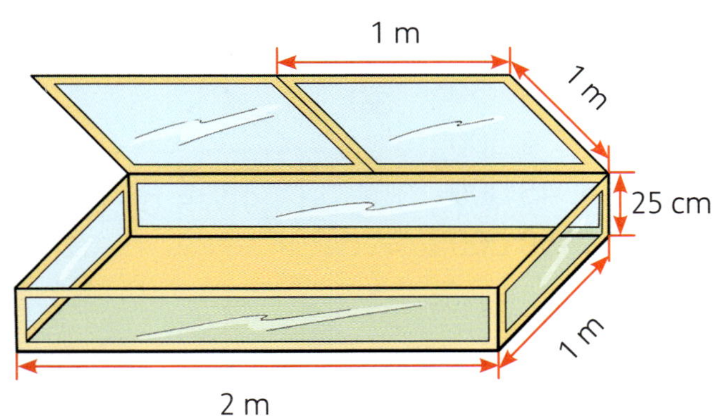

8 Geometrie im Kopf in Partnerarbeit

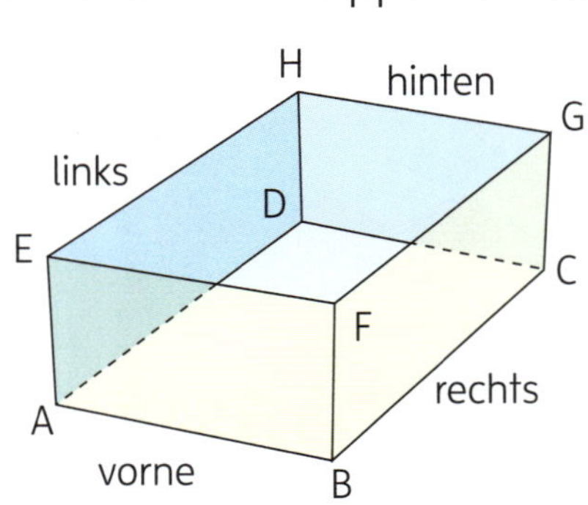

Merke dir die Buchstaben an den Ecken des Quaders und versuche folgende Fragen im Kopf zu beantworten:
a) Welche Ecken liegen hinten (vorne, oben, links, rechts, unten)?
b) Welche Ecken liegen hinten links?
c) Welche Ecke liegt vorne rechts oben?

■ **5** Würfel als speziellen Quader herausarbeiten. Als Material für Kantenmodell z. B. Trinkhalme und Knetkugeln verwenden. **8** Mündlich lösen, ähnliche Aufgaben öfter in den Unterricht einstreuen. → Arbeitsheft, Seite 28

Einfache Multiplikationsaufgaben

1 Zeige und rechne mündlich die Aufgaben des Stelleneinmaleins auf der Rückseite des Buches.

a)  b)  c) d) 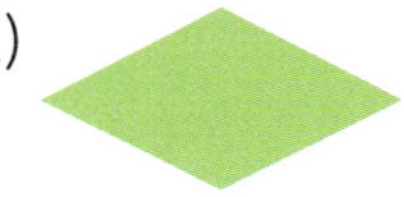 e)

Welche Aufgaben sind einfach, welche sind schwierig?

f) Welche Aufgaben haben das Ergebnis 10 000?

g) Wie ändern sich die Zahlen und wie die Ergebnisse der Aufgaben von oben nach unten? Wie ändern sie sich in einer Diagonalen? Wie von links nach rechts?

2

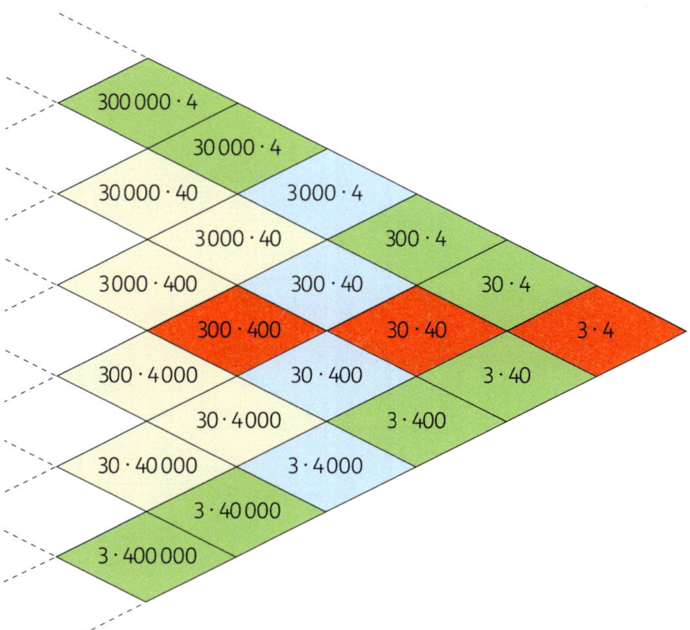

a) Wie ändern sich die Zahlen? Wie ändern sich die Ergebnisse?

b) Vergleiche mit dem Stelleneinmaleins mit Stufenzahlen von Seite 39.

c) Ordne die Aufgaben nach ihren Ergebnissen.

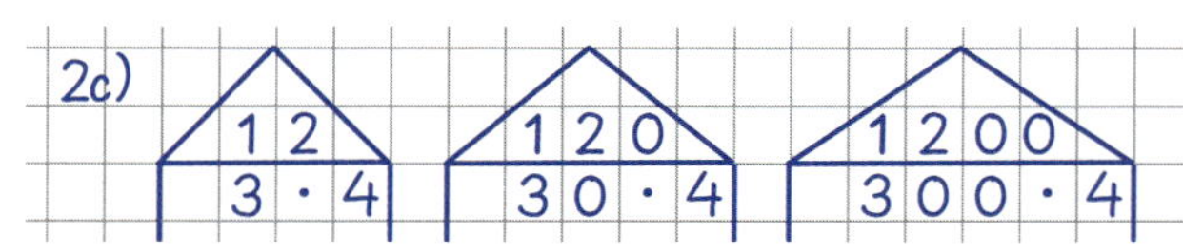

3 Finde die Zahlenhäuser zu den Ergebnissen.

a)		b)		c)		d)	
	450		350		480		240
	4 500		3 500		4 800		2 400
	45 000		35 000		48 000		24 000
	450 000		350 000		480 000		240 000

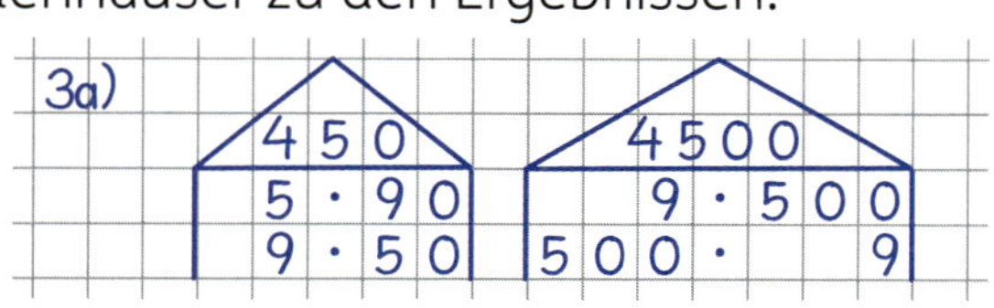

Blitzrechnen: Stelleneinmaleins

Aufgabe zeigen.

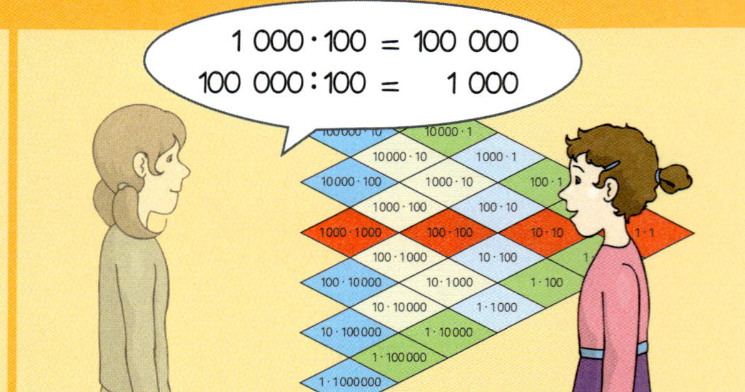

Aufgabe und Umkehraufgabe rechnen.

■ **1–3** Analogie zu den Aufgaben des Einmaleins aufzeigen. **1** Stelleneinmaleins mit Stufenzahlen auf dem Buchrücken. ⚡ Zur Grundlegung und zum weiteren regelmäßigen Üben Stelleneinmaleins auf Buchrücken benutzen.

4 Wie ändern sich die Aufgaben in den einzelnen Zahlenhäusern?

2 700
9 · 300
90 · ....
900 · ....

72 000
8 · 9 000
80 · ....
800 · ....
8 000 · ....

630 000
7 · 90 000
· 9 000
700 · ....
· 90
70 000 · ....

3 600
6 · ....
60 · ....
600 · ....
9 · ....
90 · ....
900 · ....

40 000
4 · ....
40 · ....
400 · ....
4 000 · ....
8 · ....
80 · ....

2 048
2 · 1 024
4 · ....
8 · ....
16 · ....
32 · ....

5 Rechne zuerst die einfachen Aufgaben.

a) 9 · 200   9 · 270
9 · 70   9 · 74
9 · 4   9 · 204
9 · 274

5a) 9 · 200 = 1 800   9 · 270 = 2 430
9 · 70 = 630   9 · 74 =
9 · 4 = 36

b) 4 · 500   4 · 570
4 · 70   4 · 78
4 · 8   4 · 508
4 · 578

c) 3 · 900   3 · 980
3 · 80   3 · 88
3 · 8   3 · 908
3 · 988

d) 6 · 300   6 · 360
6 · 60   6 · 305
6 · 5   6 · 65
6 · 365

e) 8 · 600   8 · 640
8 · 40   8 · 49
8 · 9   8 · 609
8 · 649

6 Das Malkreuz hilft beim Zerlegen in einfache Aufgaben.

a) 5 761 · 9
4 374 · 6
3 079 · 7
1 674 · 8

6a)

·	9
5 000	
700	
60	
1	

b) 1 234 · 5
2 431 · 6
4 783 · 4
5 047 · 8

c) 1 512 · 6
1 296 · 7
1 134 · 8
1 108 · 9

7 Eine Marienkäfer-Larve vertilgt während ihres Lebens bis zu 3 000 schädliche Blattläuse. Niklas entdeckt im Garten 9 Marienkäfer. Schätze: Wie viele Blattläuse könnten diese vertilgt haben?

Blitzrechnen: Einfache Multiplikationsaufgaben

Einmaleins-Aufgabe nennen.

Aufgabe und verwandte Aufgaben rechnen.

4–7 Nutzung einfacher Aufgaben für schwierige bewusst machen. Zur Grundlegung und zum weiteren regelmäßigen Üben. → Arbeitsheft, Seite 29

Einfache Divisionsaufgaben

1

a) 36 : 9; 360 : 9; 3 600 : 9; 36 000 : 9; 360 000 : 9

b) 36 : 4; 360 : 4; 3 600 : 4; 36 000 : 4; 360 000 : 4

c) 49 : 7; 490 : 7; 4 900 : 7; 49 000 : 7; 490 000 : 7

d) Rechne ebenso mit

56 : 8; 56 : 7; 63 : 9; 63 : 7; 90 : 9; 90 : 10; 100 : 10

2 Dividiere. Beginne immer mit einer einfachen Aufgabe.

a) 72 000 : 2; 72 000 : 4; 72 000 : 8; 72 000 : 9

b) 27 000 : 3; 54 000 : 6; 27 000 : 9; 54 000 : 9

c) 36 000 : 3; 36 000 : 4; 36 000 : 6; 36 000 : 9

d) 18 000 : 3; 18 000 : 2; 18 000 : 6; 18 000 : 9

e) 24 000 : 2; 24 000 : 4; 24 000 : 8; 12 000 : 4

3 Dividiere. Vergleiche jeweils zwei Ergebnisse.

a) 14 000 : 7; 24 000 : 8; 14 000 : 2; 24 000 : 3

b) 18 000 : 6; 28 000 : 7; 18 000 : 3; 28 000 : 4

c) 20 000 : 5; 30 000 : 6; 20 000 : 4; 30 000 : 5

d) 16 000 : 2; 27 000 : 3; 16 000 : 8; 27 000 : 9

e) 21 000 : 7; 32 000 : 8; 21 000 : 3; 32 000 : 4

4 Vergleiche immer Start und Ziel. Was fällt dir auf? Begründe.

a) Start 200 —(· 7)→ 1 400 —(+ 700)→ 2 100 —(: 7)→ Ziel ……

Starte auch mit 300, 400, 500, 600.

b) Start 20 000 —(· 7)→ 140 000 —(+ 70 000)→ 210 000 —(: 7)→ Ziel ……

Starte auch mit 30 000, 40 000, 50 000, 60 000.

c) Start 20 000 —(· 7)→ 140 000 —(– 70 000)→ 70 000 —(: 7)→ Ziel ……

Starte auch mit 30 000, 40 000, 50 000, 60 000.

Blitzrechnen: Einfache Divisionsaufgaben

Umkehraufgabe des Einmaleins nennen.

Aufgabe und verwandte Aufgaben rechnen.

1–3 Analogie zwischen Umkehraufgaben des Einmaleins und Divisionsaufgaben mit glatten Zehnern herausstellen. **4** Beziehung zwischen Start- und Zielzahl im Klassengespräch begründen. Zur Grundlegung und zum weiteren regelmäßigen Üben.

5

a) 4 640 : 8
4 000 : 8
640 : 8

b) 7 272 : 9
7 200 : 9
72 : 9

c) 57 400 : 7
56 000 : 7
1 400 : 7

d) 27 210 : 3
27 000 : 3
210 : 3

6

a) 8 072 : 8
8 000 : 8
72 : 8

b) 4 240 : 4
4 000 : 4
240 : 4

c) 654 : 6
600 : 6
54 : 6

d) 9 810 : 9
9 000 : 9
810 : 9

7

a) 3 000 : 3, 300 : 3, 150 : 3, 18 : 3
3 300 : 3
3 150 : 3
3 450 : 3
3 018 : 3

b) 7 000 : 7, 280 : 7, 42 : 7
7 280 : 7
7 042 : 7
322 : 7
7 322 : 7

c) 6 000 : 6, 300 : 6, 48 : 6
6 300 : 6
6 048 : 6
348 : 6
6 348 : 6

8 Dividiere. Beginne immer mit der einfachen Aufgabe.

a) 900 : 3
906 : 3
894 : 3

b) 812 : 4
800 : 4
796 : 4

c) 3 618 : 9
3 636 : 9
3 600 : 9

d) 4 000 : 8
4 048 : 8
4 480 : 8

f) 2 700 : 9
2 745 : 9
2 718 : 9

g) 2 394 : 6
2 400 : 6
2 466 : 6

h) 2 010 : 3
2 040 : 3
2 100 : 3

i) 2 800 : 7
2 849 : 7
2 870 : 7

9 Vergleiche die Rechenketten. Was fällt dir auf? Begründe.

a) Start 4 000 —· 10→ 40 000 —: 2→ Ziel 20 000 | Start 4 000 —· 5→ Ziel 20 000

Starte auch mit 1 400, 1 600, 2 100, 2 800, 3 200, 4 300.

b) Start 4 000 —: 10→ 400 —· 2→ Ziel 800 | Start 4 000 —: 5→ Ziel 800

Starte auch mit 1 400, 1 600, 2 100, 2 800, 3 200, 4 300.

c) Start 4 000 —: 2→ 2 000 —· 10→ Ziel 20 000 | Start 4 000 —· 5→ Ziel 20 000

Starte auch mit 1 400, 1 600, 2 100, 2 800, 3 200, 4 300.

d) Start 4 000 —: 2→ 2 000 —: 2→ Ziel 1 000 | Start 4 000 —: 4→ Ziel 1 000

Starte auch mit 1 400, 1 600, 2 100, 2 800, 3 200, 4 300.

e) Start 4 000 —· 2→ 8 000 —· 3→ Ziel 24 000 | Start 4 000 —· 6→ Ziel 24 000

Starte auch mit 2 000, 3 000, 5 000, 6 000, 7 000, 8 000.

■ **5–8** Nutzung einfacher Divisionsaufgaben für schwierige bewusst machen. **9** Beziehung zwischen Start- und Zielzahl im Klassengespräch begründen. → Arbeitsheft, Seite 30

Pensionspreise
(Übernachtung mit Vollpension)

Zimmer (Dusche/WC)
Erwachsene .... 36,– €
Kinder (bis 14 Jahre) .... 28,– €

Reitstunde
für Hausgäste .... 18,– €

Aus Sicherheitsgründen ist ein Reithelm erforderlich.
Dieser kann auch auf dem Hof gekauft werden.

1 Frau Gruber und Paul wohnen vom 3. bis zum 6. August auf dem Ponyhof. Sie haben ein Zimmer mit Dusche/WC gemietet. Paul erhält 10 Reitstunden.

Erklärt und vervollständigt die Rechnung.

PONYHOF MEIER – RECHNUNG 6.8.
Frau Gruber
ANREISE: 3.8. ABREISE: 6.8.

3	ÜBERNACHTUNGEN (E)	108	€
3	ÜBERNACHTUNGEN (K)	84	€
10	REITSTUNDEN	180	€
	ZU ZAHLENDER BETRAG	____	€

2 Schreibe Preistabellen für
a) 1, 2, 3, 4, … Übernachtungen.
b) 1, 2, 3, 4, … Reitstunden.

2a)

Übernachtung (E)	Betrag	Übernachtung (K)	Betrag
1	36 €	1	28 €
2	72 €	2	56 €
3		3	

3 Schreibt vier Rechnungen. Benutzt die Tabelle von **2**.

Ponyhof Meier – Abrechnung Oktober			
Gäste	Anreise	Abreise	Anzahl Reitstunden
Herr Hoffmann	3.10.	6.10.	2
Frau Hoffmann	3.10.	6.10.	2
Herr Ludwig	1.10.	6.10.	1
Julian (8)	1.10.	6.10.	3
Lena (3)	1.10.	6.10.	3
Frau Schütz	4.10.	6.10.	1
Sina (13)	4.10.	6.10.	1
Frau Preuß	2.10.	6.10.	2
Herr Preuß	2.10.	6.10.	2
Roman (15)	2.10.	6.10.	7

3)
Ponyhof Meier 6.10.
Familie Hoffmann
Anreise: 3.10. Abreise: 6.10.
6 Übernachtungen (E) €
Übernachtungen (K) €
4 Reitstunden €
zu zahlender Betrag €

4 Schreibe eine Rechnung für deine Familie, die eine Woche Urlaub auf dem Ponyhof macht.

■ **1–4** Sachsituation besprechen und Aufgaben möglichst selbstständig bearbeiten. **3** Daten aus Tabelle entnehmen.

! 1 Tag hat 24 Stunden. 1 Stunde hat 60 Minuten. 1 h = 60 min

1 Wie lange ist es hell?

Datum	Sonnen-aufgang	Sonnen-untergang
21. Januar	7:53 Uhr	17:00 Uhr
21. Februar	7:11 Uhr	17:48 Uhr
21. März	6:17 Uhr	18:28 Uhr
21. April	6:17 Uhr	20:12 Uhr
21. Mai	5:33 Uhr	20:51 Uhr
21. Juni	5:19 Uhr	21:15 Uhr
21. Juli	5:40 Uhr	21:02 Uhr
21. August	6:19 Uhr	20:17 Uhr
21. September	7:00 Uhr	19:16 Uhr
21. Oktober	7:42 Uhr	18:17 Uhr
21. November	7:27 Uhr	16:34 Uhr
21. Dezember	7:59 Uhr	16:27 Uhr

Die Daten gelten für die Stadt Innsbruck.

a) An welchem Datum geht die Sonne am frühesten auf? Wann am spätesten?

b) Berechne die Tageslängen.
Gib diese Zeitspannen in h und min an.
Flora rechnet: 21. Januar

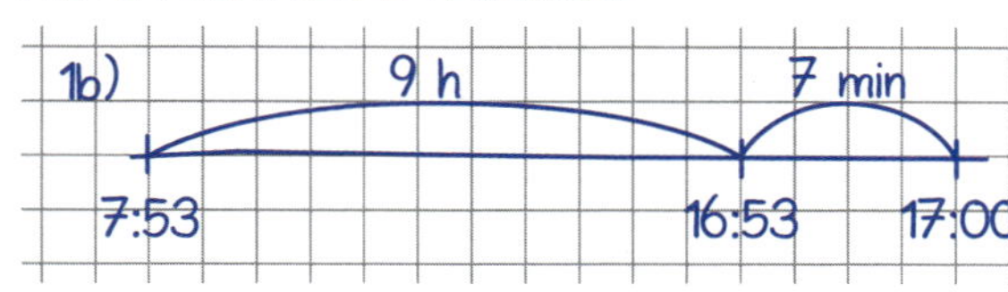

Julian rechnet: 21. Mai

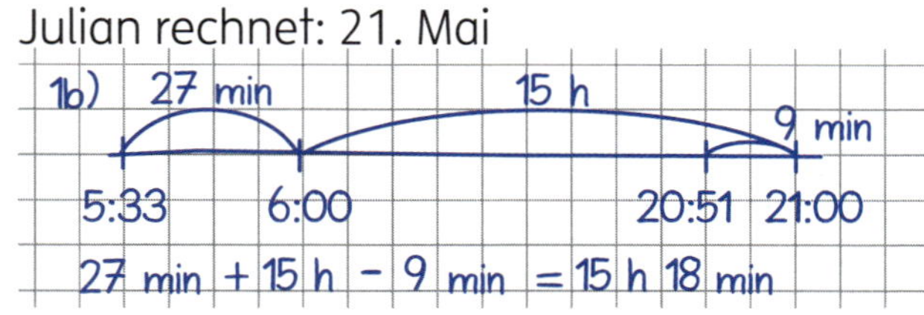

c) Wann ist es am längsten hell?

2 Einige Vögel beginnen im Frühling schon vor Sonnenaufgang zu singen.
Um wie viel Uhr fangen die Vögel an, wenn um 6.00 Uhr die Sonne aufgeht?
Berechne jeweils den Zeitpunkt.

Rotkehlchen: 80 min vor Sonnenaufgang
Amsel: 75 min vor Sonnenaufgang
Kohlmeise: 50 min vor Sonnenaufgang
Singdrossel: 45 min vor Sonnenaufgang
Star: 15 min nach Sonnenaufgang

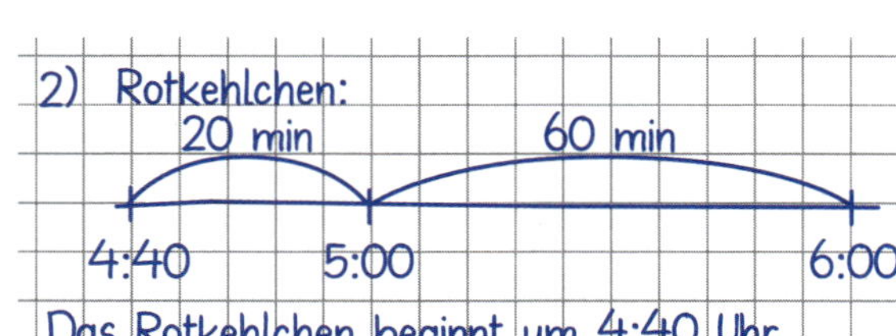

3 Schaut eine Woche lang z. B. in der Zeitung oder einem Abreißkalender nach, wann die Sonne auf- und untergeht. Legt eine Tabelle an. Berechnet die Tageslängen.

■ Evtl. vor Berechnung der Zeitspannen mit dem Rechenstrich Zeitpunkte an der Lernuhr einstellen und zur vollen Stunde ergänzen. **1–3** Uhrzeiten aus der Tabelle ablesen. Mithilfe des Rechenstrichs Zeitspannen bzw. Zeitpunkte berechnen. Beim Rechenstrich kann aus Gründen der Übersichtlichkeit auf die Bezeichnung „Uhr“ verzichtet werden.
→ Arbeitsheft, Seite 31

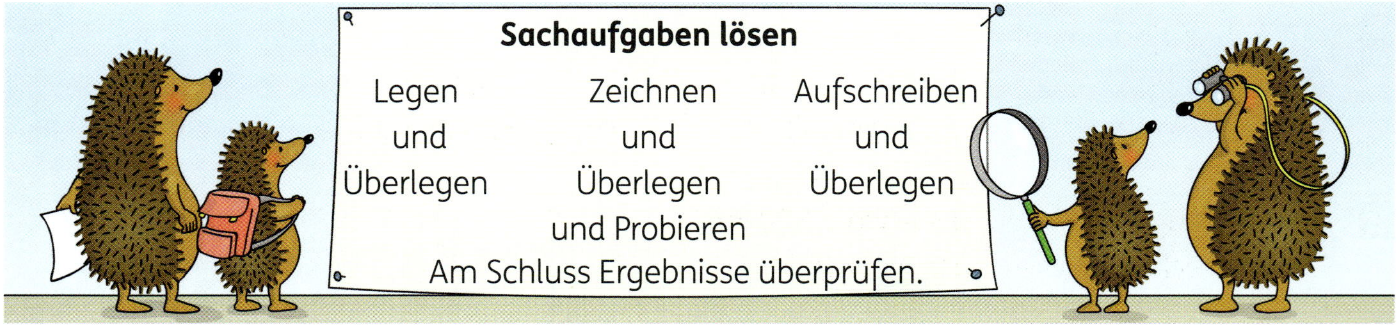

1 Frau Schaller verkauft an der Kasse eines Museums Eintrittskarten. Die erste Karte am Morgen hatte die Nummer 597, die letzte am Nachmittag hatte die Nummer 912. Wie viele Karten hat sie verkauft?

2 Am Anfang des Jahres hatte eine Stadt 40 923 Einwohnerinnen und Einwohner. Im Laufe des Jahres wurden 239 Kinder geboren. Es starben 386 Einwohnerinnen und Einwohner. Außerdem zogen 6 452 Personen neu zu, 5 876 Personen zogen von dort weg. Wie viele Einwohnerinnen und Einwohner lebten am Jahresende in dieser Stadt?

3 Eine Terrasse ist 5 m lang und 3 m breit.
Sie soll mit quadratischen Platten von 50 cm Seitenlänge gefliest werden.
Wie viele Platten werden ungefähr benötigt?
Was ändert sich, wenn die Platten eine Seitenlänge von 40 cm haben?

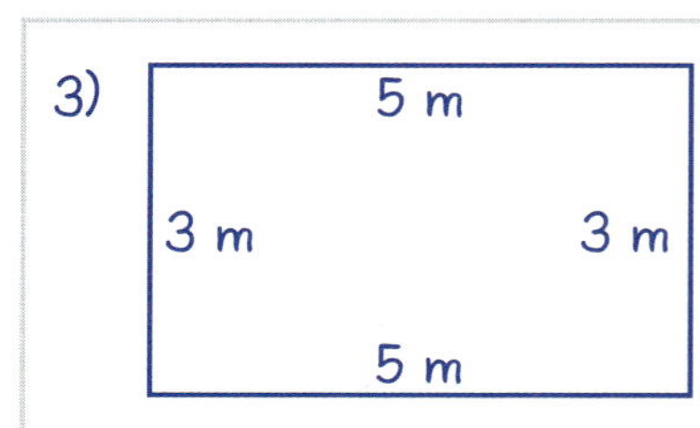

4 Eine Jugendgruppe mit 8 Mitgliedern unternimmt einen dreitägigen Ausflug.
Für Fahrt und Übernachtung entstehen Kosten von 384 Euro. ?

5 Zum Rockkonzert kamen 10 520 Besucherinnen und Besucher.
Die Karte kostete 28 Euro. Wie hoch waren die Einnahmen?
Prüfe deine Rechnung durch einen Überschlag.

6 Autos verbrauchen unterschiedlich viel Benzin. Folgende Durchschnittswerte sind typisch:
Sparversion: 5 l auf 100 km, Standardversion: 6 l auf 100 km, Sportversion: 8 l auf 100 km.
Überschlage:

a) Wie viele km fährt das Auto etwa mit einer Tankfüllung von 40 l in der Spar-, in der Standard- und in der Sportversion?

b) Ein Kunde fährt 15 000 km im Jahr. Wie viel Liter Benzin würde er in der Sparversion gegenüber der Sportversion (Standardversion) sparen?

c) Erkundige dich: Wie viel Liter fasst der Autotank deiner Eltern?

■ Sachrechenstrategien besprechen. Besonders auf Prüfung der Korrektheit und Plausibilität hinweisen. Sachaufgaben möglichst selbstständig lösen.

7 Am Bahnhof fahren um 9:40 Uhr zwei Züge ab. Sie fahren in entgegengesetzte Richtungen. Der eine fährt pro Stunde 100 km, der andere fährt pro Stunde 80 km. Wie weit sind die Züge nach eineinhalb Stunden Fahrzeit voneinander entfernt?

8 Ein Flugzeug benötigt für die etwa 6 800 km lange Strecke von Wien nach New York etwa 8 Stunden. Wie viele km legt es durchschnittlich in einer Stunde zurück?

9

Der Installateur fährt zu einem Kunden. Die Reparatur dauert von 15:10 Uhr bis 17:40 Uhr. Pro Arbeitsstunde berechnet er 58 Euro und die Fahrtkosten betragen zusätzlich 25 Euro. ?

10 Welche Sachaufgabe passt zu welcher Rechenaufgabe? Rechne und vergleiche.

a) Die Heizkosten für ein Jahr betragen 480 Euro.
Wie viele Euro sind das in einem Monat?

b) Ein Geschirrspüler kostet 480 Euro.
Bei Selbstabholung gibt der Händler einen Rabatt von 12 Euro. ?

c) Eine Urlaubsreise kostet im Katalog 480 Euro.
Am Flughafen muss eine Gebühr von 12 Euro bezahlt werden. ?

d) Die Wohnungsmiete beträgt im Monat 480 Euro.
Wie viel kostet die Miete in einem Jahr?

480 – 12

12 · 480

480 + 12

480 : 12

11

In einer großen Konzerthalle sind schon 26 Reihen mit Sesseln aufgestellt.
In Reihe 1 – 15 stehen jeweils 24 Sessel.
In Reihe 16 – 26 je 28 Sessel.
Es werden aber 1 100 Leute erwartet.

a) Wie viele weitere Sessel müssen noch herbeigeschafft werden?

b) Wie viele Reihen mit 30 und wie viele Reihen mit 32 Sesseln ergibt das?

■ Sachaufgaben möglichst selbstständig lösen. **9 – 10** Sinnvolle Fragen finden und Aufgaben lösen.
→ Arbeitsheft, Seiten 32 – 34

Schreibe zu den gezeichneten Sachsituationen jeweils eine Sachaufgabe, stelle dazu eine Frage, rechne und gib eine Antwort.

1

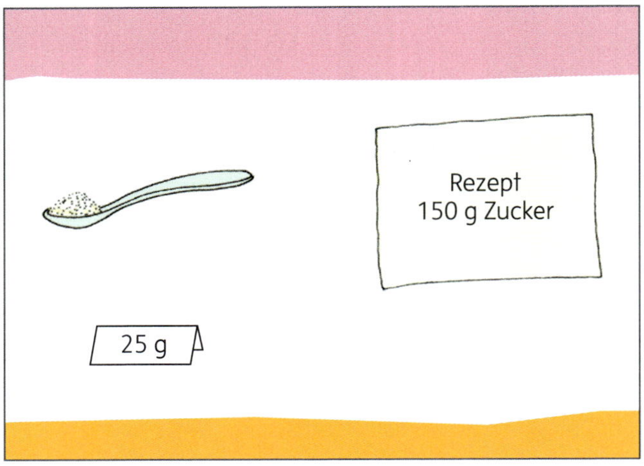

Ein Esslöffel Zucker wiegt etwa 25 g.
Für ein Rezept benötigt Simon 150 g Zucker.

Wie viele Esslöffel Zucker soll er nehmen?

25 g · 4 = 100 g
25 g · 2 = 50 g

Er muss 4 + 2 = 6 Esslöffel nehmen.

2

3

Gewicht	Preis
1 kg	14 €
100 g	 c
200 g	 c

4

1 Tomate
≈ 90 g

Einkaufszettel
$\frac{1}{2}$ kg Tomaten

5

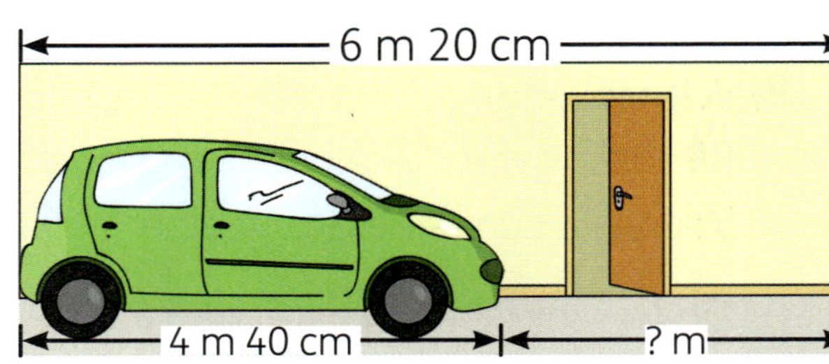

6

Sondermodell:
16 000 Euro
Zubehör:
1 800 Euro

7

1 Reitstunde	14 €
3 Reitstunden	.... €
5 Reitstunden	.... €
10 Reitstunden	.... €

8

Nächste
Inspektion bei
120 000 km

■ **1–8** Übung von Basiskompetenzen zu Größen und Sachrechnen.

9

a)
2,08 € = ... € c
41,82 € = ... € c
30,04 € = ... € c
100,41 € = ... € c

b)
265 c = ... € c
350 c = ... € c
620 c = ... € c
730 c = ... € c

c)
3 · 20 min = ... h .... min
3 · 30 min = ... h .... min
5 · 20 min = ... h .... min
5 · 15 min = ... h .... min

d)
104 g = ... dag .... g
678 g = ... dag .... g
220 g = ... dag .... g
1001 g = ... dag .... g

e)
6 · 25 cm = ... m .... cm
7 · 30 cm = ... m .... cm
8 · 20 cm = ... m .... cm
3 · 30 cm = ... m .... cm

f)
6 · 400 g = ... kg .... g
6 · 250 g = ... kg .... g
8 · 200 g = ... kg .... g
8 · 125 g = ... kg .... g

10 Welche Beträge sind es?

a) 60 Euro mehr als 10 000 Euro / 60 Euro weniger als 10 000 Euro

b) 600 Euro mehr als 10 000 Euro / 600 Euro weniger als 10 000 Euro

11 Wie viele sind es?

a) 90 kg mehr als 1 000 kg / 90 kg weniger als 1 000 kg

b) 5 min mehr als 1 Stunde / 5 min weniger als 1 Stunde

12

a) Wie viel fehlt auf 10 000 €?
9 817 € 4 980 €
7 560 € 8 890 €

b) Wie viel fehlt auf 1 dag?
7 g 9 g
1 g 4 g

c) Wie viel fehlt auf 1 000 kg?
990 kg 580 kg
810 kg 775 kg

d) Wie viel fehlt auf 1 h?
58 min 49 min
35 min 51 min

e) Wie viel fehlt auf 1 m?
87 cm 810 mm
58 cm 998 mm

f) Wie viel fehlt auf 1 kg?
98 dag 420 g
665 g 73 dag

13

a)

10 000 €
10 mal 1 000 €
5 mal .... €
4 mal .... €
2 mal .... €
8 mal .... €

b)

1 000 kg
10 mal .... kg
5 mal .... kg
4 mal .... kg
2 mal .... kg
8 mal .... kg

c)

1 kg
10 mal .... dag
5 mal .... dag
4 mal .... dag
2 mal .... dag
8 mal .... dag

d)

1 Tag
2 mal 12 h
4 mal .... h
8 mal .... h
6 mal .... h
3 mal .... h

e)

1 h
2 mal .... min
4 mal .... min
3 mal .... min
6 mal .... min
5 mal .... min

f)

1 m
10 mal 10 cm
5 mal .... cm
4 mal .... cm
2 mal .... cm
8 mal .... cm

g)

1 km
10 mal .... m
5 mal .... m
4 mal .... m
2 mal .... m
8 mal .... m

■ **9–13** Aufgaben mit einem Partnerkind besprechen und dann im Kopf lösen. Evtl. mit Rechengeld legen, Zeit an Lernuhr einstellen, Längen am Maßband oder Lineal zeigen. Weitere ähnliche Aufgaben stellen und lösen.

1 Wie rechnet ihr: Wie viele Stunden hat ein Jahr?

Kalender 2017

	Januar	Februar	März
Mo	2 9 16 23 30	6 13 20 27	6 13 20 27
Di	3 10 17 24 31	7 14 21 28	7 14 21 28
Mi	4 11 18 25	1 8 15 22	1 8 15 22 29
Do	5 12 19 26	2 9 16 23	2 9 16 23 30
Fr	6 13 20 27	3 10 17 24	3 10 17 24 31
Sa	7 14 21 28	4 11 18 25	4 11 18 25
So	1 8 15 22 29	5 12 19 26	5 12 19 26

	April	Mai	Juni
Mo	3 10 17 24	1 8 15 22 29	5 12 19 26
Di	4 11 18 25	2 9 16 23 30	6 13 20 27
Mi	5 12 19 26	3 10 17 24 31	7 14 21 28
Do	6 13 20 27	4 11 18 25	1 8 15 22 29
Fr	7 14 21 28	5 12 19 26	2 9 16 23 30
Sa	1 8 15 22 29	6 13 20 27	3 10 17 24
So	2 9 16 23 30	7 14 21 28	4 11 18 25

	Juli	August	September
Mo	3 10 17 24 31	7 14 21 28	4 11 18 25
Di	4 11 18 25	1 8 15 22 29	5 12 19 26
Mi	5 12 19 26	2 9 16 23 30	6 13 20 27
Do	6 13 20 27	3 10 17 24 31	7 14 21 28
Fr	7 14 21 28	4 11 18 25	1 8 15 22 29
Sa	1 8 15 22 29	5 12 19 26	2 9 16 23 30
So	2 9 16 23 30	6 13 20 27	3 10 17 24

	Oktober	November	Dezember
Mo	2 9 16 23 30	6 13 20 27	4 11 18 25
Di	3 10 17 24 31	7 14 21 28	5 12 19 26
Mi	4 11 18 25	1 8 15 22 29	6 13 20 27
Do	5 12 19 26	2 9 16 23 30	7 14 21 28
Fr	6 13 20 27	3 10 17 24	1 8 15 22 29
Sa	7 14 21 28	4 11 18 25	2 9 16 23 30
So	1 8 15 22 29	5 12 19 26	3 10 17 24 31

Neujahr 1. Januar, hl. drei Könige 6. Jänner, Karfreitag 14. April, Ostern 16./17. April, Staatsfeiertag 1. Mai, Christi Himmelfahrt 25. Mai, Pfingsten 4./5. Juni, Fronleichnam 15. Juni, Mariä Himmelfahrt 15. August, Nationalfeiertag 26. Oktober, Allerheiligen 1. November, Mariä Empfängnis 8. Dezember, Weihnachten 25./26. Dezember

Vivien

365 · 24 = 8 760

300 · 20 = 6 000
300 · 4 = 1 200
60 · 20 = 1 200
60 · 4 = 240
5 · 20 = 100
5 · 4 = 20

8 760

Tarek

365
+ 365
+ 365
+ 365
+ 365
+ 365
+ 365
+ 365
+ 365
+ 365
+ 365
+ 365
+ 365
+ 365
+ 365
+ 365
+ 365
+ 365
+ 365
+ 365
+ 365
+ 365
+ 365
+ 365

8 15 12

8 760

Elias

·	20	4
300	6 000	1 200
60	1 200	240
5	100	20

7 300 + 1 460
= 8 760 Stunden

Caro

24 · 365

24 · 3 = 72
24 · 300 = 7 200 — 7 200
24 · 6 = 144
24 · 60 = 1 440 — + 1 440
24 · 5 = 120 — + 120

8 760 Ein Jahr hat 8 760 Stunden.

Adam

·	300	60	5	
20	6 000	1 200	100	7 300
4	1 200	240	20	1 460
	7 200	1 440	120	8 760

Stunden

Wie rechnen die Kinder? Welche einfachen Aufgaben benutzen sie?
Vergleicht mit euren Rechenwegen.

2 Erkläre Theos Rechenweg.

2) **Theo**

365 · 100 = 36 500
365 · 50 = 18 250
365 · 25 = 9 125
365 · 24 = 9 125 − 365 = 8 760

3 Wie viele Stunden hat

a) eine Woche,

b) jeder Monat,

c) ein Schaltjahr?

4 Fragen und Schätzen

a) Wie viele Monate bist du auf der Welt?

b) Wie viele Wochen bist du auf der Welt?

c) Wie viele Tage bist du auf der Welt?

d) Wie viele Stunden bist du auf der Welt?

Mathekonferenz zu einer Musteraufgabe. Verschiedene Lösungen besprechen und vergleichen. **2–4** Zu eigenen Rechenwegen ermuntern. Ergebnisse evtl. auf einem Plakat festhalten und reflektieren.

John Neper (1550 – 1617)

Im Mittelalter rechneten die alten Rechenmeister Malaufgaben mit Malstreifen.

Für 47 · 3 schrieben sie:

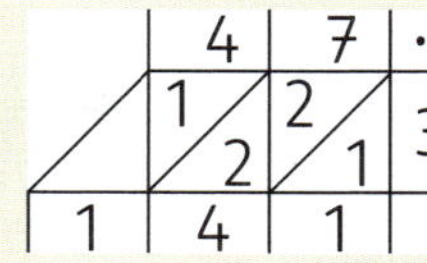

Beim Rechnen mit den Malstreifen wird ziffernweise einzeln multipliziert.
Im Ergebnis sind Einer und Zehner durch eine schräge Linie getrennt. So entsteht ein Gitter (Nepersche Streifen).

1 Schreibe wie im Mittelalter.

a) 9 · 7
7 · 8
9 · 6

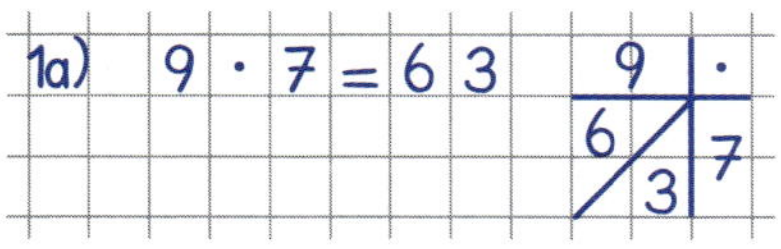

b) 0 · 6
2 · 3
4 · 1

c) 8 · 9
8 · 4
5 · 8

d) 6 · 6
4 · 9
9 · 4

2 So haben die alten Rechenmeister die Aufgabe 365 · 24 gerechnet.

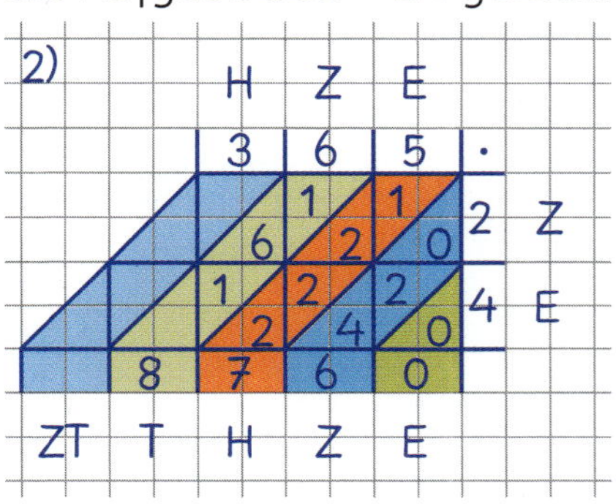

Zuerst wird ziffernweise multipliziert.
Die Ergebnisse werden nach den Ziffern getrennt in das Gitter geschrieben.
Zum Schluss werden die Zahlen in den schrägen Streifen nach Einern, Zehnern, Hundertern und Tausendern addiert und ergeben die Einer, Zehner, Hunderter und Tausender des Ergebnisses.

a) Welche Ziffern in der Rechnung ergeben E, Z, H und T?

b) Vergleiche die Rechnung mit der Rechnung von Adam auf Seite 70.

3 Multipliziere mit Malstreifen.

a) 978 · 4
489 · 8
326 · 12

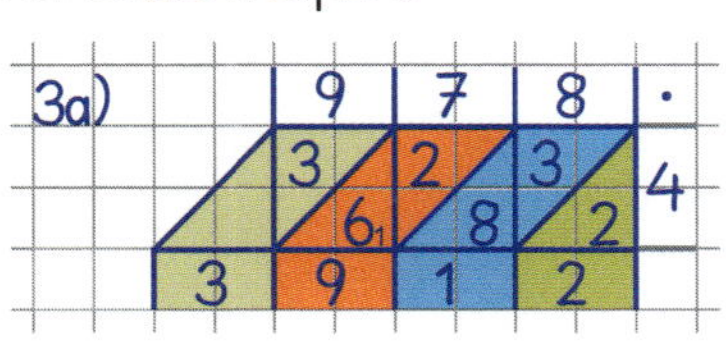

b) 112 · 9
168 · 6
337 · 3

c) 432 · 8
576 · 6
864 · 4

d) 424 · 6
636 · 4
848 · 2

4 Multipliziere mit Malstreifen.

a) 37 · 37
38 · 36
39 · 35
40 · 33
41 · 31

b) 64 · 64
65 · 63
66 · 62
67 · 61
68 · 60

c) 49 · 49
50 · 48
51 · 47
52 · 46
53 · 45

d) 62 · 62
63 · 61
64 · 60
65 · 59
66 · 58

e) 96 · 96
95 · 97
94 · 98
93 · 99
92 · 100

5 Vergleiche die Ergebnisse. Begründe.

a) 872 · 21 b) 436 · 21 c) 436 · 42 d) 218 · 42 e) 109 · 84 f) 218 · 84

■ **1–5** Schrittweise üben. → Arbeitsheft, Seite 35

Schriftliche Multiplikation

1 Früher rechnete man so:

a) 365 · 4

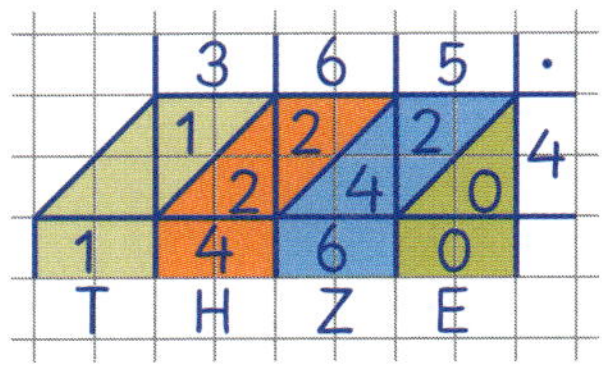

Heute rechnet man kürzer:

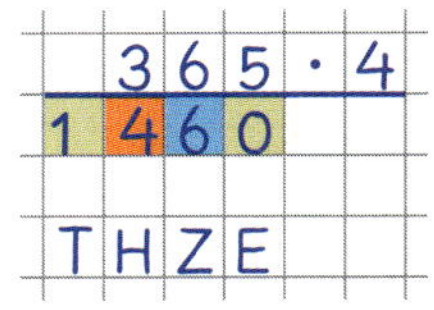

Sprich:
4 · 5 = 20
Schreibe 0, bleibt 2
4 · 6 = 24, 24 + 2 = 26
Schreibe 6, bleibt 2
4 · 3 = 12, 12 + 2 = 14
Schreibe 14

b) 365 · 24

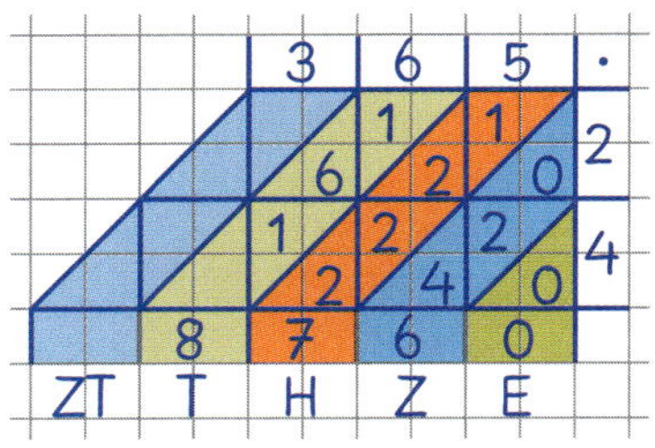

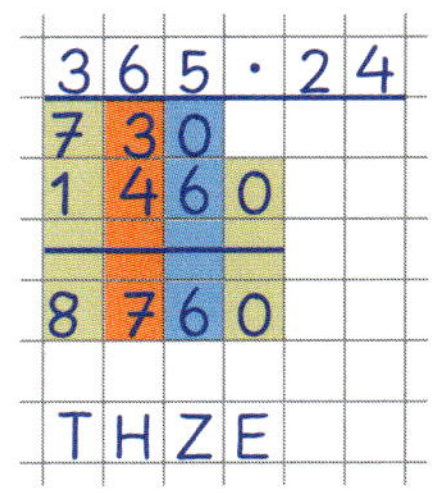

Sprich:
2 · 5 = 10
Schreibe 0, bleibt 1
2 · 6 = 12, 12 + 1 = 13
Schreibe 3, bleibt 1
2 · 3 = 6, 6 + 1 = 7,
Schreibe 7
4 · 5 = 20
Schreibe 0, bleibt 2
4 · 6 = 24, 24 + 2 = 26
Schreibe 6, bleibt 2
4 · 3 = 12, 12 + 2 = 14
Schreibe 14

c) 365 · 20

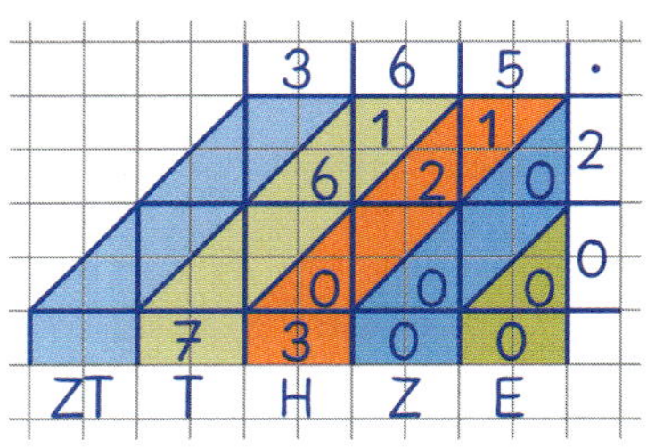

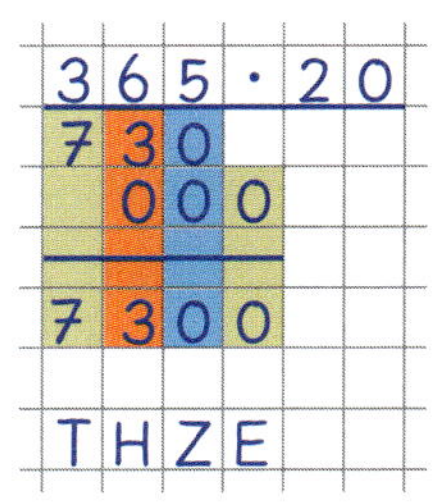

Oder noch kürzer:

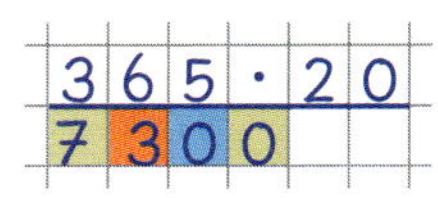

2 Rechne zur Probe auch die Tauschaufgabe.

a) 35 · 66
42 · 55
33 · 70
39 · 59
77 · 30

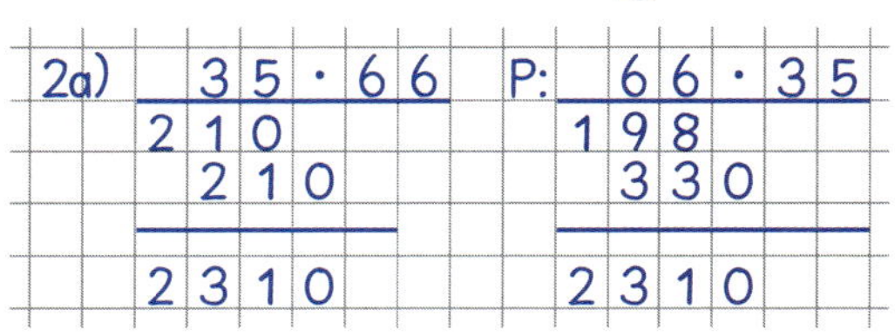

b) 36 · 77
63 · 44
99 · 28
42 · 66
33 · 69

c) 35 · 72
49 · 45
36 · 70
63 · 40
45 · 56

3 a) 1 089 · 1 1 089 · 2 1 089 · 3 1 089 · 4 1 089 · 5
1 089 · 6 1 089 · 7 1 089 · 8 1 089 · 9

b) Schreibe die Ergebnisse stellengerecht untereinander. Was fällt dir auf?

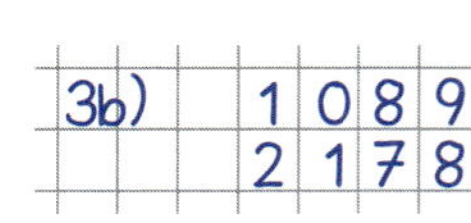

c) Begründe das Muster mit **5** von Seite 54.

4 Louis hat die Zahl 77 mit 13, 26, 39, 52, 65 und 78 multipliziert.

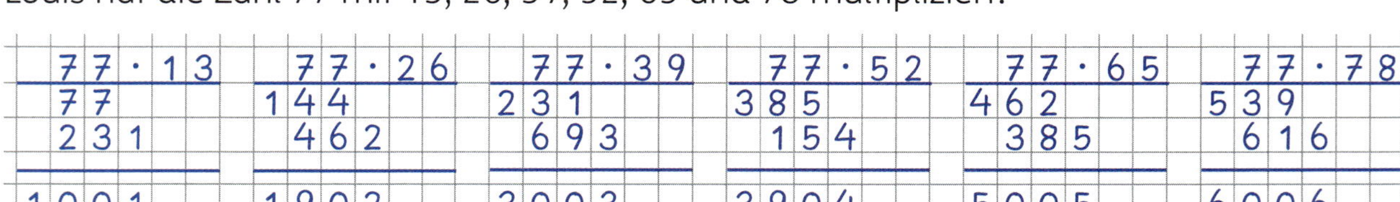

a) Welche Ergebnisse sind vermutlich falsch? Prüfe und korrigiere sie.

b) Welche Fehler hat Louis bei seinen Rechnungen gemacht? Erkläre.

■ **1** Übergang von Malstreifen zur schriftlichen Multiplikation im Klassengespräch sorgfältig klären. Sprechweise ggf. abändern. **2–4** Auf stellengerechtes Rechnen achten. → Arbeitsheft, Seiten 36–38

1 **Wie überlegt und rechnet ihr: Wie viele Kilogramm sind es zusammen?**

6 · 4 = 24 Container.
In jedem Container sind 83 kg.

Kilian
1) 83 · 24
166
332
1992

Agnes
1) 83 · 6
498
498 · 4
1992

Özge
1) 83 · 4
332
332 · 6
1992

Wie rechnen die Kinder? Vergleicht mit euren Rechenwegen.

2 Probiert selbst.
In jedem Container sind
a) 74 kg, b) 89 kg, c) 437 kg, d) 815 kg, e) 1 246 kg, f) 4 693 kg.

Rechnet immer wie Agnes, Özge oder Kilian. Vergleicht die Ergebnisse.

3 Wähle eine beliebige Zahl kleiner 1 000.

a) Multipliziere zunächst mit 25 und dann das Ergebnis mit 40.
Vergleiche das Endergebnis mit der gewählten Ausgangszahl.
Beispiel: 68

3a) 68 · 25
136
340
1700
→ 1700 · 40
6800
0000
68000

b) Multipliziere nun zunächst mit 40 und dann das Ergebnis mit 25.
Beispiel: 68

3b) 68 · 40
272
00
2720
→ 2720 · 25

4 Wähle eine beliebige Zahl kleiner 1 000.

a) Multipliziere zunächst mit 77 und dann das Ergebnis mit 13.
Vergleiche das Endergebnis mit der gewählten Ausgangszahl.
Erkläre das Muster.
Tipp: Rechne 77 · 13.

Beispiel: 68

4a) 68 · 77
476
476
5236
→ 5236 · 13
5236
15708
68068

b) Multipliziere zunächst mit 91 und dann das Ergebnis mit 11.

Verschiedene Rechnungen – gleiche Ergebnisse

Forschen und Finden – Vergleichen und Begründen

Die Malreihe der Zahl 647:

647 · 1	647 · 2	647 · 3	647 · 4	647 · 5	647 · 6	647 · 7	647 · 8	647 · 9	647 · 10
647	1 294	1 941	2 588	3 235	3 882	4 529	5 176	5 823	6 470

1 Prüfe die Ergebnisse durch fortgesetzte Addition von 647.

647	1 294	1 941	2 588	3 235	3 882	4 529	5 176	5 823
647	647	647	647	647	647	647	647	647

2 Mit den Ergebnissen der Malreihe werden immer zwei Aufgaben gebildet.
Vergleiche die Ergebnisse der Rechnungen mit den Ergebnissen der Malreihe.
Beschreibe, was dir auffällt und versuche es zu begründen.

a) 1 294 · 3
1 941 · 2

b) 1 294 · 4
2 588 · 2

c) 1 294 · 5
3 235 · 2

d) 2 588 · 5
3 235 · 4

e) 3 235 · 6
3 882 · 5

Tipp zur Begründung für a)

647	647	647
647	647	647

3 Rechne, beschreibe und begründe ebenso.

a) 1 941 · 7
4 529 · 3

b) 3 882 · 4
2 588 · 6

c) 1 941 · 8
5 176 · 3

d) 5 823 · 3
1 941 · 9

e) 5 176 · 4
2 588 · 8

4 Rechne immer drei Aufgaben und kontrolliere.

a) 647 · 42
3 882 · 7
4 529 · 6

b) 647 · 56
4 529 · 8
5 176 · 7

c) 647 · 54
5 823 · 6
3 882 · 9

d) 647 · 72
5 176 · 9
5 823 · 8

e) 647 · 63
4 529 · 9
5 823 · 7

5 Finde mit den Ergebnissen der Malreihe von 647 selbst ähnliche Aufgaben wie in **3**.

6 Berechne die Malreihe von 1 294, vergleiche mit der Malreihe von 647. Begründe, was dir auffällt.

7 Wähle selbst eine Zahl und berechne die Malreihe. Finde selbst Malaufgaben, die gleiche Ergebnisse haben müssen.

■ **1–7** Gleiche Ergebnisse mit den Ergebnissen der Malreihe begründen (Assoziativgesetz der Multiplikation).
Gute Selbstkontrolle bei den Ergebnissen der Malaufgaben. Ergebnisse im Lerntagebuch notieren.

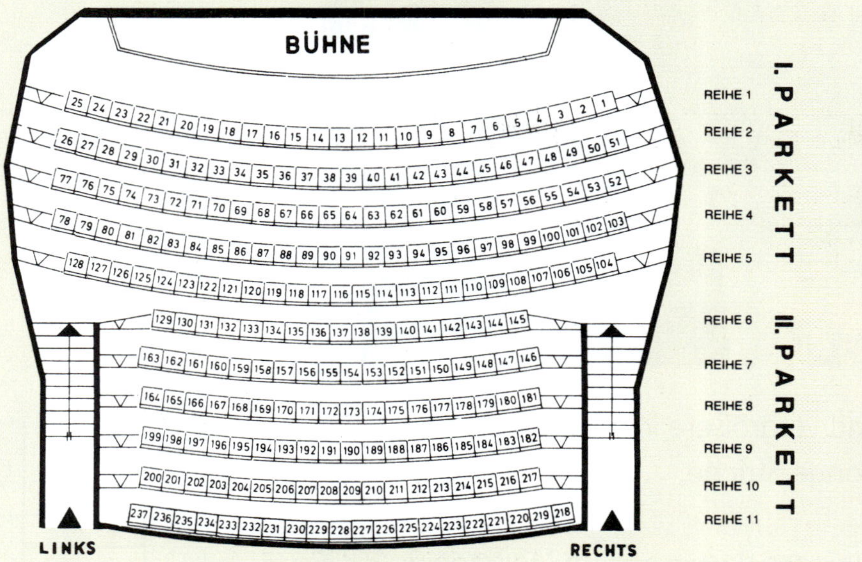

1 a) Wie viele Sitzplätze gibt es im I. Parkett? b) Wie viele Sitzplätze gibt es im II. Parkett?
c) Wie hoch sind die Einnahmen einer Vorstellung bei vollem Haus?

2

Wochentag	verkaufte Karten I. Parkett	verkaufte Karten II. Parkett
Donnerstag	99	98
Freitag	116	105
Samstag	128	108
Sonntag	122	103

Wie hoch waren die Einnahmen
a) an den verschiedenen Wochentagen,
b) an den vier Tagen des Gastspiels?

3 Musicaltheater „Zauberklang“

HAUPTSAISON		
Preisklasse	Anzahl der Plätze	Preis
1	305	105,–
2	692	85,–
3	370	65,–
4	160	50,–

NEBENSAISON		
Preisklasse	Anzahl der Plätze	Preis
1	305	90,–
2	692	75,–
3	370	55,–
4	160	45,–

Wie hoch sind die Einnahmen bei vollem Haus je Vorstellung
a) in der Hauptsaison, b) in der Nebensaison?

■ Sachstrukturierte Übung der Multiplikation. **1–3** Sachsituationen besprechen und Aufgaben möglichst selbstständig bearbeiten.

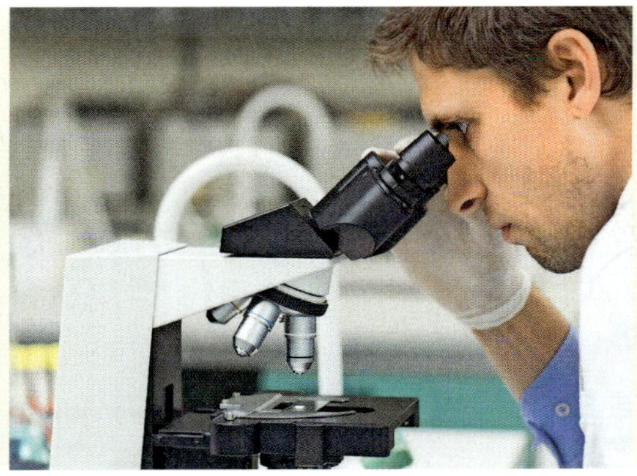

Mit einer **Lupe** und einem **Mikroskop** lassen sich kleine Dinge vergrößert betrachten.

1 a) Zeichne den Buchstaben H und vergrößere ihn. Zeichne bei dem großen H jeweils doppelt so lange Striche.
Dann hast du im Maßstab 2 : 1 (gesprochen 2 zu 1) vergrößert.
b) Vergrößere Buchstaben aus deinem Vornamen im Maßstab 2 : 1.

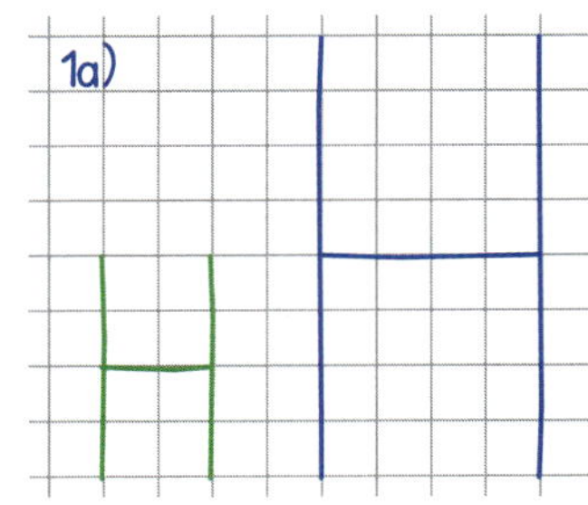

2 a) Zeichne den Buchstaben H und verkleinere ihn. Zeichne bei dem kleinen H jeweils halb so lange Striche.
Dann hast du im Maßstab 1 : 2 (gesprochen 1 zu 2) verkleinert.
b) Verkleinere Buchstaben aus deinem Vornamen im Maßstab 1 : 2.

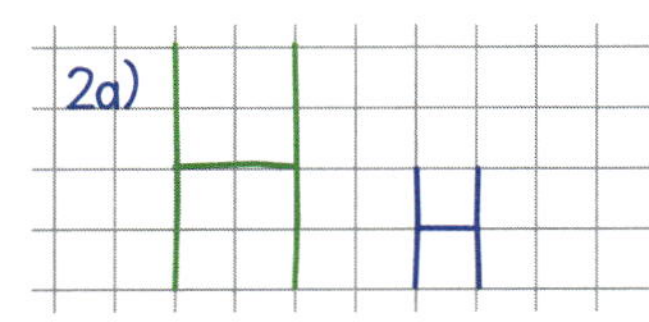

! Der Maßstab gibt an, wie viele Male Längen vergrößert oder verkleinert wurden.

3 Wie lang sind die Tiere in Wirklichkeit? Miss und rechne.

a) Die Maus ist im Maßstab 1 : 3 verkleinert. 1 cm im Bild sind 3 cm in der Wirklichkeit.

b) Die Biene ist durch die Lupe im Maßstab 4 : 1 vergrößert. 4 cm im Bild entsprechen 1 cm in der Wirklichkeit.

3a) Maus mit Schwanz im Foto: 7 cm
in Wirklichkeit: 3 · 7 cm = 21 cm

Maus ohne Schwanz im Foto:

■■ **1, 2** Vergrößern und Verkleinern anhand von Karopapier erarbeiten. **3** Vergrößern und Verkleinern im Kontext „Natur“.

Spielzeuge gibt es in verschiedenen Größen. Bei der Modelleisenbahn gibt es die Baugröße H0.
Diese Modelle sind im Maßstab 1 : 87 verkleinert.
1 cm im Modell entsprechen 87 cm in der Wirklichkeit.

4 a) Das Modell des ICE-Großraumwagens ist 27 cm lang. Berechne die Länge in der Wirklichkeit.

b) Das Modell eines Gepäckwagens ist 16 cm lang. Berechne die Länge in der Wirklichkeit.

5a) 27 cm · 87 = 2 349 cm

27 · 87
216
 189
2349

2349 cm = 23 m 49 cm

5 Wie lang sind die Fahrzeuge in Wirklichkeit?

a) 

Länge des Modells: 19 cm
Maßstab: 1 : 87

b) 

Länge des Modells: 10 cm
Maßstab: 1 : 87

c) 

Länge des Modells: 15 cm
Maßstab: 1 : 60

d) 

Länge des Modells: 18 cm
Maßstab: 1 : 12

e) 

Länge des Modells: 25 cm
Maßstab: 1 : 18

f) 

Länge des Modells: 13 cm
Spannweite des Modells: 12 cm
Maßstab: 1 : 500
(1 cm im Modell sind 5 m = 500 cm in Wirklichkeit.)

6

Matrose

Fragen und Schätzen
Wie lang ist das Schiff in Wirklichkeit?
Tipp: Vergleiche mit der Größe des Matrosen an Bord.

1 Wie überlegt ihr: Wie viele Pferde? Wie viele Fliegen?

In einem Stall werden Pferde und Fliegen gezählt. Es sind 15 Tiere. Zusammen haben sie 72 Beine.
Wie viele Pferde und wie viele Fliegen sind es?

Milan rechnet

6 + 6 + 6 + 6 + 6 + 6 + ~~6~~ 4 +
4 + 4 + 4 + 4 + 4 + 4 + 4 + 4 = ~~74~~
72

Antwort: 6 Fliegen, 9 Pferde

und erklärt:
„Zuerst hatte ich 7 Fliegen und 8 Pferde. Da waren es 74 Beine. Das waren 2 zu viel. Deshalb habe ich aus einer Fliege ein Pferd gemacht. Jetzt waren es 2 Beine weniger.“

Jasim zeichnet

Antwort: 9 Pferde, 6 Fliegen

und erklärt:
„Es sind zusammen 15 Tiere. Also habe ich 15 Kreise gemalt. Jedes Tier hat mindestens 4 Beine. Dann bleiben noch 12 Beine übrig. Die habe ich noch an die 6 Tiere verteilt. Diese Tiere sind dann die Fliegen.“

Dominik überlegt

8 Fliegen haben 48 Beine
7 Pferde haben 28 Beine = 76 Beine

7 Fliegen haben 42 Beine
8 Pferde haben 32 Beine = 74 Beine

6 Fliegen haben 36 Beine
9 Pferde haben 36 Beine = 72 Beine

Antwort: Es sind 6 Fliegen und 9 Pferde.

Hannah überlegt:
„Ich habe mir erst überlegt, welche Zahlen in 72 stecken. Eine Zahl aus der Viererreihe (wegen der Pferde) und eine Zahl aus der Sechserreihe (wegen der Fliegen).
Ich habe dann probiert:“

48 + 24 = 72 geht nicht, das wären:
8 Fliegen und 6 Pferde
oder 12 Pferde und 4 Fliegen.
36 + 36 = 72 geht, es sind:
6 Fliegen und 9 Pferde.

Wie überlegen die Kinder? Vergleicht mit euren Rechenwegen.

2 In einem anderen Stall werden 10 Tiere gezählt. Es sind Pferde und Fliegen. Zusammen haben sie 46 Beine. Wie viele Pferde und wie viele Fliegen sind es?

3 Im Tierpark werden in einem Gehege 18 Tiere gezählt. Es sind Ziegen und Hühner. Zusammen haben sie 58 Beine. Wie viele Ziegen und wie viele Hühner sind es?

4 In einem Stall werden 20 Tiere gezählt. Es sind Kühe und Schwalben. Zusammen haben sie 76 Beine. ?

■ 1 Lösungen der Kinder nachvollziehen (Mathekonferenz). 2–4 Textaufgaben auf eigene Weise lösen. Ergebnisse evtl. auf einem Plakat festhalten und reflektieren.

Aus einem alten Schulbuch. Löse durch Probieren. Schreibe Deine Versuche in einer Tabelle auf.

V *Ein Esel und ein Maultier sind mit schweren Säcken beladen. Sie trotten nebeneinander her. Dabei stöhnt der Esel fürchterlich unter der großen Last.*

Das Maultier spricht zu ihm: „Warum stöhnst du so? Ich trage doch mehr Säcke als du. Nähmst du mir einen Sack ab, so hätten wir gleich viele Säcke auf dem Rücken. Gäbst du mir aber einen Sack ab, so hätte ich doppelt so viele Säcke wie du."

Versuche herauszufinden, wie viele Säcke das Maultier und der Esel tragen.

VI *Von Montag bis Freitag wurden auf einer Weide zusammen 60 Schäfchen geboren. Am Dienstag waren es drei mehr als am Montag, am Mittwoch wieder drei mehr als am Dienstag, am Donnerstag wieder drei mehr als am Mittwoch, am Freitag drei mehr als am Donnerstag.*

Kannst du herausfinden wie viele Schäfchen an den einzelnen Wochentagen geboren wurden?

7 Vier Kinder fahren mit dem Fahrrad.
Annika fährt 40 Kilometer in 90 Minuten.
Lukas fährt 30 Kilometer in 2 Stunden.
Lena fährt 40 Kilometer in 2 Stunden.
Hannes fährt 30 Kilometer in 90 Minuten.

a) Wer fährt am schnellsten?
b) Wer fährt am langsamsten?
c) Ordnet nach den Geschwindigkeiten. Beschreibt und vergleicht eure Lösungen.

8 Eine Gartenschaukel soll gebaut werden. Wie viele Meter Seil werden ungefähr benötigt? Im Baumarkt gibt es 10-m-, 25-m- und 50-m-Rollen. Was würdest du kaufen?

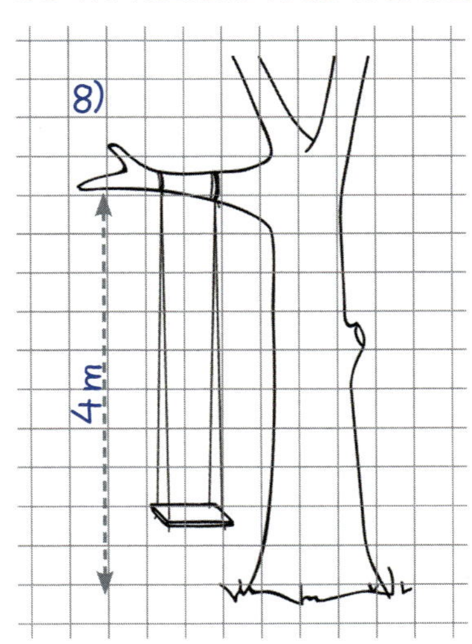

9 Fragen und Schätzen
Ein Gartenteich wird mit einem Schlauch innerhalb von 1 Stunde und 25 Minuten gefüllt. Eva möchte wissen, wie viel Wasser insgesamt in den Teich gelaufen ist. Sie fängt dazu das Wasser aus dem Schlauch in einem Kübel auf. Er wird in einer halben Minute voll. Wie viele Liter Wasser sind etwa im Teich? Schätze und rechne.

■ Denkaufgaben in Gruppenarbeit durch systematisches Probieren lösen. **V**, **VI** Aufgaben aus alten Rechenbüchern. Ergebnisse evtl. auf einem Plakat festhalten und reflektieren. → Arbeitsheft, Seite 41

1 Berechne die Summe.

a)
22,95
7,38
SUMME

b)
138,90
17,88
SUMME

c)
91,95
7,28
SUMME

d)
134,18
75,73
26,08
SUMME

e)
247,47
186,42
72,05
1,12
SUMME

2

a) Guthaben auf der Handy-Karte:
am Anfang: 12,63 Euro   am Ende: 9,78 Euro
Wie teuer war das Gespräch?
Roman überlegt und rechnet so:

2a) Guthaben alt 12,63
Guthaben neu − 9,78

b) Danach verschickt er 6 SMS.

Eine SMS (Short Message Service) kostet bei seiner Handy-Karte 0,13 Euro. ?

3 Berechne die Differenz. Rechne zur Probe auch die Umkehraufgabe.

a)	b)	c)	d)	e)	f)
167,55	428,92	999,22	1 073,50	128,79	456,78
− 86,67	− 115,47	− 18,57	− 324,25	− 69,13	− 98,76

4 Monatliche Futterkosten für Haustiere. Überschlage die Kosten. Warum genügt ein Überschlag?

Hund
Trockenfutter
4 Beutel .... à 5,49 €
Frischfleisch
8 Dosen .... à 0,88 €
Kauknochen
3 Stück .... à 1,25 €

Katze
Trockenfutter
1 Beutel .... à 3,39 €
Katzenfutter
8 Dosen .... à 0,76 €
Leckerbissen
4 Stück .... à 1,44 €

Hund, Trockenfutter:

David
4) Ü: 5 · 4 = 20
5,49 = 549 c
549 · 4
2196
2196 c = 21,96

Dejan
4) Ü: 5 · 4 = 20

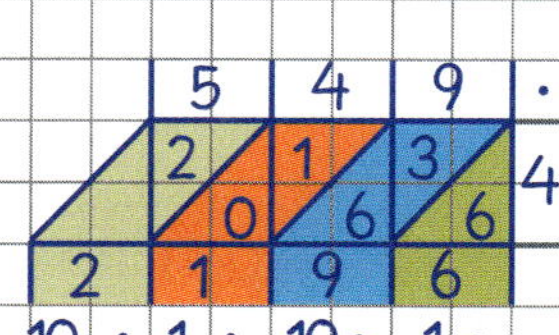

Ali
4) Ü: 6 € · 4 = 24 €

5,49 € · 4 =
5,49 · 4
21,96

5 Ordne der Größe nach.
8,31 €; 38,10 €; 0,83 €; 18,30 €; 108,03 €.

5) 108,03 € >

Schriftliche Rechenverfahren singgemäß auf Kommazahlen übertragen. Evtl. Stellenwerttafel zu Hilfe nehmen.
4 Mit den Kindern besprechen, dass eine genaue Rechnung nicht möglich ist, z. B. weil sich Preise ändern, der Hund unterschiedlich frisst, …

Was machen die Menschen auf dem Bild? Erzähle.

6 a) Schreibe Preislisten für Waffeln und Obstkuchen.

6a)

Waffeln Anzahl	Preis	Obstkuchen Anzahl	Preis
1	1,20	1	1,80
2	2,40	2	3,60
3	3,60	3	5,40

b) Ein Vater hat für die Kinder Waffeln und Obstkuchen gekauft. Er hat 9,00 Euro bezahlt. Wie viele Waffeln und wie viele Stücke Obstkuchen können es sein? Benutze die Tabelle von a).

6b) Gesamtpreis: 9,00 €

5 Obstkuchen: 9,00 €
3 Obstkuchen und 3 Waffeln: 5,40 € + 3,60 €

c) Weitere Personen haben nacheinander Gebäck gekauft. Sie haben bezahlt:

1. Person 3,60 €;	2. Person 7,20 €;	3. Person 6,00 €;	4. Person 4,80 €;
5. Person 10,80 €;	6. Person 8,40 €;	7. Person 5,40 €;	8. Person 12,00 €.

Was können sie gekauft haben?

Forschen und Finden

7 a) Schreibe Preislisten für Wasser, Tee und Kakao.

b) Frau Berger hat für Kinder und Erwachsene Getränke gekauft und genau 10 Euro bezahlt. Was kann sie gekauft haben?

c) Welche der folgenden Beträge sind möglich? 2,00 €; 2,10 €; 2,20 €; 2,30 €; ...; 2,90 €; 3,00 €

d) Welche der folgenden Beträge sind möglich? 5,00 €; 5,10 €; 5,20 €; 5,30 €; ...; 5,90 €; 6,00 €

■ **6** Tabelle zur Lösung von Sachaufgaben nutzen. **7** c) und d) Mit den Preislisten für Wasser, Tee und Kakao mögliche Einkaufsbeträge ermitteln. Ergebnisse im Lerntagebuch notieren. → Arbeitsheft, Seiten 42, 43

Im Supermarkt

1 In vielen Supermärkten gibt es in der Obst- und Gemüseabteilung Selbstbedienung.
Jede Obst- und Gemüsesorte hat eine eigene Kennzahl.
Wenn man die Ware auf die Waage legt und die Kennzahl drückt, wird ein Preisaufkleber ausgedruckt.
Das Gewicht wird in Kommaschreibweise angegeben:
1 kg 68 g ist 1,068 kg.

Erklärt die Angaben auf dem Etikett.

FLEISCHTOMATEN
verpackt am: 14.03.
€/kg 1,89 Nettogewicht 1,068 kg
PREIS 2,02 EURO
4 260058 320031

2 Erkläre ebenso.

a) **TRAUBEN**
verpackt am: 10.03.
€/kg 5,98 Nettogewicht 0,506 kg
PREIS 3,03 EURO
4 260058 320031

b) **GRÜNE ÄPFEL**
verpackt am: 18.03.
€/kg 1,99 Nettogewicht 0,574 kg
PREIS 1,14 EURO
4 260058 320031

c) **MANDARINEN**
verpackt am: 29.04.
€/kg 1,99 Nettogewicht 1,046 kg
PREIS 2,08 EURO
4 260058 320031

3 a) Wie viel Euro kosten jeweils 500 g jeder Apfelsorte?
b) Wie viel Euro kosten jeweils 2 kg jeder Apfelsorte?

4 Maria kauft 4 Äpfel.
Sie wiegen 676 g und kosten 1,28 €.
a) Wie viel Gramm wiegt 1 Apfel ungefähr?
b) Wie viel Cent kostet 1 Apfel ungefähr?

5 Überlege mithilfe der Stellenwerttafel die richtige Kommaschreibweise.

a) 1 017 g
2 150 g
1 429 g

5a)	10 kg	1 kg	100 g	10 g	1 g	
		1	0	1	7	1,017 kg

b) 1 kg 20 g
15 kg 107 g
307 g

c) $\frac{1}{2}$ kg
$\frac{1}{4}$ kg

■ Kommaschreibweise bei kg und g verwenden, dabei Stellenwerttafel nutzen.

6 Vergleiche Original und Nachfüllpackung. Wie viel Geld kann man sparen?

a) Reiniger

1,89 € 0,99 €

b) Seife

1,99 € 1,49 €

c) Duschgel

2,29 € 1,79 €

7 Vergleiche.

a)

0,39 € 0,99 €

7a)
3 Zitronen 3 · 0,39 € = 1,17 €
3 Zitronen im Netz 0,99 €

Ersparnis:

b)

0,29 € 1,49 €

8 Vergleiche die Angebote.

a)

1000 g 0,99 €

500 g 0,69 €

8a)
500 g + 500 g
0,69 € + 0,69 € = 1,38 €
1000 g 0,99 €

Ersparnis:

b)

1000 g 2,19 €

500 g 1,99 €

c)

2 l 1,59 €

1 l 0,99 €

d) Überlege:
Gibt es dennoch Gründe, kleinere Packungen zu kaufen?

9 In vielen Lebensmitteln versteckt sich Zucker.
Zu viel Zucker ist ungesund.

	Menge	Zuckergehalt
1 große Packung Gummibärchen	250 g	153 g
1 Schokoriegel	28 g	8 g
1 Müsli-Riegel	40 g	24 g
1 Portion Nussaufstrich	20 g	12 g
1 Flasche Orangen-Limo	1 l	133 g
1 Flasche Cola	1 l	123 g
1 Portion Ketchup	40 g	8 g
1 Waffel	80 g	6 g

1 Stück Würfelzucker wiegt 3 g. Stelle Fragen zur Tabelle und beantworte sie.

9) Wie viele Stück Würfelzucker sind in einer Packung Gummibärchen versteckt?
153 : 3 = 51 In der Packung sind 51 Stück Zucker versteckt.

■ Ergebnisse der Rechnungen sachgemäß interpretieren. **9** Nach Bearbeitung gemeinsam reflektieren, wie viel Zucker jeder am Tag versteckt isst oder trinkt. Diese Menge mit einer Haushaltswaage zur Veranschaulichung abwiegen.
→ Arbeitsheft, Seite 44

1 Wie rechnet ihr 4 · 49 c?

1 Heft kostet 49 c. Wie viel kosten 4 Hefte?

Sita:

1 Heft kostet 49 c
4 Hefte kosten 4 · 49 c

NR:
49 · 4
196

4 Hefte kosten 1,96 Euro.

Franz:

49 c · 49 c · 49 c · 49 c ·
? Euro

49 c + 49 c = 98 c
98 c + 98 c = 196 c

4 Hefte kosten 1,96 €.

Julia:

49 c | 49 c
49 c | 49 c

NR:
4 · 50 c = 2 €

4 Hefte kosten 4 c weniger, also 1,96 €.

Wie rechnen die Kinder? Wie rechnest du?
Vergleicht mit euren Lösungen.

2 Wie viel Euro kosten 3 Hefte, 5 Hefte, 6 Hefte?

3 a) 1 Pinsel kostet 59 c.
Wie viel Euro kosten 2, 4, 5, 10 Pinsel?

b) 1 Bleistift kostet 65 c.
Wie viel Euro kosten 3, 4, 6, 10 Bleistifte?

c) 1 Spitzer kostet 1,39 €.
Wie viel Euro kosten 4, 6, 8, 10 Spitzer?

d) 1 Zeichenblock kostet 1,99 €.
Wie viel Euro kosten 2, 3, 7, 10 Zeichenblöcke?

4 Übertrage den Kassenzettel in dein Heft und vervollständige. Überschlage zur Kontrolle.

Schreibwaren **Graffito**

Anzahl	Artikel	Einzelpreis	Gesamtpreis
4	Hefte	0,49	
2	Zeichenblöcke	1,99	
3	Pinsel	0,59	
5	Bleistifte	0,65	
3	Spitzer	1,39	
Verkäufer 00 1808-92		TOTAL	Euro

Bei Irrtum und Umtausch bitte diesen Kassenbon vorlegen.

4) Ü:
2 €
4 €
2 €
3 €
4 €
___ €

5 Wie viel Geld sparst du bei folgenden Angeboten?

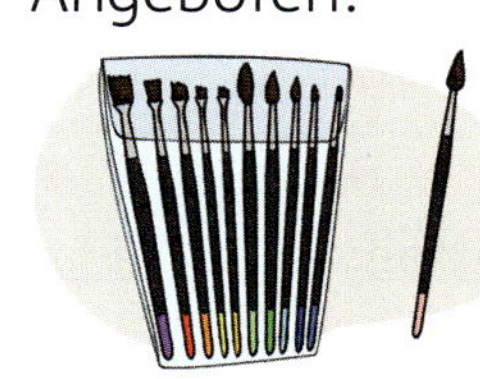

1 Pinsel 59 c
10 Pinsel 4,50 €
in verschiedenen Stärken

1 Wachsmalstift 69 c
10 Wachsmalstifte 5,48 €

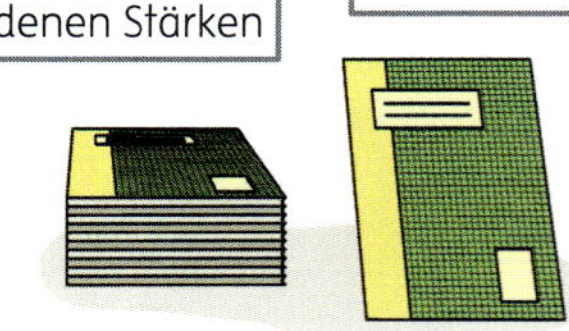

1 Heft 49 c
10 Hefte 4,48 €

6 Schriftlich oder nicht? Überlege bei jeder Aufgabe.

a)	b)	c)	d)
1 221 + 2 112	35 709 + 22 000	702 – 698	95 703 – 28 997
4 807 + 1 003	51 976 + 19 134	2 841 – 1 978	36 004 – 29 999
7 948 + 8 068	82 000 + 35 000	5 000 – 1 005	71 000 – 40 500
5 362 + 3 417	12 345 + 54 321	1 602 – 1 599	54 321 – 12 345

1 Lösungswege besprechen (Mathekonferenz). **2–5** Ergebnisse mit Überschlägen überprüfen. **6** Sensibilität für die sinnvolle Anwendung verschiedener Rechentypen (Kopfrechnen – halbschriftliches Rechnen – schriftliches Rechnen) wecken.

Gouda Käse aus Holland	1 kg	8,00 Euro	
	100 g	0,80 Euro	

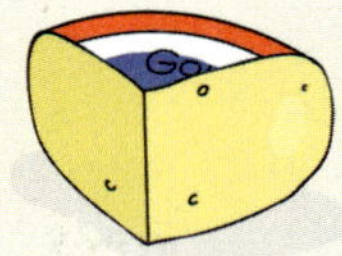

Emmentaler Käse aus der Schweiz	1 kg	12,00 Euro
	100 g	1,20 Euro

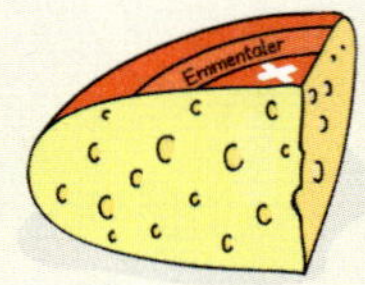

Butterkäse aus Frankreich	1 kg	14,00 Euro
	100 g	1,40 Euro

Aus dem Preis für 1 kg lassen sich die Preise für andere Gewichte berechnen.

7 Berechne die Preise für Gouda.

a) 1 000 g kosten 8,00 €.
Wie viel kosten 500 g?

7a) :2 — 1 000 g | 8,00 €
500 g | 4,00 €

b) 100 g kosten 80 c.
Wie viel kosten 50 g?

c) Wie viel kosten 500 g?
Wie viel kosten 250 g?

d) 100 g kosten 80 c.
Wie viel kosten 300 g?

e) Wie viel kosten 10 g?
Wie viel kosten 5 g?

8 Berechne die Preise für Gouda.

a) 500 g kosten 4,00 €.
50 g kosten 40 c.
Wie viel kosten 550 g?

8a) 500 g | 400 c
50 g | 40 c
550 g |

b) 500 g kosten 4,00 €.
10 g kosten 8 c.
Wie viel kosten 490 g?

8b) 500 g | 400 c
− 10 g | 8 c
490 g |

c) 200 g kosten 1,60 €.
10 g kosten 8 c.
Wie viel kosten 210 g?

d) 1 000 g kosten 8,00 €.
500 g kosten 4,00 €.
Wie viel kosten 1 500 g?

9 Berechne die Preise für Emmentaler und für Butterkäse. Lege die Preistabelle im Heft an.

a)

1 kg	12,00 €
500 g	
250 g	
200 g	
100 g	

b)

100 g	1,20 €
50 g	
25 g	
20 g	
10 g	

c)

1 kg	14,00 €
500 g	
250 g	
200 g	
100 g	

d)

100 g	1,40 €
50 g	
25 g	
20 g	
10 g	

10 Wie rechnest du? Überlege bei jeder Aufgabe.

a) 7 · 8 000
8 · 700
7 · 18 000
18 · 17 000

b) 50 · 6
555 · 60
505 · 606
500 · 600

c) 6 538 · 300
6 500 · 3
6 000 · 30
658 · 333

d) 81 000 : 9
81 900 : 9
63 714 : 7
6 993 : 7

e) 18 660 : 6
16 820 : 4
63 003 : 3
72 408 : 8

7–9 Preistabelle erstellen. Aus dem Kilopreis weitere Preise für Teile, Vielfache, Summen und Differenzen von Gewichten berechnen. **10** Sensibilität für die sinnvolle Anwendung verschiedener Rechentypen (Kopfrechnen – halbschriftliches Rechnen – schriftliches Rechnen) wecken. → Arbeitsheft, Seite 45

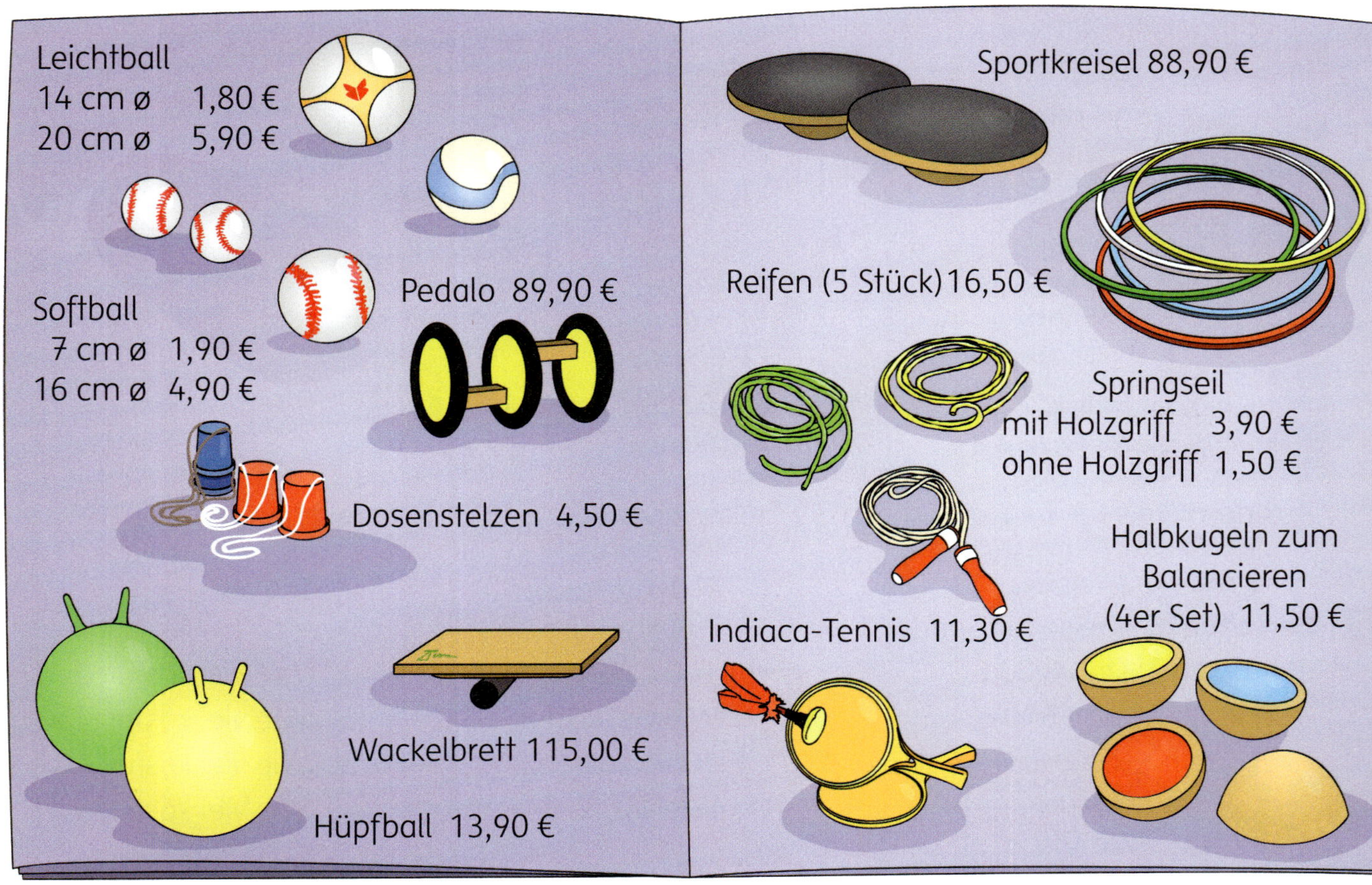

1 Was kosten die bestellten Spielgeräte? Überschlage und korrigiere den ausgerechneten Rechnungsbetrag. Rechne zuerst den Überschlag von Sina und Jonas.

Bestellschein

Anzahl	Bezeichnung	Einzelpreis in Euro	Gesamtpreis in Euro
3	Pedalo	89,90	269,70
10	Dosenstelzen	4,50	45,00
18	Leichtball	1,80	32,40
23	Softball	4,90	112,70
28	Springseil	3,90	109,20
7	Indiaca–Tennis	11,30	79,10
		Summe:	446,10

Sina

Ü:
3 · 90 € = 270 €
10 · 5 € = 50 €
20 · 2 € = 40 €
20 · 5 € =
30 · 4 € =
7 · 12 € =

gesamt:

Jonas

Ü:
3 · 90 € =
10 · 4,50 € =
18 · 2 € =
23 · 5 € =
30 · 4 € =
7 · 11 € =

gesamt:

2 Überschlage den Gesamtpreis.

a) Die Josefschule bestellt:
23 Leichtbälle 20 cm ø
28 Softbälle 7 cm ø
30 Springseile, ohne Holzgriff
15 Indiaca-Tennis

b) Die Nordschule bestellt:
15 Reifen
45 Softbälle 16 cm ø
12 Hüpfbälle
3 Sportkreisel

c) Die Ringschule bestellt:
35 Sets Halbkugeln
24 Dosenstelzen
2 Wackelbretter
8 Hüpfbälle

3 Was würdet ihr bestellen, wenn ihr 1 000 € zur Verfügung hättet? Überlegt mit Überschlag.

■ **1–3** Verschiedene Überschläge vergleichen und besprechen. Zum Überschlagen können Anzahl und/oder Eurobeträge gerundet werden.

1 Berechne, wie viel Euro bei der Ratenzahlung jeweils mehr bezahlt werden müssen.

a)

Familienzelt
345, –
Ratenzahlung monatlich:
12 Raten à 32 Euro

1a)
Ratenpreis 3 8 4 €
– Barpreis 3 4 5 €
Mehrkosten 3 9 €

NR: 3 2 · 1 2
3 2
6 4
3 8 4

Für das Zelt müssen bei Ratenzahlung 39 € mehr bezahlt werden.

b)

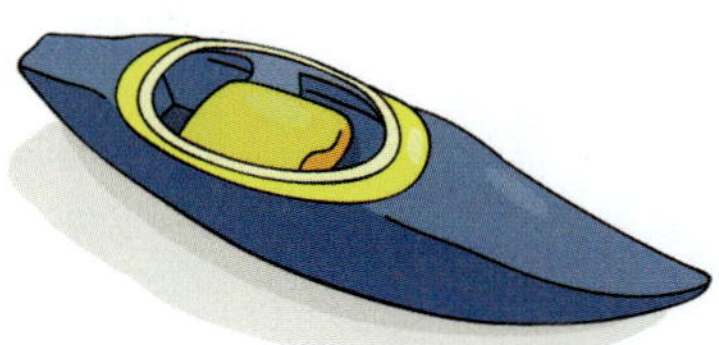

Surfkajak
549, –
Ratenzahlung monatlich:
12 Raten à 51 Euro

c)

Schlafsofa
429, –
Ratenzahlung monatlich:
18 Raten à 28 Euro

d)

City–Bike
429, –
Ratenzahlung: 6 · 77 Euro
oder: 12 · 39 Euro

2 Wie teuer ist geliehenes Geld?

	Kreditsumme	Laufzeit	monatliche Rate
a)	5 000 Euro	12 Monate	451 Euro
b)	5 000 Euro	18 Monate	309 Euro
c)	5 000 Euro	24 Monate	237 Euro
d)	5 000 Euro	30 Monate	196 Euro
e)	5 000 Euro	36 Monate	167 Euro

2a) Kredit: 5 0 0 0 Euro
zurück–zuzahlen: 5 4 1 2 Euro
Zinsen: 4 1 2 Euro

NR: 4 5 1 · 1 2
4 5 1
9 0 2
5 4 1 2

Was ist ein Kredit?
Bei einer Bank kann man Geld leihen.
Das geliehene Geld nennt man Kredit.
Man muss es in Raten an die Bank zurück–bezahlen. Die Bank verlangt aber mehr Geld zurück, als sie gegeben hat. Dieses zusätzliche Geld nennt man Zinsen.
Die Banken leben also davon, dass sie Geld verleihen.
Kredite werden leider oft unüberlegt aufgenommen. Viele Menschen kommen in finanzielle Not, weil sie die Raten nicht mehr zahlen können.

3 Was sollte man sich überlegen, bevor man sich Geld leiht oder etwas auf Raten kauft? Tipps gibt es beim Konsumentenschutz.

■ Sachstrukturierte Übung der Multiplikation. **1, 2** Sachsituationen klären, Aufgaben selbstständig bearbeiten.
3 Lebensweltliche Bedeutung des Themas klären.

Flächeninhalt

1 a) 2 halbe Kästchen haben zusammen den gleichen Flächeninhalt wie 1 ganzes Kästchen. Erkläre.

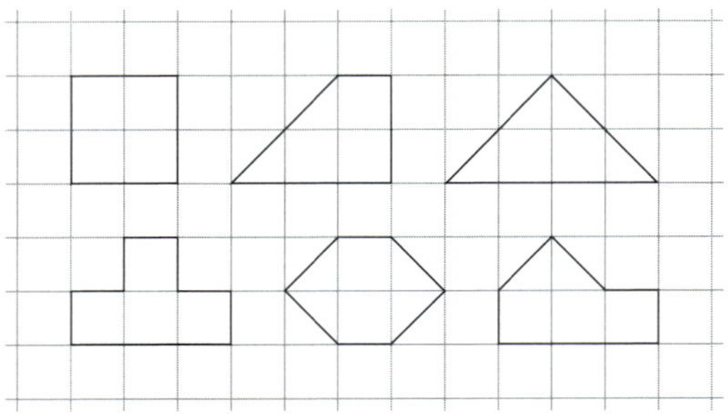

b) Spanne diese Figuren auf dem Geobrett.

c) Warum haben alle sechs Figuren den gleichen Flächeninhalt von 4 Kästchen? Zeige auf dem Geobrett.

2 Welchen Flächeninhalt haben diese Figuren?

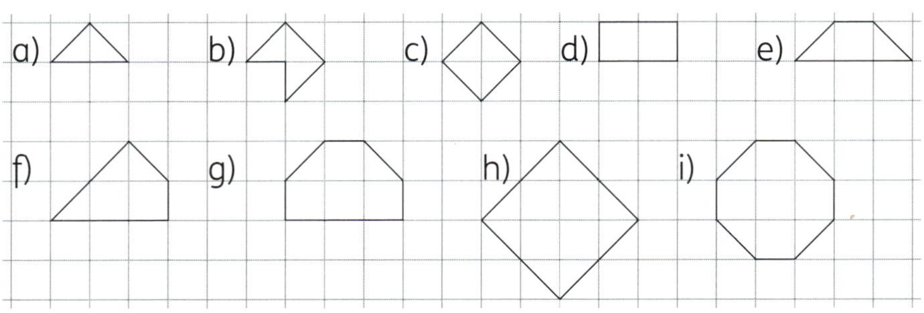

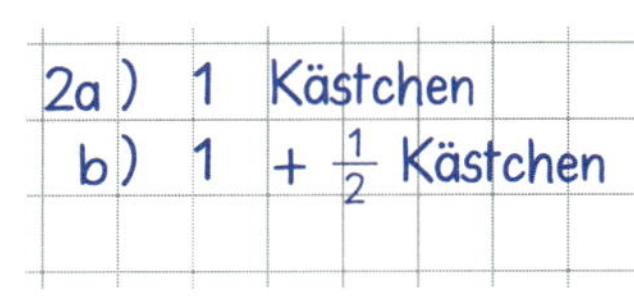

3

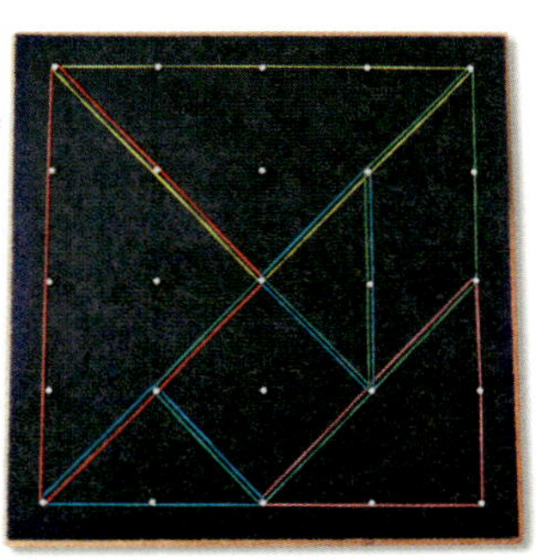

Spanne die Formen des Tangram-Spiels. Übertrage sie auf Kästchenpapier. Welche Flächeninhalte haben sie?

4 Zeichne die Figuren in dein Heft. Bestimme die Flächeninhalte.

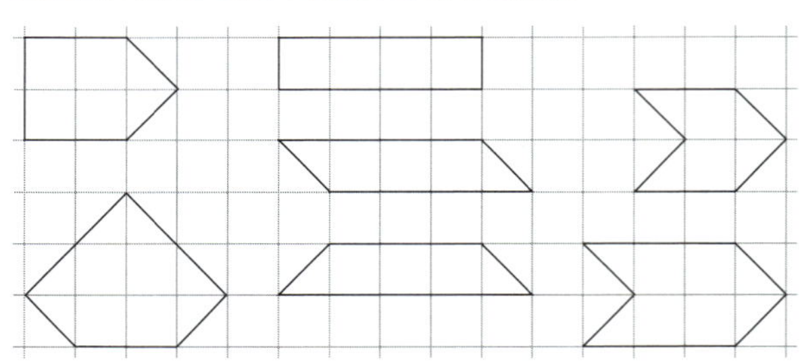

5 Zeichne immer drei verschiedene Figuren mit dem Flächeninhalt

a) 3 Kästchen,

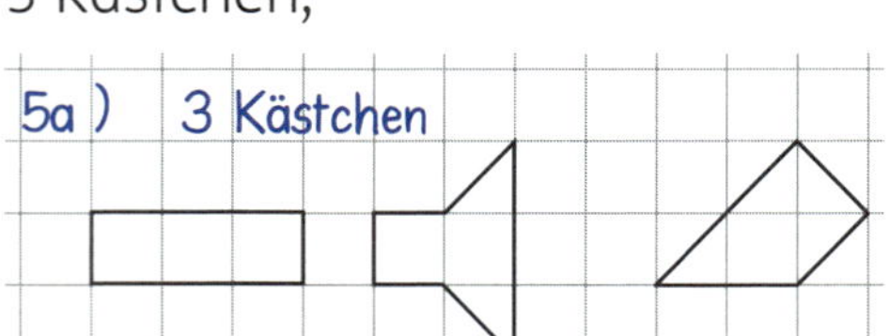

b) $3 + \frac{1}{2}$ Kästchen,
c) 5 Kästchen,
d) $5 + \frac{1}{2}$ Kästchen,
e) 6 Kästchen,
f) $6 + \frac{1}{2}$ Kästchen.

■ **1** Inhaltsgleichheit von 1 Kästchen und 2 halben Kästchen durch Zerlegen und Zusammensetzen verdeutlichen.
2 – 4 Auf genaues Zeichnen achten.

1 Ein Zentimeter hat 10 Millimeter (1 cm = 10 mm).
Wie viel Millimeterquadrate hat ein Zentimeterquadrat?

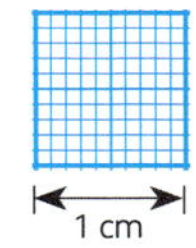

2 Ein Dezimeter hat 10 Zentimeter (1 dm = 10 cm). Zeichne ein Dezimeterquadrat auf kariertes Papier, zerlege es in Zentimeterquadrate und schneide es aus.
Wie viel Zentimeterquadrate passen in das Dezimeterquadrat?

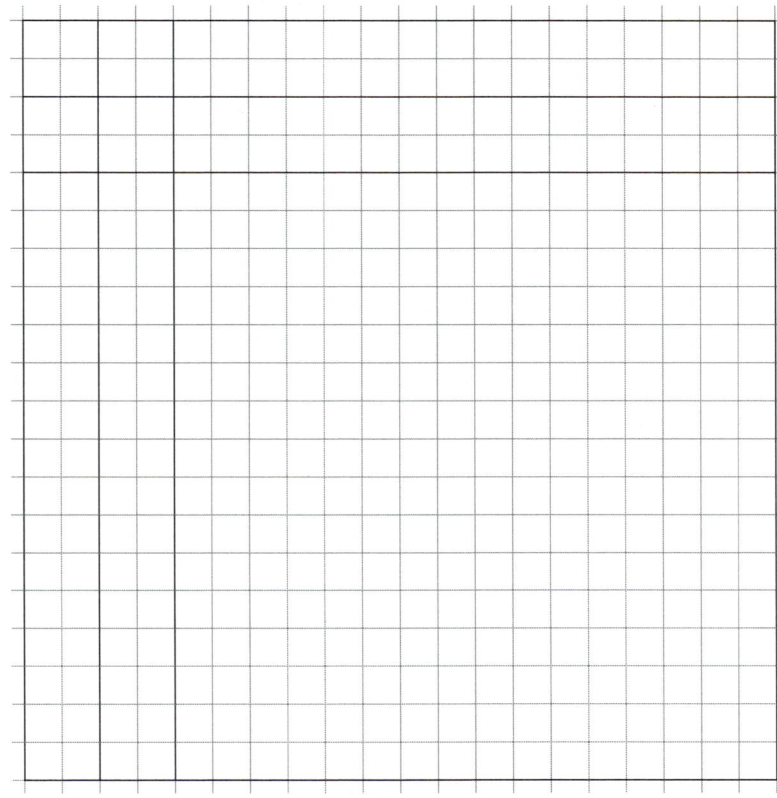

3 Denk dir jedes Zentimeterquadrat deiner Zeichnung wie in Aufgabe **1** mit Millimeterquadraten ausgefüllt.
Wie viel Millimeterquadrate wären das?

4 Bastelt aus Packpapier ein Meterquadrat.
Prüft die Seitenlänge mit einem Meterstab nach.
Legt Dezimeterquadrate auf das Meterquadrat.
Wie viel Dezimeterquadrate sind nötig, um das Meterquadrat auszufüllen?

5 Stellt die Ergebnisse eurer Überlegung in einer Tabelle dar und vergleicht.

1 Zentimeter	=	Millimeter	1 Zentimeterquadrat	=	Millimeterquadrate
1 Dezimeter	=	Zentimeter	1 Dezimeterquadrat	=	Zentimeterquadrate
1 Meter	=	Dezimeter	1 Meterquadrat	=	Dezimeterquadrate

Beschreibt die Gemeinsamkeiten und begründet sie.

! **Im täglichen Leben sagt man für den Flächeninhalt eines Meterquadrates oft Quadratmeter und schreibt m². Entsprechend sagt man auch Quadratzentimeter statt Zentimeterquadrat und schreibt cm².**

1, 2, 4 Handlungsorientiert durch Zerlegung in Streifen lösen. **3** Analogie eines Streifens mit Tausenderbuch aufzeigen. **5** Struktur als unabhängig von der Größe erkennen.

Wie berechnet ihr den Flächeninhalt eures Klassenzimmers?

Wie rechnen die Kinder? Wie rechnest du?

1 Berechnet die Flächen dieser Räume einer Schule.

a) Direktion: Länge 6 m, Breite 5 m

b) Turnsaal: Länge 18 m, Breite 15 m

c) Arztzimmer: Länge 6 m, Breite 6 m

d) Besprechungsraum: Länge 4 m, Breite 3 m

e) Berechnet die Flächen von Räumen in eurer Schule.

2 Berechnet den Flächeninhalt folgender Rechtecke.

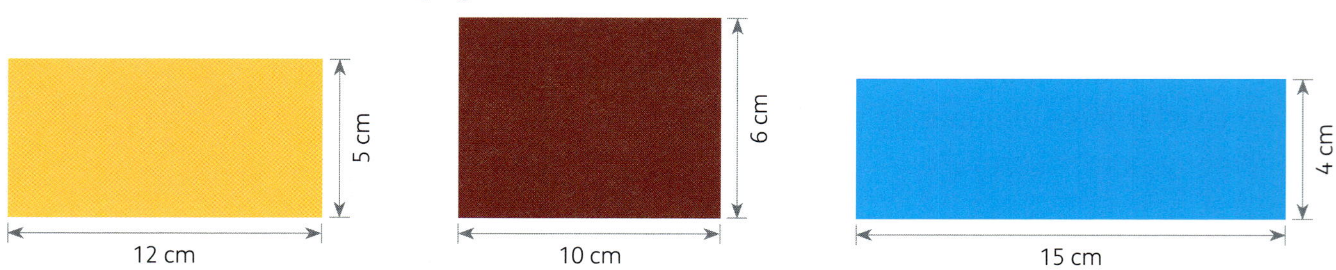

Berechnet auch den Umfang. Vergleicht. Was fällt euch auf?

3 Ein Rechteck ist 24 cm^2 groß. Wie lang und wie breit kann das Rechteck sein?
Es gibt mehrere Möglichkeiten.
Berechnet auch die Umfänge der verschiedenen Rechtecke. Was fällt euch auf?

4 Familie Wallner bekommt eine neue Wohnung. Hier sind die Maße der Räume:

	Vorzimmer	Küche	Wohnzimmer	Schlafzimmer	Kinderzimmer
Länge	3 m	3 m	6 m	4 m	4 m
Breite	2 m	3 m	5 m	3 m	4 m

Für Bad, WC und einen Abstellraum kommen noch 9 m^2 dazu.
Wie groß ist die neue Wohnung?

1 Flächen berechnen. Unterschiedliche Rechenwege besprechen. **2–4** Flächeninhalt und Umfang berechnen, vergleichen. Zusammenhänge besprechen.

Vergrößern und verkleinern von Flächen

1 Zeichne ein Rechteck. Zeichne ein zweites Rechteck, dessen Breite genauso lang ist wie die Breite des ersten Rechtecks und dessen Länge doppelt so lang ist.
Zeichne ein drittes Rechteck, dessen Länge und Breite doppelt so lang sind wie Länge und Breite des ersten Rechtecks.

a) Warum ist der Flächeninhalt des zweiten Rechtecks doppelt so groß wie der Flächeninhalt des ersten?
b) Warum ist der Flächeninhalt des dritten Rechtecks nicht doppelt, sondern viermal so groß wie der Flächeninhalt des ersten?

2 Zeichne ein Rechteck. Zeichne ein zweites Rechteck, dessen Länge genauso lang ist wie die Länge des ersten Rechtecks, dessen Breite aber nur halb so lang ist wie die Breite des ersten.
Zeichne ein drittes Rechteck, dessen Länge und Breite halb so lang sind wie Länge und Breite des ersten Rechtecks. Vergleiche die Flächeninhalte.

3 a) Vergleiche die Länge, die Breite und den Flächeninhalt der DIN-Formate.

	Länge	Breite
DIN A0	1189 mm	841 mm
DIN A1	841 mm	594 mm
DIN A2	594 mm	420 mm
DIN A3	420 mm	297 mm
DIN A4	297 mm	210 mm
DIN A5	210 mm	148 mm
DIN A6	148 mm	105 mm
DIN A7	105 mm	74 mm

b) Wie oft passt eine Postkarte (DIN A6) auf ein DIN A4-Blatt?
c) Wie oft passt ein DIN A7-Blatt auf ein DIN A2-Plakat?

4 Fertige Skizzen an und begründe.
a) Um das Wievielfache vergrößert sich der Flächeninhalt eines Rechtecks, wenn eine der Seiten auf das Dreifache verlängert wird?
b) Um das Wievielfache vergrößert sich der Flächeninhalt eines Rechtecks, wenn beide Seiten auf das Dreifache verlängert werden?

5 Wie ändert sich der Flächeninhalt eines Rechtecks,
a) wenn eine Seite verdoppelt und die andere verdreifacht wird?
b) wenn eine Seite verdoppelt und die andere halbiert wird?
c) wenn beide Seiten verzehnfacht werden?
d) wenn eine Seite verzehnfacht und die andere halbiert wird?

1, 2 Kleinstes Rechteck als Maßeinheit wählen. **3** Struktur der DIN-Formate ausnutzen.
4 Analogie zu Aufgabe 1 aufzeigen. **5** Zunahme des Flächeninhalts an Zeichnungen demonstrieren.
→ Arbeitsheft, Seite 46

1 Aus vier Meterquadraten kann man diese Vierlinge bauen, die alle den gleichen Flächeninhalt haben. Bestimme den Umfang jedes Vierlings.

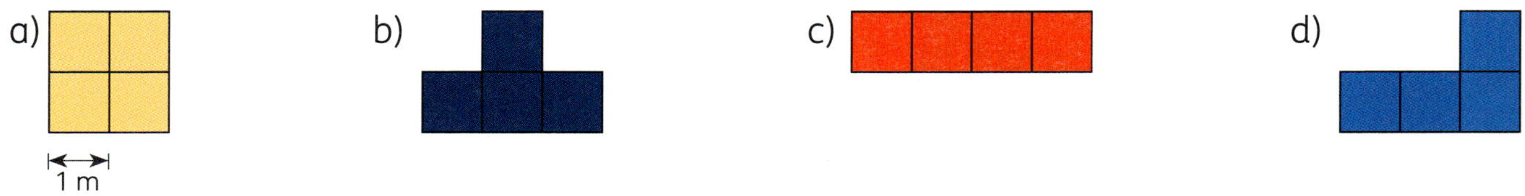

2 Bestimme ebenso den Umfang folgender Sechslinge, die ebenfalls den gleichen Flächeninhalt haben.

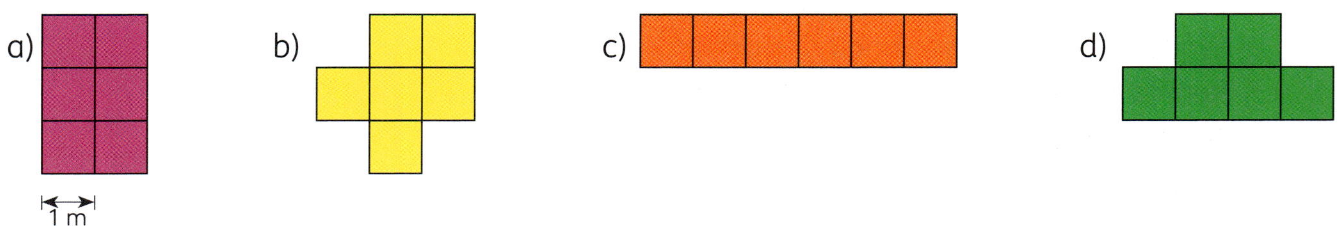

3 Auf kariertes Papier kannst du bequem Formen zeichnen, die aus Zentimeterquadraten zusammengesetzt sind. Zeichne bei jedem Siebenling die 7 Zentimeterquadrate ein und bestimme den Umfang.

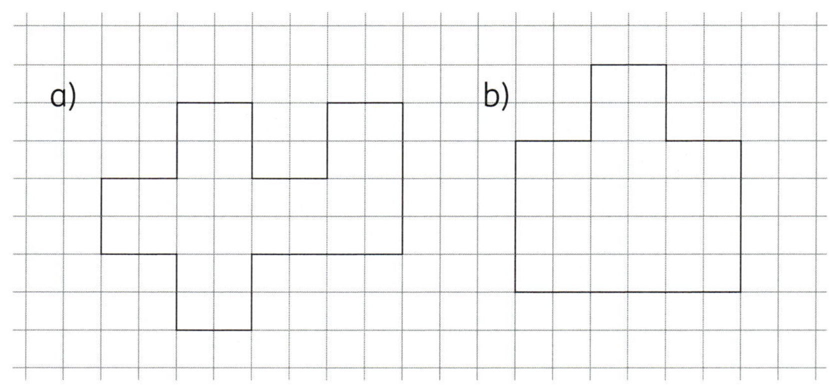

4 Finde einen Siebenling mit dem Umfang 14 cm.

5 Bestimme die Umfänge dieser Neunlinge.

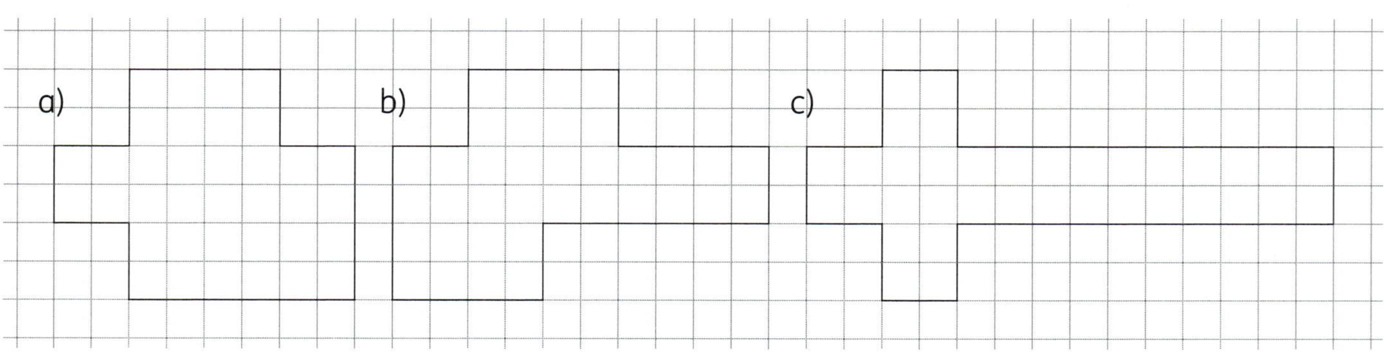

6 Finde auch Neunlinge mit den Umfängen 12 cm und 18 cm.

7 Was unterscheidet bei gleichem Flächeninhalt die Figuren mit kleinem Umfang von jenen mit größerem Umfang?

■ **7** Beobachten, wie sich beim Anfügen eines Quadrates an eine Kante bzw. an zwei Kanten der Umfang verändert.

1

Auf dem Plan rechts siehst du das Spielfeld eines Fußballstadions auf Millimeterpapier.
1 mm auf dem Plan ist in Wirklichkeit 1 m.
1 Millimeterkästchen entspricht einem Quadrat von 1 m Seitenlänge.

a) Wie breit etwa ist das Tor?
b) Wie breit und wie lang etwa ist der Strafraum?
   Wie viele Meterquadrate passen in den Strafraum?
c) Wie breit und wie lang etwa ist das gesamte Spielfeld?
   Wie viele Meterquadrate passen in das Spielfeld?
d) Wie lang ist der Spielfeldrand? (Umfang)

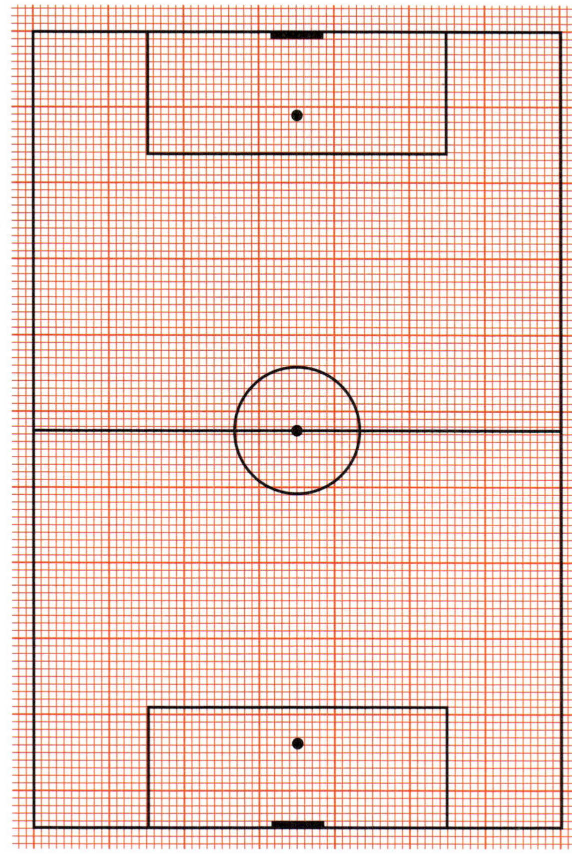

Maßstab 1 : 1 000

2 Zeichne diese Spielfelder auf Millimeterpapier.
Nimm für 1 m in der Wirklichkeit 1 mm in der Zeichnung.
Schneide die Spielfelder aus und lege sie auf den Plan des Fußballfeldes.

a) Wie oft etwa passt ein Tennisplatz auf ein Fußballfeld?
b) Wie groß ist der Umfang jedes Spielfeldes?

Tennisplatz:	36 m lang, 18 m breit
Handballfeld:	42 m lang, 20 m breit
Eishockeyfeld:	58 m lang, 28 m breit
Volleyballfeld:	18 m lang, 9 m breit

3 Große Plätze

	Länge	Breite
Hauptplatz in Linz	219 m	60 m
Autobahnkreuz	385 m	350 m
Hubschrauberlandeplatz	20 m	20 m
Flugzeugstartbahn	3 900 m	60 m
Platz des Himmlischen Friedens in Peking	880 m	500 m
Roter Platz in Moskau	390 m	140 m
Central Park in New York	2 400 m	880 m
Wenzelsplatz in Prag	680 m	60 m

Berechne Umfang und Flächeninhalt.

Hauptplatz von Linz mit Dreifaltigkeitssäule

Große Flächenmaße

In der Landwirtschaft wird die Größe eines Ackers oder der Besitz eines Hofes mit den Flächenmaßen Ar und Hektar angegeben.

1 Ein Ar (1 a) ist der Flächeninhalt eines Quadrates mit 10 m Seitenlänge.

a) Spannt auf dem Schulhof mit einer Schnur ein Quadrat mit 10 m Seitenlänge.
Wie viel Quadratmeter sind das?

b) Wie viel Quadratmeter hat euer Klassenzimmer?
Vergleicht mit einem Ar.

c) Schätzt, wie viel Ar euer Schulhof hat.

2 Ein Hektar (1 ha) ist der Flächeninhalt eines Quadrates mit 100 m Seitenlänge.

Sucht in eurer Umgebung einen Platz, der etwa 1 Hektar groß ist.

a) Wie viel Ar hat er?

b) Vergleicht den Flächeninhalt 1 Hektar mit dem Spielfeld eines großen Fußballstadions.

3

Ein altes Flächenmaß
Früher gab es ein Flächenmaß, das Joch geheißen hat.
1 Joch war jene Fläche, die von einem Ochsengespann an einem einzigen Tag gepflügt werden konnte.
Ältere Menschen am Land kennen und verwenden diesen Ausdruck auch heute noch.
Bei uns waren 1 Joch ungefähr 56 Ar.

a) Ein alter Bauer sagt: „Ich habe einen 5 Joch großen Acker."
Wie viel Ar ist dieser Acker ungefähr groß? Wie viel Quadratmeter?

b) Der Koglerbauer erzählt: „Mein Großvater hat immer gesagt, er habe 25 Joch Grund."
Wie viel Hektar Grund waren das etwa?

■ **1** Durch gedankliches Ausmessen mit Meterquadraten Streifen für Streifen lösen. **2** Name Hektar erklären, Skizze anfertigen. **3** Ein altes Flächenmaß kennenlernen. → Arbeitsheft, Seite 47

1 Um die Größe eines Landes anzugeben, wird als Flächenmaß ein Quadrat mit der Seitenlänge 1 Kilometer benutzt (Kilometerquadrat). Der Flächeninhalt eines solchen Quadrates wird als Quadratkilometer (in Zeichen km²) bezeichnet.

a) Bestimmt auf der Karte eures Ortes ein Kilometerquadrat.

b) Schätzt, wie viel Quadratkilometer euer Ort ungefähr groß ist.

2 In der Tabelle sind die Flächeninhalte der neun österreichischen Bundesländer angegeben:

	Wien	415 km²
1	Niederösterreich	19 174 km²
	Oberösterreich	11 982 km²
	Salzburg	7 154 km²
	Burgenland	3 965 km²
	Steiermark	16 338 km²
	Kärnten	9 536 km²
	Tirol	12 648 km²
	Vorarlberg	2 601 km²

a) Berechne die Gesamtfläche Österreichs.

b) Ordne die Bundesländer der Größe nach.

c) Berechne den Flächenunterschied
zwischen Niederösterreich und Steiermark,
zwischen Burgenland und Vorarlberg,
zwischen Oberösterreich und Tirol,
zwischen Salzburg und Kärnten.

3 In Kärnten gibt es viele Seen.

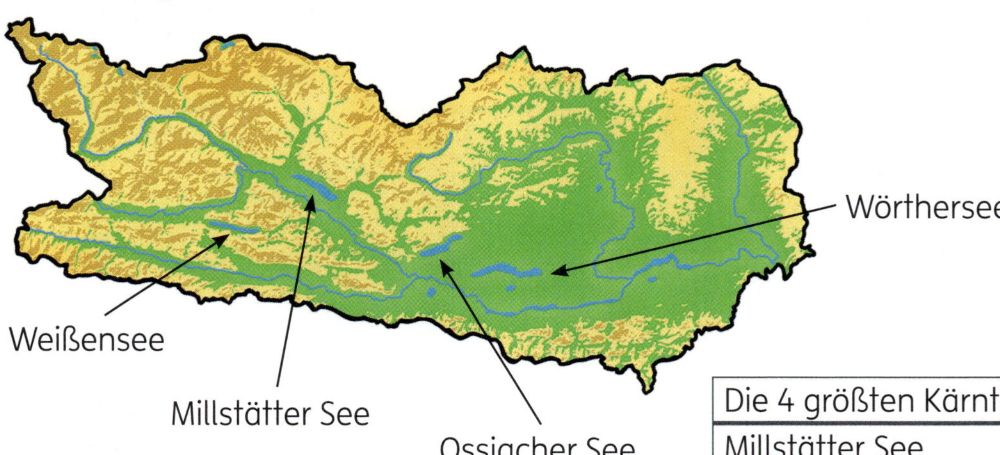

Die 4 größten Kärntner Seen	Größe
Millstätter See	1 328 ha
Ossiacher See	1 079 ha
Wörthersee	1 940 ha
Weißensee	653 ha

a) Gib die Flächeninhalte der Seen in km² und ha an. 3a) 13 km² 28 ha

b) Berechne die Gesamtfläche der vier größten Kärntner Seen.
Vergleiche mit dem Flächeninhalt eines Quadrates mit 7 km Seitenlänge.

c) Überlegt: Wie müsstet ihr die Länge und die Breite eines Rechtecks wählen, das denselben Flächeninhalt wie die vier größten Kärntner Seen haben soll?
Es gibt mehrere Möglichkeiten.

1 An der Karte mit Hilfe des angegebenen Maßstabs lösen, Karte ggf. aus dem Internet herunterladen. **2** Mit dem Flächenmaß km² sachbezogen rechnen. **3** Gemischte Schreibweise von großen Flächen kennenlernen und üben.
→ Arbeitsheft, Seite 48

1 Das ist der Grundriss der Wohnung von Familie Gruber.

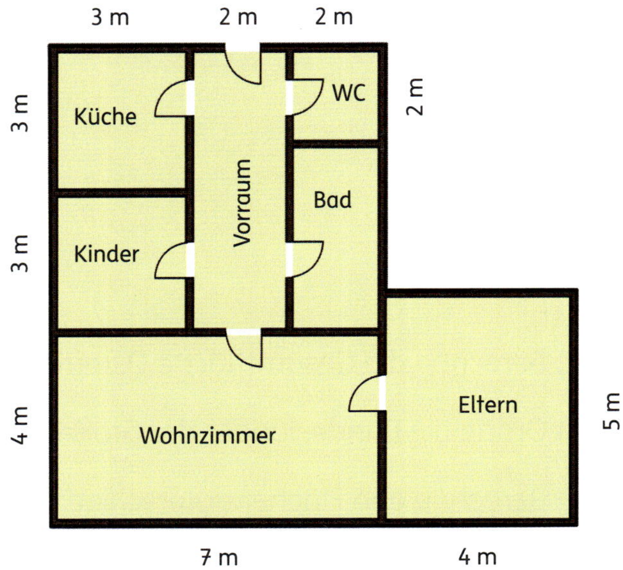

a) Berechne die Fläche der einzelnen Räume.

b) Vergleiche mit den Räumen bei dir zu Hause.

2 Familie Groppenstein sucht eine Wohnung. Sie liest diese Anzeige in der Zeitung:
Auf ihre Zuschrift erhält sie einen Wohnungsgrundriss im Maßstab 1 : 100.
1 cm in der Zeichnung entspricht 100 cm = 1 m in der Wirklichkeit.

Gepfl. 4 Zimmer,
Küche, Bad, Terrasse, in 5-Familienhaus, Wfl. ca. 110 m², frei ab 1.6., Miete 980 Euro + NK + Kaution.
Zuschr. erb. u. 68A0076.

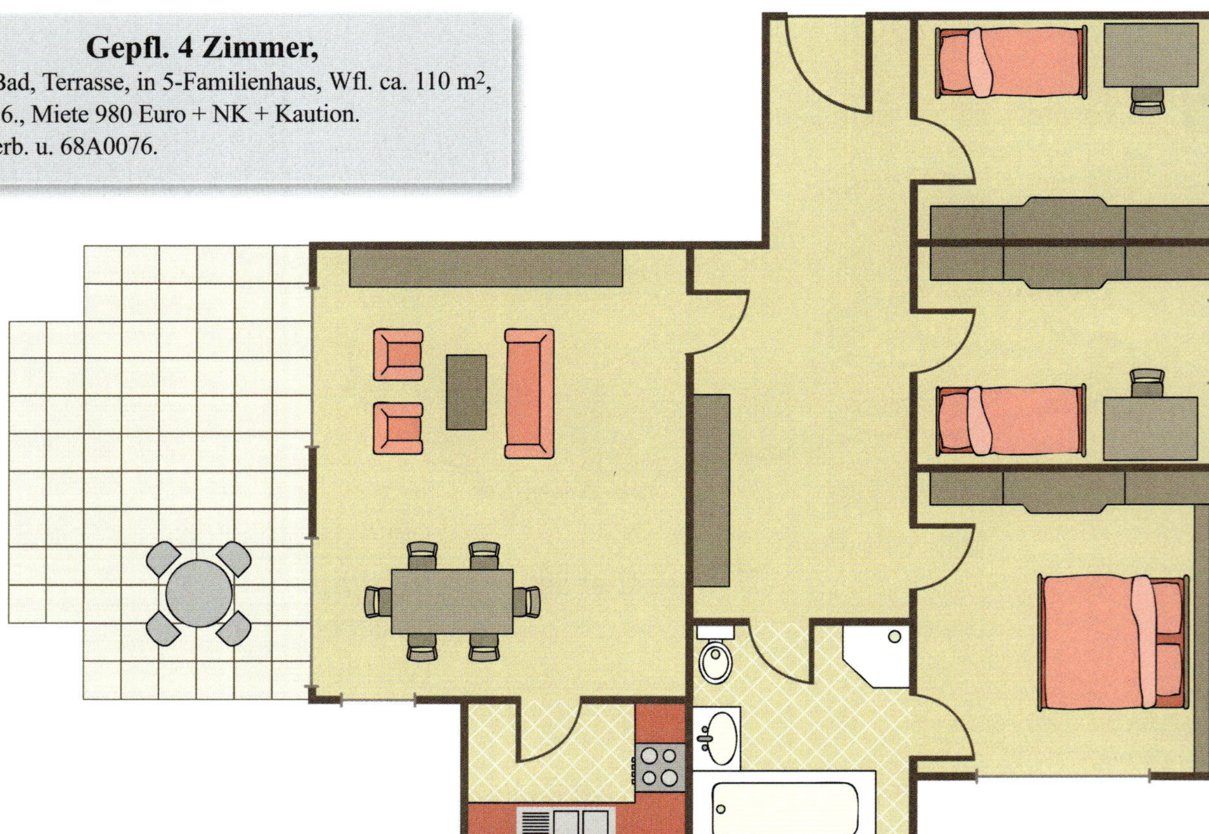

a) Wie lang und wie breit sind die einzelnen Räume und die Terrasse in Wirklichkeit?
b) Überschlage: Wie viele Quadratmeter haben die Räume und die Terrasse?
Vergleiche mit der Anzahl der Quadratmeter in der Anzeige.
c) Die beiden Kinderzimmer sollen mit Teppichfliesen (50 cm x 50 cm) ausgelegt werden.
Wie viele Fliesen werden benötigt?

Sachstrukturierte Übung von Multiplikation und Division. **2** Karopapier verwenden (1 cm für 1 m).
→ Arbeitsheft, Seite 48

1 Trage die verschiedenen Flächeninhalte in eine Stellenwerttafel ein und gib in der jeweils kleinsten Einheit an.

10 m²	1 m²	10 dm²	1 dm²	10 cm²	1 cm²	10 mm²	1 mm²
		1	7	0	8		

a) 17 dm² 8 cm² 35 cm² 20 mm² 8 m² 50 dm²

b) 48 cm² 1 mm² 85 m² 50 dm² 19 m² 3 dm²

c) 3 cm² 25 mm² 2 dm² 7 cm² 20 m² 2 dm²

1a) 1 7 0 8 cm²

2 a) Wie viel m² und dm²?
102 dm², 345 dm², 800 dm²
201 dm², 543 dm², 108 dm²

b) Wie viel dm² und cm²?
410 cm², 250 cm², 700 cm²
140 cm², 520 cm², 107 cm²

c) Wie viel cm² und mm²?
999 mm², 700 mm², 350 mm²
111 mm², 710 mm², 650 mm²

3 Ordne die Flächeninhalte der Größe nach.

a) 2 m² 2 mm² 20 dm² 200 cm² 20 m²

b) 7 cm² 70 mm² 7 m² 700 cm² 7 000 mm²

3a) 2 mm² < 2 0 0 cm² < ...

4 Gib in ha und a an.
Verwende wieder eine Stellenwerttafel.

a) 35 000 m²
12 500 m²
98 700 m²

b) 70 000 m²
20 200 m²
25 250 m²

c) 140 000 m²
280 800 m²
900 090 m²

10 km²	1 km²	10 ha	1 ha	10 a	1 a	10 m²	1 m²
			3	5	0	0	0

4a) 3 ha 5 0 a

5 Der Bodensee ist mit 47 300 ha um 15 800 ha größer als der Neusiedlersee.

a) Wie groß ist der Neusiedlersee?
Gib die Größe beider Seen in km² an.

b) Unser kleines westliches Nachbarland Liechtenstein ist etwa 160 km² groß.
Peter behauptet: „Der Neusiedlersee ist ungefähr doppelt so groß wie Liechtenstein."
Hat er Recht?

6 Ein Fußballfeld muss mindestens 90 m lang und 45 m breit sein.
Es darf allerdings höchstens 120 m lang sein und 90 m breit.

a) Wie groß muss ein Fußballfeld mindestens sein?

b) Wie groß darf ein Fußballfeld höchstens sein?

Im Durchschnitt ist ein Fußballfeld 105 m lang und 68 m breit.

■ **1–4** Umwandlungsaufgaben unter Verwendung einer Stellentafel durchführen. **5, 6** Sachaufgabe lösen.
→ Arbeitsheft, Seite 49

Vor rund 150 Jahren war der Luchs im Böhmerwald völlig ausgerottet. Nun ist es gelungen, den Luchs in dieser Dreiländerregion wieder anzusiedeln. Heute leben dort schätzungsweise mehr als 70 Luchse, davon etwa 10 in Österreich. Weitere Regionen Österreichs, in denen Luchse leben, sind die Gurktaler Alpen und die Karawanken.

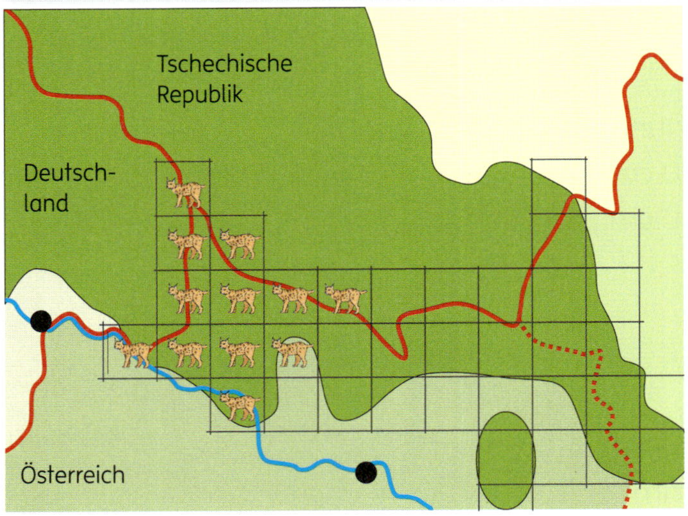

Für Luchse geeignetes Gebiet

 durchschnittliche Reviergröße eines Luchses

1 Vergleiche Größe und Gewicht von Luchs und Schäferhund.

Aussehen:
geflecktes Fell, Pinselohren, Stummelschwanz
Größe:
Schulterhöhe 50–70 cm
Länge: ca. 100 cm
Gewicht: 15–25 kg
Kinderstube:
Einmal im Jahr etwa 2 Junge
Lebensdauer:
5–10 Jahre

2 *Luchsforscher können einzelne Tiere mit Sendern genau orten. So haben sie herausgefunden, dass der Luchs als Einzelgänger in einem eigenen Revier lebt. Dieses Revier ist etwa so groß wie ein Quadrat von 10 km Seitenlänge.*

a) Bestimme auf einer Karte deiner Heimatgemeinde ein Quadrat mit 10 km Seitenlänge (Reviergröße)
b) Wie viele Luchse können etwa in geeigneten Teilen Österreichs ein eigenes Revier finden? Schätze.

3 Wenn in einem Jahr 10 Luchskatzen Junge bekommen:
Wie viele junge Luchse etwa können dann nach einem Jahr auf Reviersuche gehen?
Wie viele erobern sich ein eigenes Revier?
Rechne.

Luchskinder sind besonders gefährdet.
Nur die Hälfte von ihnen erreicht das Alter von einem Jahr. Dann müssen die Jungluchse sich ein eigenes Revier suchen.
Dies schafft wiederum nur die Hälfte.
Die meisten verhungern, werden überfahren oder von streunenden Hunden getötet.

Das Ziffernblatt einer Uhr hat 60 Teile, die Zeichenuhr hat ebenfalls 60 Teile. Mit der Zeichenuhr kannst du schöne Muster zeichnen.

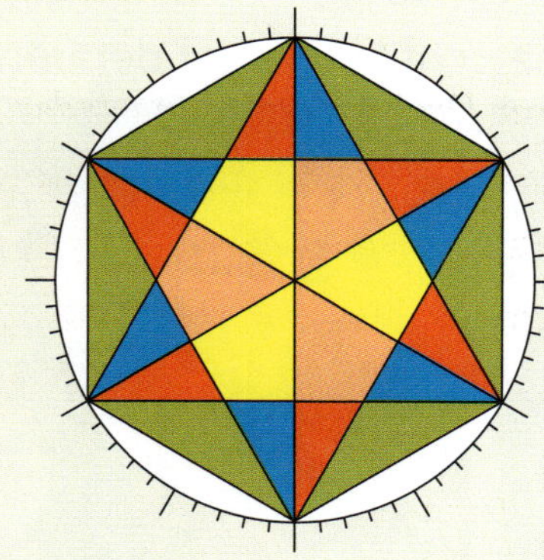

1 a) Teile die Zeichenuhr in drei gleiche Abschnitte. 1a) 6 0 : 3 =
b) Verbinde die Punkte.
c) Welche Form erhältst du?

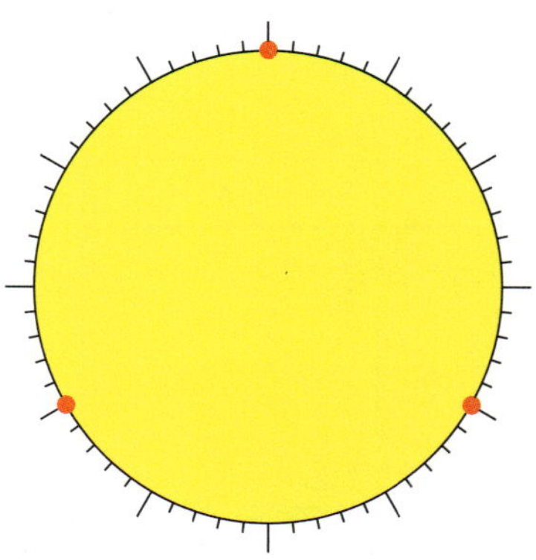

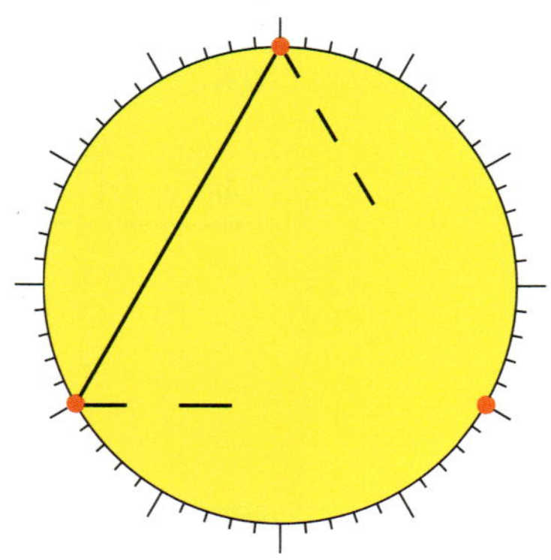

2 Teile wie in Aufgabe **1** die Zeichenuhr
a) in vier gleiche Abschnitte,
b) in acht gleiche Abschnitte,
c) in fünf gleiche Abschnitte,
d) in zehn gleiche Abschnitte,
e) in sechs gleiche Abschnitte,
f) in zwölf gleiche Abschnitte.

Verbinde dann die Punkte.

3 Färbe die in Aufgabe **2** entstandenen Vielecke und schneide sie aus.

4 Klebt aus euren ausgeschnittenen regelmäßigen Vielecken
a) ein Parkett aus Dreiecken,
b) ein Parkett aus Quadraten,
c) ein Parkett aus Sechsecken.

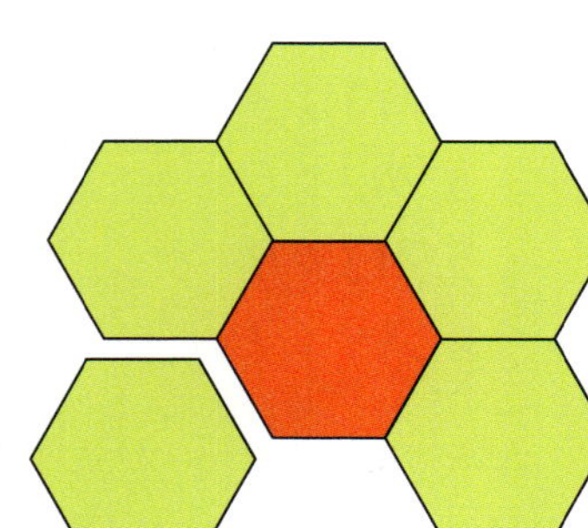

5 Ein Parkett aus regelmäßigen Fünfecken kann man nicht legen. Begründe.

6 Versuche die Parkette von Aufgabe **4** freihand zu zeichnen.

■ Vielecke mithilfe der Zeichenuhr herstellen.

Schriftliche Division

Eine Musikband hat bei einem Konzert einen Gewinn von 9 952 Euro erspielt.
Die acht Mitglieder der Band teilen sich den Betrag. Wie viel Euro erhält jeder?

Halbschriftliche Division:

9 952 € : 8 = ... € Ü: 8 000 € : 8 = ... €

9 952 : 8 =	....	
8 000 : 8 =	1 000	
1 952		
1 600 : 8 =	200	
352		
320 : 8 =	40	
32		
32 : 8 =	4	
0		

Bei der schriftlichen Division wird Stelle für Stelle gerechnet.
Schreibe die Ziffern stellenwertgerecht untereinander.

```
 T H Z E         T H Z E
 9 9 5 2 : 8 =   1 2 4 4
-8
 1 9
-1 6
   3 5
  -3 2
     3 2
    -3 2
       0

P: 1 2 4 4 · 8
     9 9 5 2
```

Stellenwert	Sprich	Schreibe
T	8 in 9 geht 1-mal 1 · 8 = 8 9 − 8 = 1	1 Minus 8 Strich 1
H	Nächste Stelle 9 herunter 8 in 19 geht 2-mal 2 · 8 = 16 19 − 16 = 3	9 2 Minus 16 Strich 3
Z	Nächste Stelle 5 herunter 8 in 35 geht 4-mal 4 · 8 = 32 35 − 32 = 3	5 4 Minus 32 Strich 3
E	Nächste Stelle 2 herunter 8 in 32 geht 4-mal 4 · 8 = 32 32 − 32 = 0	2 4 Minus 32 Strich 0

1 Überschlage zuerst und dividiere dann schriftlich. Mache die Probe.

a) 4 134 : 6
4 734 : 6
5 334 : 6
5 934 : 6

```
1a) Ü: 4 2 0 0 : 6 = 7 0 0
       3 6 0 0 : 6 = 6 0 0

    T H Z E         T H Z E
    4 1 3 4 : 6 =     6 8 9
   -3 6
      5 3
     -4 8
        5 4
       -5 4    P:  6 8 9 · 6
          0      4 1 3 4

    6 0 0 < 6 8 9 < 7 0 0
```

b) 852 : 4
1 278 : 6
1 704 : 8
1 917 : 9

c) 735 : 5
882 : 6
1 029 : 7
1 176 : 8

d) 1 971 : 3
3 942 : 6
5 913 : 9
4 599 : 7

e) 462 : 7
4 662 : 6
44 440 : 5
399 996 : 4

f) 462 : 6
4 662 : 7
44 440 : 8
399 996 : 9

2 Warum müssen die Ergebnisse falsch sein? Prüfe mit einem Überschlag. Korrigiere die Ergebnisse.

a) 4 683 : 7 = 769
b) 8 181 : 9 = 99
c) 8 001 : 9 = 989
d) 4 698 : 6 = 683
e) 2 289 : 7 = 557
f) 7 032 : 8 = 979

■ Aus der halbschriftlichen die schriftliche Division im Klassengespräch entwickeln. Dabei Stellenwerte begründen. **1** Aufgaben schriftlich rechnen, vorher Ergebnisse mit Überschlag einschränken. **2** Ergebnisse mit Überschlag prüfen.

Schriftliche Division mit Nullen

Ü: 2000 : 5 = 400

T H Z E : 5 = T H Z E
2 0 3 5 : 5 = 4 0 7
-2 0
0 3
- 0
3 5
-3 5
0

P: 407 · 5
2035

Stellenwert	Sprich	Schreibe
T	5 in 2 geht 0-mal	
H	5 in 20 geht 4-mal 4 · 5 = 20 20 – 20 = 0	4 Minus 20 Strich 20
Z	Nächste Stelle 3 herunter 5 in 3 geht 0-mal 0 · 5 = 0 3 – 0 = 3	3 0 Minus 0 Strich 3
E	Nächste Stelle 5 herunter 5 in 35 geht 7-mal 7 · 5 = 35 35 – 35 = 0	5 7 Minus 35 Strich 0

Achte auf die Stellenwerte.
Bei 0-mal musst du im Ergebnis auch eine Null schreiben.
An der ersten Stelle des Ergebnisses lässt man die 0 weg.

3 Überschlage und rechne. Vergleiche die Ergebnisse. Mache die Probe.

a) 4 085 : 5; 5 085 : 5; 6 085 : 5; 7 085 : 5
b) 4 072 : 8; 3 054 : 6; 2 036 : 4; 1 527 : 3
c) 76 : 4; 836 : 4; 876 : 4; 8 076 : 4
d) 325 : 5; 5 325 : 5; 10 325 : 5; 15 325 : 5
e) 24 : 6; 198 : 6; 204 : 6; 2 004 : 6
f) 203 : 7; 2 030 : 7; 20 300 : 7; 203 000 : 7
g) 968 : 8; 9 768 : 8; 97 768 : 8; 977 768 : 8
h) 198 : 9; 1 908 : 9; 19 008 : 9; 190 008 : 9
i) 3636 : 1; 7 272 : 2; 14 544 : 4; 29 088 : 8
j) 29 088 : 2; 29 088 : 3; 29 088 : 4; 29 088 : 6
k) 12 048 : 4; 15 060 : 5; 18 072 : 6; 21 084 : 7
l) 54 654 : 6; 63 763 : 7; 72 872 : 8; 81 981 : 9

4 a) Welches Gewicht ist in diesem Aufzug aus Sicherheitsgründen für eine Person durchschnittlich vorgesehen?

b) Berechne ebenso das durchschnittliche Gewicht.

Fahrzeug	Tragfähigkeit	Personenzahl
Personenaufzug	450 kg	6
Personenaufzug	640 kg	8
Personenaufzug	300 kg	4
Seilbahn	574 kg	7
Seilbahn	880 kg	10
Pkw	490 kg	5
Kleinbus	972 kg	9
Reisebus	3 330kg	30
Stadtbus	3 850 kg	50
Segelflugzeug	216 kg	2

Schriftliche Division mit Nullen im Klassengespräch erarbeiten. Mit einem Überschlag vor dem genauen Rechnen können Fehler vermieden werden. **4** Sachstrukturierte Übung der Division.
→ Arbeitsheft, Seite 50

1 Dividiere und vergleiche.

a) 1 306 : 2, 1 959 : 3, 2 612 : 4
b) 3 265 : 5, 3 918 : 6, 4 571 : 7
c) 5 224 : 8, 5 877 : 9, 6 530 : 10
d) 6 530 : 2, 6 530 : 5, 5 877 : 3
e) 5 224 : 2, 5 224 : 4, 3 918 : 2
f) 3 918 : 3, 2 612 : 2, 10 448 : 8

Zur Kontrolle kannst du die Malreihe der Zahl 653 nutzen.

653 · 1	653 · 2	653 · 3	653 · 4	653 · 5	653 · 6	653 · 7	653 · 8	653 · 9	653 · 10
653	1 306	1 959	2 612	3 265	3 918	4 571	5 224	5 877	6 530

2 Dividiere und vergleiche ebenso.

a) 1 458 : 2, 2 187 : 3, 2 916 : 4
b) 3 645 : 5, 4 374 : 6, 5 103 : 7
c) 5 832 : 8, 6 561 : 9, 7 290 : 10
d) 7 290 : 2, 7 290 : 5, 6 561 : 3
e) 5 832 : 2, 5 832 : 4, 4 374 : 2
f) 4 374 : 3, 2 916 : 2, 11 664 : 8

Zur Kontrolle kannst du die Malreihe der Zahl 729 nutzen.

729 · 1	729 · 2	729 · 3	729 · 4	729 · 5	729 · 6	729 · 7	729 · 8	729 · 9	729 · 10
729	1 458	2 187	2 916	3 645	4 374	5 103	5 832	6 561	7 290

3
a) 7 560 : 1, 7 560 : 2, 7 560 : 3, 7 560 : 4, 7 560 : 5
b) 7 560 : 6, 7 560 : 7, 7 560 : 8, 7 560 : 9, 7 560 : 10
c) 3 780 : 4, 3 780 : 3, 2 520 : 3, 1 890 : 2, 1 260 : 3
d) 10 890 : 10, 9 801 : 9, 8 712 : 8, 7 623 : 7, 6 534 : 6
e) 5 445 : 5, 4 356 : 4, 3 267 : 3, 2 178 : 2, 1 089 : 1

4 Gegeben ist die Zahlenfolge:
1, 2, 4, 8, 16, 32, 64, 128, 256, 512, 1 024, 2 048, 4 096, 8 192, 16 384, …
Wähle aus dieser Zahlenfolge eine Zahl größer als 1 000 und dividiere durch 2, durch 4 und durch 8. Vergleiche mit den anderen Zahlen der Folge. Was fällt dir auf?
Beispiel: 4 096

4) 4096 : 2 = 2048
4096 : 4 =

5 Die folgenden Zahlen haben die Ziffernsumme 3:
1 002, 1 011, 1 020, 1 101, 1 110, 1 200, 2 001, 2 010, 2 100, 3 000.
a) Überzeuge dich davon, dass alle Zahlen ohne Rest durch 3 teilbar sind.
b) Addiere immer zwei oder mehr Zahlen und dividiere wieder durch 3. Vergleiche die Ergebnisse.

5b) 3000 + 2001 = 5001
5001 : 3 =

c) Subtrahiere immer zwei Zahlen und dividiere ebenfalls durch 3. Vergleiche die Ergebnisse.

5c) 3000 − 1101 = 1899
1899 : 3 =

■ **1, 2** In den Ergebnissen Muster erkennen und mit den Ergebnissen der Malreihe begründen.
→ Arbeitsheft, Seite 51

1 Überschlage, rechne und mache die Probe.

a) 3 703 : 3
7 037 : 3
10 369 : 3

b) 6 172 : 5
11 728 : 5
17 284 : 5

c) 18 269 : 4
13 826 : 4
9 383 : 4

d) 25 928 : 6
8 641 : 7
18 764 : 8

e) 27 157 : 4
28 392 : 5
27 405 : 6

f) 9 268 : 7
10 592 : 8
11 916 : 9

1a) Ü: 3600 : 3 = 1200
3900 : 3 = 1300

3703 : 3 = 1234 R 1
-3
07
-6
10
-9
13
-12
1

1234 · 3
3702

3702 + 1 = 3703

2

a) 120 : 2
120 : 3
120 : 4
120 : 5
120 : 6

b) 121 : 2
121 : 3
121 : 4
121 : 5
121 : 6

c) 119 : 2
119 : 3
119 : 4
119 : 5
119 : 6

3 Dividiere ebenso durch 2 (3, 4, 5, 6).
a) 720 b) 721 c) 719

4 Dividiere durch 2 (3, ..., 9, 10).
a) 2 520 b) 2 521 c) 2 519

5 a) Welche Zahlen von 1 bis 50 sind Vielfache von 5?
b) Welche haben durch 5 dividiert den Rest 1?

6 a) Welche Zahlen teilen 60 ohne Rest?
b) Welche Zahlen teilen 100 ohne Rest?

c) Welche Zahlen teilen 144 ohne Rest?

7

200 202 204 206 208 210 212 214 216 218

201 203 205 207 209 213 215 217

a) Findet für jede Zahl (außer 211) eine Divisionsaufgabe ohne Rest.

7a) 200 : 2 = 100
200 ist durch 2 teilbar.
209 : 11 = 19
209 ist durch 11 teilbar.

! Zahlen größer 1, die nur durch sich selbst und durch 1 ohne Rest teilbar sind, nennt man Primzahlen.

Die fehlende Zahl 211 ist durch keine Zahl größer als 1 ohne Rest zu teilen, außer durch sich selbst. Die Zahl 211 ist also eine Primzahl.

b) Wie kann man erkennen, ob eine Zahl durch 2 (5, 10) teilbar ist? Beschreibe.

8 Was passiert mit dem Rest?
a) 8 Kinder kaufen gemeinsam ein Geburtstagsgeschenk für 36 Euro. ?
b) 2 130 Autos sollen verladen werden. 8 Autos passen auf einen Transporter. ?
c) Eine Wurstfabrik verteilt 1 500 Luftballons für das Stadtfest an die 7 Schulen eines Ortes. ?

Schreibweise für die schriftliche Division mit Rest besprechen und Kontrolle des Ergebnisses durch Überschlag. **1–4** Divisionen mit und ohne Rest durchführen. **5–8** Teile, Vielfache, Primzahlen.
→ Arbeitsheft, Seite 52

1 8 Familien kaufen ein Klettergerüst für den gemeinsamen Garten.
Sie bezahlen zusammen 414,40 Euro.
Wie viel Euro muss jede Familie bezahlen?
Überschlage zuerst.

414,40 € : 8

Erklärt folgende Rechnung:

1) Ü: 400 € : 8 = 50 €

414,40 € = 41440 c

41440 : 8 = 5180
-40
14
-8
64
-64
00

5180 c = 51,80 €

P: 5180 · 8
41440

Jede Familie muss 51,80 € bezahlen.

2 3 Familien bezahlen für eine Schaukel 1 318,50 Euro. Wie viel Euro muss jede Familie bezahlen?

3 Überschlage. Wandle Euro in Cent um und dividiere. Mache die Probe.

a)	b)	c)	d)
20,88 € : 6	897,00 € : 3	1 256 dm : 2	2 756 dag : 4
38,36 € : 7	897,00 € : 6	1 884 dm : 3	3 152 dag : 4
59,84 € : 8	747,50 € : 5	2 512 dm : 4	3 548 dag : 4
85,32 € : 9	598,00 € : 4	3 140 dm : 5	3 944 dag : 4

4 a) Igor bezahlt für 4 Liter Milch 2,72 Euro. ?

b) Für 7 Kornspitz berechnet die Bäckerin 2,66 Euro. ?

c) Im Sonderangebot kosten 5 Tafeln Schokolade 3,40 Euro.
Der Einzelpreis einer Tafel ist 0,75 Euro. ?

d) In der Kiste erhält man 6 Flaschen Orangensaft für 3,78 Euro. ?

e) Eine Schnur von 25 m Länge soll zu einem Quadrat gespannt werden.
Zeichne eine Skizze und berechne die Seitenlänge des Quadrates.

f) Ein Balken von 5 m Länge wird in 4 gleiche Teile zersägt.
Bei jedem Schnitt gehen 4 mm Holz verloren. Wie lang sind die Teile ungefähr?

g) Ein sparsames Auto verbraucht auf 100 km durchschnittlich 4 Liter Benzin.
Wie weit fährt es mit einer Tankfüllung von 50 Litern?

■ Schriftliche Division auf Kommazahlen übertragen. Dabei Euro in Cent verwandeln. → Arbeitsheft, Seite 53

1 Wie rechnet ihr a) 98 · 23 b) 36 · 47 c) 7 021 : 7 d) 2 452 : 4?

a) 98 · 23

2 300 – 46

Lea

Markus

```
100 · 23 = 2300
  2 · 23 =   46
---------------
 98 · 23 = 2254
```

Oskar

```
 98 · 23
196
 294
--------
2254
```

b) 36 · 47

Ron

```
 36 · 47
144
 252
-------
1692
```

1 800 – 108 = 1 692

Alexa

Charlotte

·	40	7	
30	1200	210	1410
6	240	42	282
			1692

c) 7 021 : 7

7 000 : 7 = 1 000
21 : 7 = 3
also 1 003.

Lars

Özgül

```
7000 : 7 = 1000
  21 : 7 =    3
---------------
7021 : 7 = 1003
```

Jan

```
 7021 : 7 = 1003
-7
 00
- 0
  02
 - 0
   21
  -21
    0
```

d) 2 452 : 4

Anna

```
 2452 : 4 = 613
-24
  05
 - 4
   12
  -12
    0
```

2 452 : 2 = 1 226
1 226 : 2 = 613

Otto

Veronika

```
2400 : 4 = 600
  40 : 4 =  10
  12 : 4 =   3
--------------
2452 : 4 = 613
```

Wie rechnen die Kinder? Vergleicht mit euren Rechenwegen.

2 Rechne vorteilhaft.

a) 68 · 51
64 · 19

b) 1 104 · 13
147 · 101

c) 8 016 : 4
9 369 : 3

3 Finde noch mehr Aufgaben mit gleichem Ergebnis.

a) 16 · 40
32 · 20

b) 24 · 18
12 · 36

c) 190 : 5
380 : 10

4 Schreibe selbst Aufgaben auf, die du im Kopf rechnen kannst, und Aufgaben, die du schriftlich rechnest. Was sagt deine Partnerin oder dein Partner dazu?

■ Unterschiedliche Rechenwege erklären und nach Rechenaufwand vergleichen (Mathekonferenz).
→ Arbeitsheft, Seite 54

Division durch zweistellige Zahlen

1 Wenn man die Malreihe von 12 kennt, kann man Divisionsaufgaben durch 12 wie bei einstelligen Zahlen lösen. Erkläre.

1 · 12	2 · 12	3 · 12	4 · 12	5 · 12	6 · 12	7 · 12	8 · 12	9 · 12	10 · 12
12	24	36	48	60	72	84	96	108	120

1)

ZT T H Z E   ZT T H Z E

18804 : 12 = 1567
- 12
68
- 60
80
- 72
84
- 84
0

P: 1567 · 12
1567
3134
18804

Stellenwert	Sprich	Schreibe
ZT	12 in 1 geht 0-mal	
T	12 in 18 geht 1-mal 1 · 12 = 12 18 – 12 = 6	1 12 Strich 6
H	Nächste Stelle 8 herunter 12 in 68 geht 5-mal 5 · 12 = 60 68 – 60 = 8	8 5 60 Strich 8
Z	Nächste Stelle 0 herunter 12 in 80 geht 6-mal 6 · 12 = 72 80 – 72 = 8	0 6 72 Strich 8
E	Nächste Stelle 4 herunter 12 in 84 geht 7-mal 7 · 12 = 84 84 – 84 = 0	4 7 84 Strich 0

2 Rechne ebenso. Mache die Probe.

a) 14 808 : 12   28 140 : 12
b) 41 472 : 12   54 804 : 12
c) 3 852 : 12   5 184 : 12
d) 6 528 : 12   3 264 : 12
e) 9 504 : 12   4 752 : 12

3 Rechne und vergleiche mit **1**.

Start 18 804 → : 3 → .... → : 4 → Ziel ....
Start 18 804 → : 4 → .... → : 3 → Ziel ....

Start 18 804 → : 2 → .... → : 6 → Ziel ....
Start 18 804 → : 6 → .... → : 2 → Ziel ....

4 Bei den Zehnerzahlen nutzt man das Zehnereinmaleins. Beispiel: 12 840 : 60.
Rechne mit der 60er-Reihe wie bei der Division durch einstellige Zahlen Stelle für Stelle.

4)

ZT T H Z E   ZT T H Z E

12840 : 60 = 214
- 120
84
- 60
240
- 240
0

P: 214 · 60
12840

Stellenwert	Sprich	Schreibe
ZT	60 in 1 geht 0-mal	
T	60 in 12 geht 0-mal	
H	60 in 128 geht 2-mal 2 · 60 = 120 128 – 120 = 8	2 120 Strich 8
Z	Nächste Stelle 4 herunter 60 in 84 geht 1-mal 1 · 60 = 60 84 – 60 = 24	4 1 60 Strich 24
E	Nächste Stelle 0 herunter 60 in 240 geht 4-mal 4 · 60 = 240 240 – 240 = 0	0 4 240 Strich 0

5 Rechne ebenso. Mache die Probe.

a) 14 040 : 60   20 700 : 60
b) 34 020 : 60   47 340 : 60
c) 26 640 : 60   13 320 : 60
d) 6 660 : 60   33 300 : 60
e) 53 280 : 60   23 280 : 60

■ Ausblick auf die Division durch zweistellige Zahlen am Beispiel der Division durch 12 und durch 60.
→ Arbeitsheft, Seite 55

1 Schreibe zuerst immer wie auf Seite 106 die Reihe des Teilers auf. Mache auch die Probe.

a)	b)	c)	d)	e)	f)
10 725 : 11	9 630 : 15	9 919 : 13	4 844 : 14	1 968 : 16	6 784 : 8
9 504 : 11	12 960 : 15	8 918 : 13	7 602 : 14	3 936 : 16	6 784 : 16
8 283 : 11	6 300 : 15	7 917 : 13	2 926 : 14	7 072 : 16	6 784 : 32

a)

1 · 11	2 · 11	3 · 11	4 · 11	5 · 11
11	22	33	44	55

6 · 11	7 · 11	8 · 11	9 · 11	10 · 11
66	77	88	99	110

```
ZT T H Z E            ZT T H Z E
 1 0 7 2 5 : 1 1 =          9 7 5
   9 9
     8 2
     7 7            P:  9 7 5 · 1 1
       5 5              9 7 5
       5 5                9 7 5
         0            1 0 7 2 5
```

2 Früher gab es weder Taschenrechner noch Computer. Deshalb mussten die Leute sehr viel schriftlich rechnen. Um weniger schreiben zu müssen, wurde die Division noch weiter verkürzt. Dabei werden nur noch die Reste stellenwertgerecht aufgeschrieben, die man zum Weiterrechnen benötigt.
Vergleiche mit den ausführlichen Schreibweisen auf den Seiten 100 und 106.

```
T H Z E         T H Z E
9 9 5 2 : 8 =   1 2 4 4
1 9
  3 5
    3 2
      0

P: 1 2 4 4 · 8
   9 9 5 2
```

Stellenwert	Sprich	Schreibe
T	8 in 9 geht 1-mal 1 · 8 = 8, 8 + 1 = 9	1 1
H	Nächste Stelle 9 herunter 8 in 19 geht 2-mal 2 · 8 = 16, 16 + 3 = 19	9 2 3
Z	Nächste Stelle 5 herunter 8 in 35 geht 4-mal 4 · 8 = 32, 32 + 3 = 35	5 4 3
E	Nächste Stelle 2 herunter 8 in 32 geht 4-mal 4 · 8 = 32, 32 + 0 = 32	2 4 0

```
ZT T H Z E             ZT T H Z E
 1 8 8 0 4 : 1 2 =        1 5 6 7
   6 8
     8 0
       8 4
         0

P: 1 5 6 7 · 1 2
   1 5 6 7
     3 1 3 4
   1 8 8 0 4
```

Stellenwert	Sprich	Schreibe
ZT	12 in 1 geht 0-mal	
T	12 in 18 geht 1-mal 1 · 2 = 2, 2 + 6 = 8 1 · 1 = 1, 1 + 0 = 1	1 6
H	Nächste Stelle 8 herunter 12 in 68 geht 5-mal 5 · 2 = 10, 10 + 8 = 18, bleibt 1 5 · 1 = 5, 5 + 1 = 6, 6 + 0 = 68	8 5 8
Z	Nächste Stelle 0 herunter 12 in 80 geht 6-mal 6 · 2 = 12, 12 + 8 = 20, bleibt 2 6 · 1 = 6, 6 + 2 = 8, 8 + 0 = 8	0 6 8
E	Nächste Stelle 4 herunter 12 in 84 geht 7-mal 7 · 2 = 14, 14 + 0 = 14, bleibt 1 7 · 1 = 7, 7 + 1 = 8, 8 + 0 = 8	4 7 0

Versuche, Aufgaben deiner Wahl von den Seiten 100–107 ebenfalls verkürzt zu rechnen. Überprüfe vor allem die Reste und das Ergebnis.

■ **1, 2** Division durch zweistellige Zahlen und weitere Möglichkeiten zur Verkürzung der Sprech- und Schreibweise. → Arbeitsheft, Seiten 56, 57

1

eine ganze Pizza | eine halbe Pizza | eine viertel Pizza

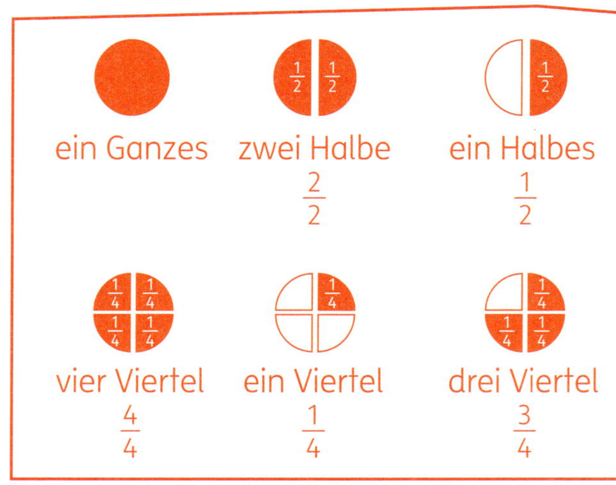

a) Eine Pizza soll an 2 Kinder verteilt werden.

b) Zwei Pizzas sollen an 4 Kinder verteilt werden.

c) Drei Pizzas sollen an 4 Kinder verteilt werden.

2 Berechne.

a) 1 m = 100 cm
$\frac{1}{2}$ m = ...
$\frac{1}{4}$ m = ...
$\frac{3}{4}$ m = ...

b) 1 km = 1000 m
$\frac{1}{2}$ km = ...
$\frac{1}{4}$ km = ...
$\frac{3}{4}$ km = ...

c) 1 kg = 1000 g
$\frac{1}{2}$ kg = ...
$\frac{1}{4}$ kg = ...
$\frac{3}{4}$ kg = ...

3

a) 1 h = 60 min
$\frac{1}{2}$ h = ...
$\frac{1}{4}$ h = ...
$\frac{3}{4}$ h = ...

b) 1 min = 60 s
$\frac{1}{2}$ min = ...
$\frac{1}{4}$ min = ...
$\frac{3}{4}$ min = ...

c) 1 Jahr = 12 Monate
$\frac{1}{2}$ Jahr = ...
$\frac{1}{4}$ Jahr = ...
$\frac{3}{4}$ Jahr = ...

d) 1 Jahr = 52 Wochen
$\frac{1}{2}$ Jahr = ...
$\frac{1}{4}$ Jahr = ...
$\frac{3}{4}$ Jahr = ...

4

ein ganzer Liter | ein halber Liter | ein viertel Liter | ein achtel Liter

a) Ein Liter Saft soll an 2 (4, 8) Kinder verteilt werden.
b) Zwei Liter Saft sollen an 4 Kinder verteilt werden.
c) Drei Liter Saft sollen an 6 Kinder verteilt werden.
d) Zwei Liter Saft sollen an 8 Kinder verteilt werden.
e) Drei Liter Saft sollen an 8 Kinder verteilt werden.

5 Der Glaser kann runde Butzenscheiben halbieren und vierteln.
Wie viele ganze Butzenscheiben braucht er für das Fenster?

6 Bilde von den 400 Punkten des Vierhunderterfeldes
a) ein Viertel, b) drei Viertel, c) ein Fünftel, d) ein Zehntel.
Zeige die Punkte am Vierhunderterfeld im Umschlag.

1–6 Kennenlernen der Brüche $\frac{1}{2}$, $\frac{1}{4}$, $\frac{3}{4}$, $\frac{1}{5}$, $\frac{1}{10}$. **4–6** Nutzung von Brüchen bei Sachaufgaben.

1 Zerlege Kreise in zwei, drei, vier, fünf, sechs, acht und zehn gleiche Teile und schneide sie aus.

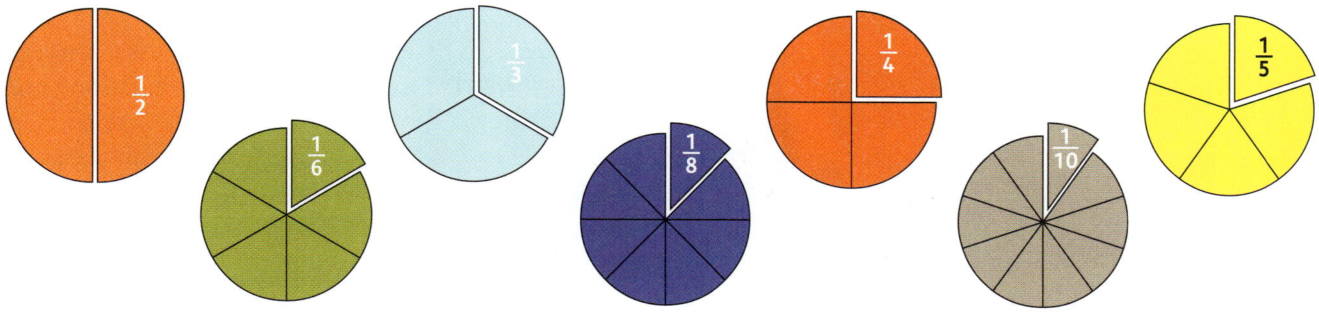

2 Setze aus verschiedenen Bruchteilen einen Kreis zusammen.
Schreibe die Brüche auf.
Finde verschiedene Möglichkeiten.

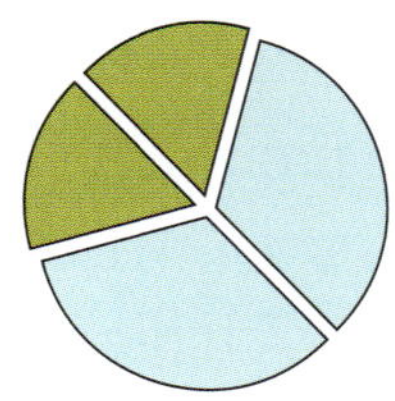

2) $\frac{1}{6} + \frac{1}{6} + \frac{1}{3} + \frac{1}{3}$

3 Setze aus verschiedenen Bruchteilen einen halben Kreis zusammen.
Schreibe die Brüche auf. Finde verschiedene Möglichkeiten.

4 Was ist gleich?

a)

30 min	$\frac{3}{4}$ h	$\frac{1}{6}$ min
60 s	$\frac{1}{4}$ min	10 s
15 s	1 min	$\frac{1}{2}$ h
45 min		

4a) 30 min $= \frac{1}{2}$ h

b)

5 cm	1 dm	$\frac{1}{10}$ m
$\frac{1}{5}$ m	500 m	20 cm
10 cm	$\frac{1}{4}$ m	$\frac{1}{2}$ km
$\frac{1}{2}$ dm	25 cm	

c)

$\frac{1}{10}$ kg	100 g
$\frac{1}{8}$ kg	500 g
$\frac{1}{2}$ kg	$\frac{1}{5}$ kg
250 g	125 g
200 g	$\frac{1}{4}$ kg

5 Wie groß ist der Anteil der einzelnen Farben?

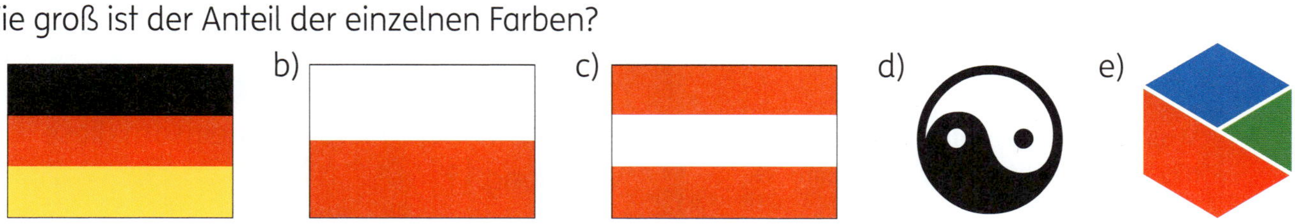

a) Deutschland b) Polen c) Österreich d) Yin und Yang e) Logo

5a) schwarz: $\frac{1}{3}$, rot: $\frac{1}{3}$, gold: $\frac{1}{3}$

6 a) Die Zahl 6 ist kleiner als 8.
Vergleiche die Brüche $\frac{1}{6}$ und $\frac{1}{8}$.
b) Welcher Bruch ist kleiner, $\frac{1}{10}$ oder $\frac{1}{100}$? Begründe.
c) Kannst du noch kleinere Brüche finden?

7 a)

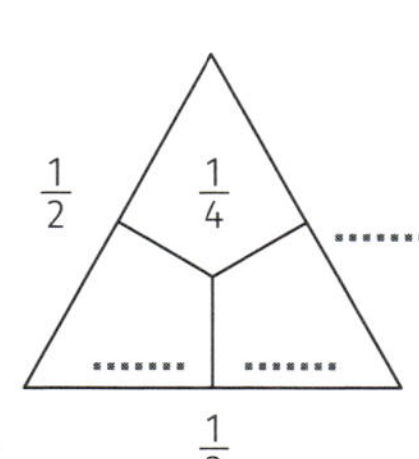

b)

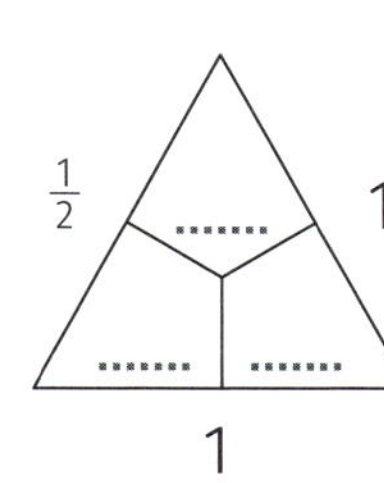

■ Brüche mithilfe der Zeichenuhr (Beilage) herstellen. Sprechweise der Brüche klären.

1

Neuer Kanal gebaut

Dank des neuen Abwasserkanals wird es in Zukunft in der Neumarktstraße keine überfluteten Keller mehr geben. Einziger Haken an der Sache: Die Kosten von 45 000 Euro müssen auf 9 Häuser verteilt werden.

Berechne die Kosten pro Haus.

2 5 Mietparteien wollen sich die Kosten für 2 Biokomposter von je 170 Euro teilen. ?

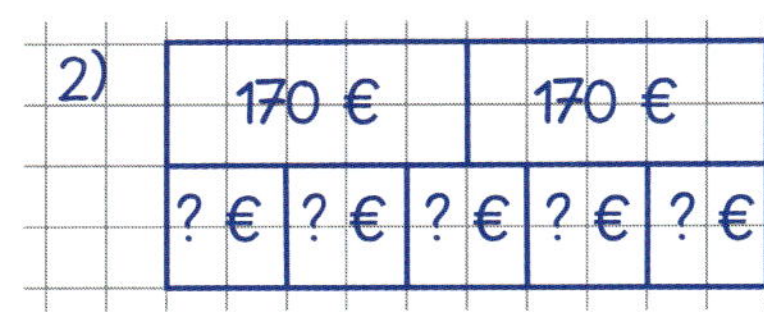

3 5 Nachbarfamilien in Reihenhäusern schaffen sich gemeinsam einen geräuscharmen Rasenmäher für 1 315 Euro an. ?

4 Nebenkosten für Mieter entstehen jährlich:

Im Haus Nr. 7 werden sie bei gleich großen Wohnungen und Familien gleichmäßig auf die 8 Mietparteien verteilt.

a) Wie viel musste die Mietpartei bezahlen?

b) Jede Partei hat monatlich 145 Euro Nebenkosten im Voraus bezahlt. Vergleiche mit der Jahresrechnung.

Haus Nr. 7	8 Mieter
Heizung	8 800 €
Wasser	1 680€
Müllabfuhr	1 500 €
Rauchfangkehrer	290 €
Versicherung	1 760 €
Sonstige Nebenkosten	210 €

5 **Wohnung zu vermieten.** 3 Zi. KB, Balkon, 675,– Euro Kaltmiete und 105,– Euro NK

3 Studentinnen mieten gemeinsam diese Wohnung. ?

6 Berechne die jährlichen Nebenkosten für jede Mietpartei.

Haus Nr. 4	5 Mieter
Heizung	5 700 €
Wasser	950 €
Müllabfuhr	830 €
Rauchfangkehrer	150 €
Versicherung	125 €
Sonstiges	250 €

Haus Nr. 5	4 Mieter
Heizung	4 200 €
Wasser	820 €
Müllabfuhr	740 €
Rauchfangkehrer	640 €
Versicherung	210 €
Sonstiges	200 €

Haus Nr. 9	6 Mieter
Heizung	6 300 €
Wasser	1 290 €
Müllabfuhr	1 230 €
Rauchfangkehrer	270 €
Versicherung	180 €
Sonstiges	300 €

■ Sachstrukturierte Übung der Division. Streifenmodell in **2** besprechen.

Herr und Frau Gruber überlegen mit ihren Kindern Jonas (11 Jahre) und Eva (9 Jahre), wo sie den nächsten Urlaub verbringen wollen.

1 a) Wie viel müsste Familie Gruber für einen 14-tägigen Urlaub im sonnigen Süden bezahlen?

b) Für weitere Ausgaben (Getränke, Eintritt, Essen, ...) rechnet Familie Gruber mit 30 € pro Tag. ?

c) Berechne die Kosten für einen 3-wöchigen Urlaub.

HOTEL MARE

1 Woche im sonnigen Süden

pro Person (inklusive Flug und Halbpension)	620 €
1 Verlängerungswoche	290 €
Preis für Kinder bis 15 Jahre (pro Woche) (inklusive Flug und Halbpension)	260 €

2 a) Wie viel würde Familie Gruber für 14 Tage Urlaub in den Bergen bezahlen?

b) Für weitere Ausgaben (Getränke, Lebensmittel, Bergbahnfahrten, ...) rechnet Familie Gruber mit 30 € pro Tag. ?

c) Das Reiseziel ist 420 km entfernt. Sie fahren in einer Stunde 80 km. Wie lange dauert die Anfahrt ungefähr?

d) Das Auto verbraucht etwa 6 l auf 100 km. Wie viel muss Familie Gruber für Benzin bezahlen, wenn ein Liter 1,30 € kostet? Überschlage.

FERIENHAUS IN DEN BERGEN

Gemütliches Ferienhaus mit 5 Betten, Küche und geräumigem Wohnraum

am Tag für	60 €
Dazu berechnen wir extra:	
Vermittlung	50 €
Endreinigung	40 €

3 a) Wie viel kostet die 7-Tage-Tour für Familie Gruber? Wie viele Kilometer müssen pro Tag etwa zurückgelegt werden?

b) Wie viele kostet die 11-Tage-Tour für Familie Gruber? Wie viele Kilometer müssen pro Tag etwa zurückgelegt werden?

DIE DONAU-RADWEGE

350 km entlang der Donau von Wien bis Passau

Leistungen: Fahrradverleih, Übernachtung mit Halbpension, Gepäckservice, Bahnfahrt von Passau zurück nach Wien

in 7 Tagen für	475 €/Person
in 11 Tagen für	665 €/Person

Kinder unter 12 Jahren fahren zum halben Preis.

4 Plane selbst einen Urlaub für deine Familie.

■ **1–4** Angebote kritisch überprüfen, vergleichen und auf eigene Familie beziehen. Weitere Angebote im Katalog oder im Internet.

Aussaat mit dem Traktor

Reife Weizenähren

Ernte mit dem Mähdrescher

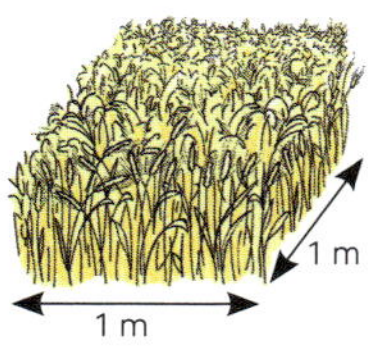

Weizen-Ertrag bei gutem Boden
Auf einem Quadrat von 1m Seitenlänge wachsen durchschnittlich 390 Halme mit 45 Körnern pro Ähre.
1 000 Körner wiegen durchschnittlich 48 g.

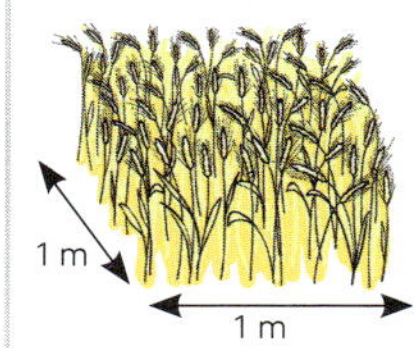

Weizen-Ertrag bei schlechtem Boden
Auf einem Quadrat von 1m Seitenlänge wachsen durchschnittlich 360 Halme mit 35 Körnern pro Ähre.
1 000 Körner wiegen durchschnittlich 42 g.

1 Wie viele Körner werden durchschnittlich auf einem Quadratmeter geerntet
a) auf gutem Boden, b) auf schlechtem Boden?

2 Wie viele Gramm Weizen werden durchschnittlich auf einem Quadratmeter geerntet
a) auf gutem Boden, b) auf schlechtem Boden?

3 Zählt 1 000 Weizenkörner und wiegt sie.
Das Mehl aus 1 000 Körnern reicht ungefähr für eine Semmel. ?

4 Durchschnittlicher Brotverbrauch pro Kopf und Jahr:

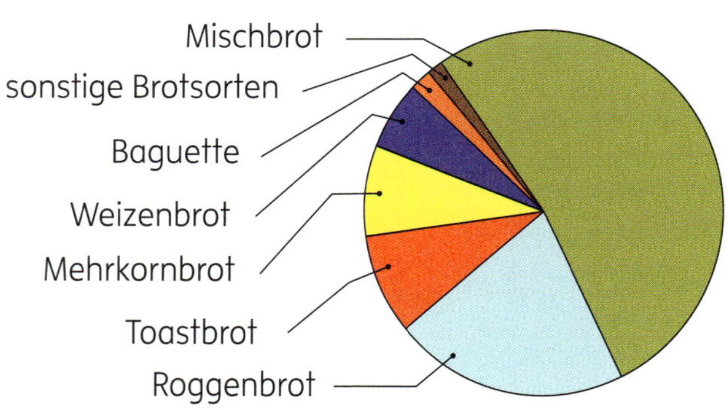

Brotsorte	Gewicht
Mischbrot	42 kg
Roggenbrot	17 kg
Toastbrot	7 kg
Mehrkornbrot	6 kg
Weizenbrot	5 kg
Baguette	2 kg
sonstige Brotsorten	1 kg

a) Vergleicht die Tabelle mit dem Diagramm. Welche Vor- und Nachteile haben die Darstellungen
b) Wie viele kg Brot isst eine Person durchschnittlich im Jahr?
c) Überlegt: Wie viel Brot esst ihr am Tag? Wiegt es mit einer Haushaltswaage ab.
d) Wie viele kg Brot esst ihr etwa in einem Jahr? Macht eine grobe Überschlagsrechnung.

5 Immer mehr Weizen wird nicht zur Herstellung von Lebensmitteln verwendet, sondern zur Gewinnung von Energie. Was sagt ihr dazu?

■ Weitere Informationen und aktuelle Daten im Internet suchen. Die Kinder zum Nachdenken über unsere Lebensgrundlagen anregen.

Kühe auf der Weide

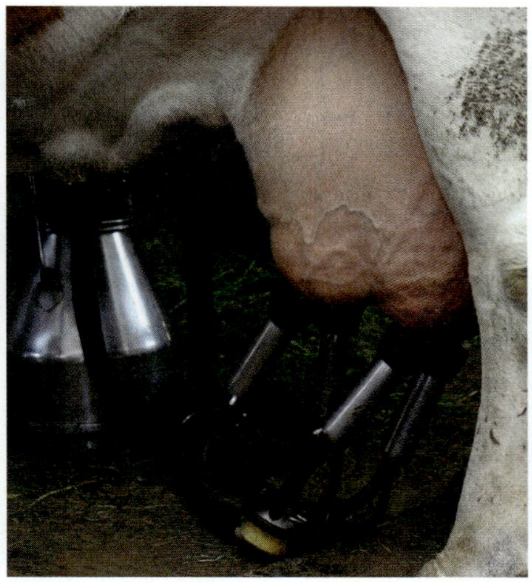
Kuh an der Melkmaschine

Kuh mit trinkendem Kalb

Milch ist ein sehr hochwertiges Lebensmittel. Sie enthält fast alle Nährstoffe, die der Mensch braucht.

1 a) Welche Milchprodukte kennst du?

b) Kannst du sie im Supermarkt finden? Wie viel kosten sie?

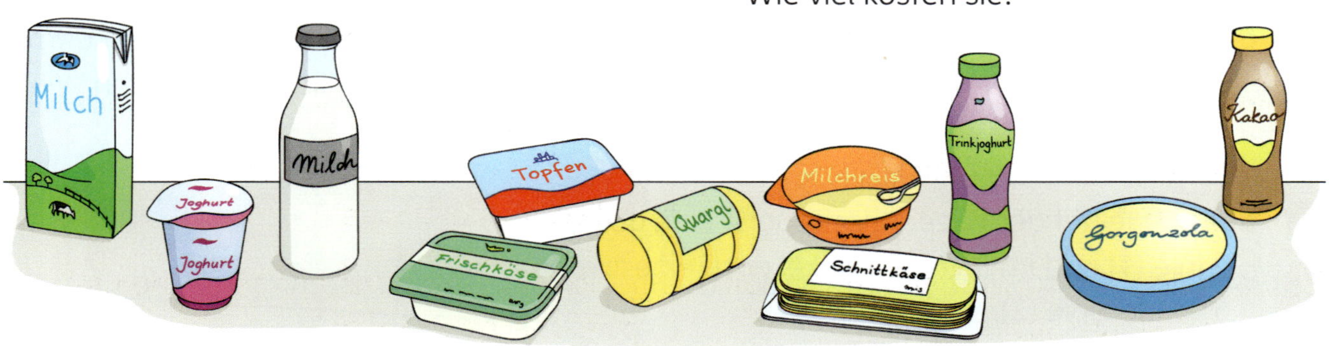

2 Zur Herstellung der Milchprodukte, die jede Person in Österreich jährlich im Durchschnitt verzehrt, werden ungefähr 300 l Rohmilch von der Kuh benötigt.
Eine Kuh gibt im Jahr durchschnittlich 7 500 l Milch.

a) Wie viele Menschen ungefähr können von einer Kuh versorgt werden?

b) In Österreich gibt es gut eine halbe Million Milchkühe.
Wie viele Menschen ungefähr können von diesen Kühen versorgt werden?

3 Fragen und Schätzen
Milch und Obst sind sehr gesund. Darum wird die Ausgabe von Schulmilch und Schulobst von der Europäischen Union gefördert.
Wie viele Kinder in eurer Schule trinken dort oder zu Hause Milch?

4 Der Betrag, den der Bauer für 1 l Milch bekommt, ist seit 20 Jahren immer mehr gesunken.
Ein Traktor, der 1980 etwa 245 000 S gekostet hat, kostete im Jahr 2010 aber etwa 50 000 €.
Was sagst du dazu? (14 S entsprechen ungefähr einem Euro.)

■ Die Kinder zum Nachdenken über unsere Lebensgrundlage anregen. → Arbeitsheft, Seite 58

Im rechten Winkel und parallel

Die obere Schicht und die Seite der Mauer müssen einen rechten Winkel miteinander einschließen.

Die Kinder zeichnen mit der Wasserwaage eine gerade Linie. Mit dem Lot zeichnen sie im rechten Winkel eine Linie von oben nach unten.

1 Warum ist es wichtig, dass eine Mauer genau ausgerichtet ist?

2 Zeichnet wie die Kinder auf dem Bild zwei Linien an die Tafel und prüft mit dem Geodreieck, ob sie einen rechten Winkel einschließen.

3 a) Zeichne mit dem Geodreieck zuerst eine gerade Linie (1) und im rechten Winkel dazu eine zweite gerade Linie (2).
Miss darauf 2 cm ab und zeichne im rechten Winkel dazu eine dritte Gerade (3). Die erste und die dritte Linie sind zueinander parallel.

b) Zeichne mit dem Geodreieck weitere Strecken im rechten Winkel zwischen den Geraden (1) und (3). Überzeuge dich, dass sie alle gleich lang sind.

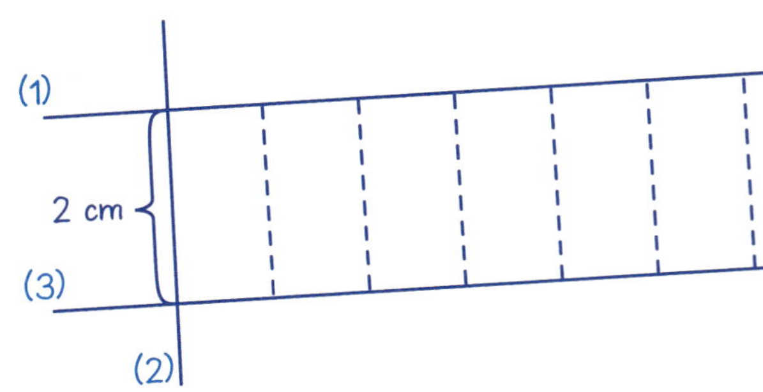

4 Zeichne ebenso parallele Geraden im Abstand von 3 cm (4 cm, 5 cm).

5 Eisenbahnschienen bilden auf gerader Strecke parallele Linien.
Wo findet ihr in eurer Umgebung parallele Linien?

6 Überlege im Kopf.

a) Wie viele Kanten hat ein Quader? Welche sind parallel?

b) Welche Vierecke haben parallele Seiten?

c) Welche Kanten stehen im rechten Winkel aufeinander?

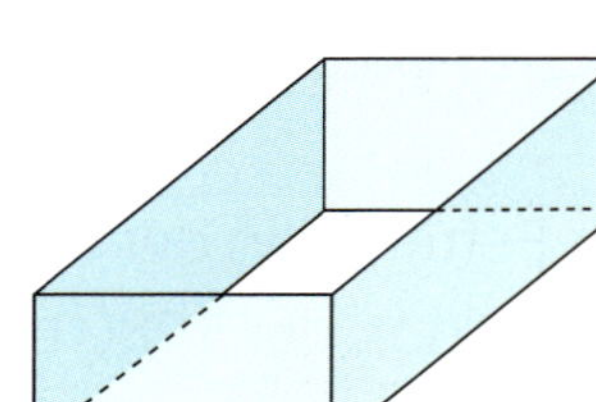

■ Handlungsorientierte Einführung der Begriffe waagerecht, senkrecht und parallel sowie Abstand.

! Eine gerade Linie mit Anfangs- und Endpunkt heißt Strecke.

1 Zwei Punkte kann man durch eine Strecke verbinden.
Ordne 3 (4, 5, …) Punkte ungefähr kreisförmig an.
Verbinde jeden Punkt mit jedem.
Wie viele Strecken erhältst du?
Schreibe eine Tabelle.

Anzahl der Punkte	2	3	4	…
Anzahl der Strecken	1	3	6	

! Eine gerade Linie ohne Begrenzung heißt Gerade. Sie kann beliebig verlängert werden.

2 a) Zwei Geraden, die nicht parallel sind, haben immer einen Schnittpunkt. Zeichne 2 (3, 4, …) Geraden „kreuz und quer".

b) Wie viele Schnittpunkte erhältst du?
Das kann immer anders sein.
Schreibe eine Tabelle für dein Beispiel.

Anzahl der Geraden	2	3	…
Anzahl der Schnittpunkte	1	3	

3 Zeichne eine Gerade und einen etwa 3 cm entfernten Punkt.

Zeichne mit spitzem Bleistift etwa 15 feine Verbindungsstrecken vom Punkt zur Geraden. Zeichne mit dem Geodreieck dort, wo die Verbindungsstrecken die Geraden schneiden, im rechten Winkel zu jeder Strecke eine rote Linie nach unten.

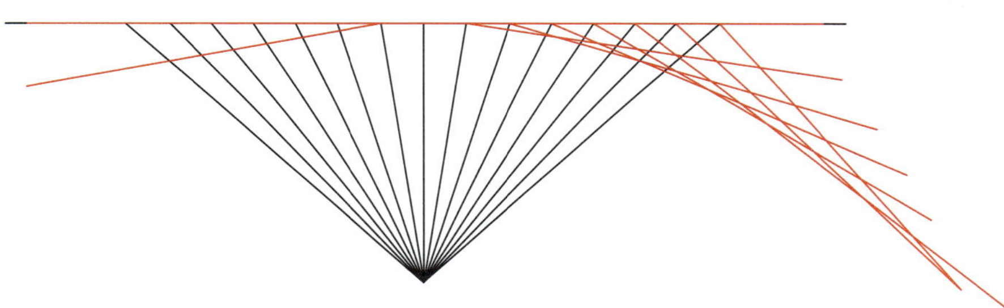

Die roten Linien begrenzen einen Bogen.

Falkensteinbrücke bei Obervellach, Kärnten

4 Wiederhole die Zeichnung von **3**
a) mit einem Punkt, der etwa 4 cm von der Geraden entfernt ist,

b) mit einem Punkt, der etwa 2 cm von der Geraden entfernt ist,

c) mit einem Punkt, der oberhalb der Geraden liegt.

Was fällt dir auf?

Brücke über den Wienfluss, Wien

■ Auf saubere Zeichnungen achten. Ergebnisse besprechen und vergleichen. → Arbeitsheft, Seite 59

1 Karin hat die Zahl der Ecken, Flächen und Kanten des Holzmodells eines Hauses folgendermaßen bestimmt:

Ecken: 4 + 4 + 2 = 10

Flächen: 1 + 4 + 2 = 7

Kanten: 5 + 5 + 5 = 15

a) Wie könnte sie überlegt haben?

b) Wie könnte man die Anzahlen der Ecken, Flächen und Kanten auf andere Weise geschickt bestimmen?

2 Wie viele Ecken, Flächen und Kanten haben folgende Körper? Lege eine Tabelle an.

a)

b)

c)

d)

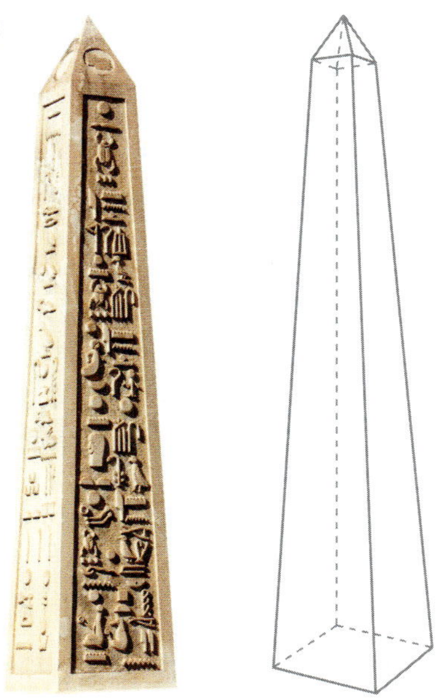

e)

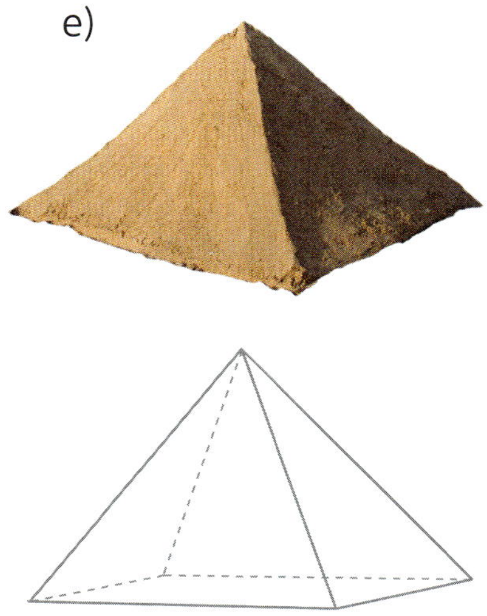

f)

3 Finde Körper

a) mit 6 Ecken und 6 Flächen,

b) mit 5 Ecken und 6 dreieckigen Flächen.

Wie viele Kanten haben sie?

4 Finde ausgehend von einem Körper mit 4 Ecken und 4 dreieckigen Flächen einen Körper mit 5 Ecken, 6 Flächen und 9 Kanten.

■ **1, 2** Anzahlen möglichst strukturiert ermitteln. **3, 4** Probierend lösen, dabei an den Beispielen der vorhergehenden Aufgaben ansetzen.

1 Ornamente mit dem gleichen Motiv.

a) 1 2 3 4 5 6 7

Vergleiche immer mit der ersten Blüte.
Welche Blüten sind parallel verschoben,
welche gespiegelt, welche gedreht?

b) 1 2 3 4 5 6 7

c) 1 2 3 4 5 6 7

2 Zeichne die Ornamente ins Heft und setze fort.

a) Pferde parallel verschoben

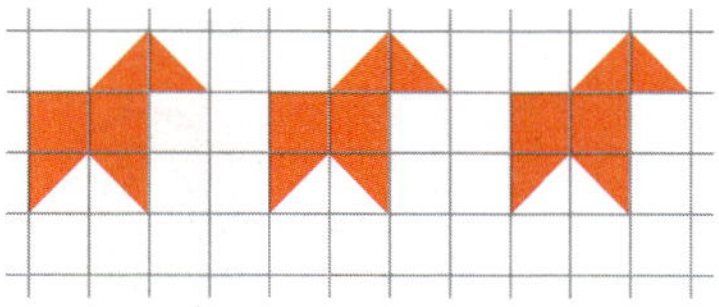

b) Pferde abwechselnd gespiegelt

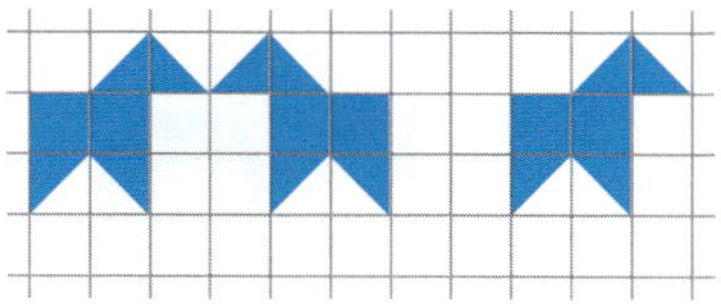

c) Pferde abwechselnd gedreht

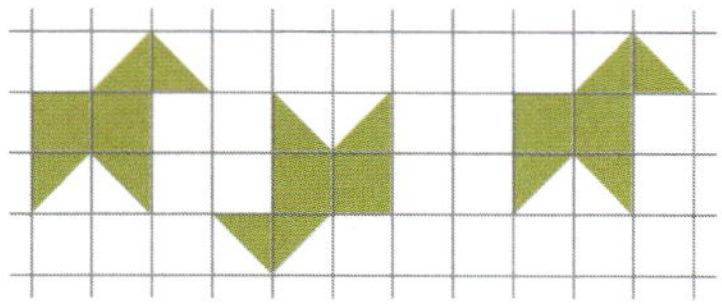

Vergleiche mit den Ornamenten von **1**.

3 Zeichne die Muster in dein Heft und setze sie fort, so weit du möchtest.

a)

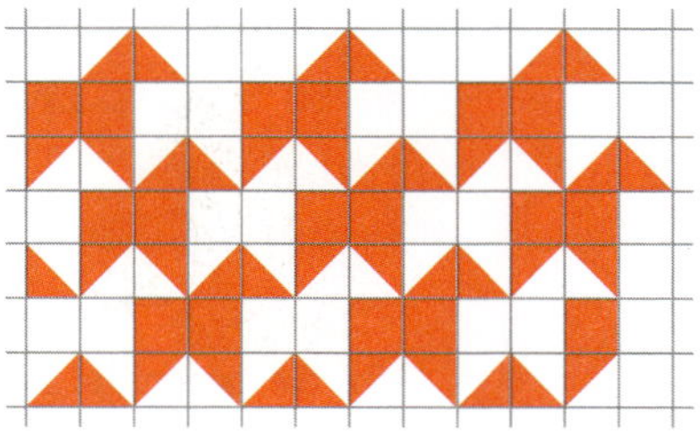

b)

c)

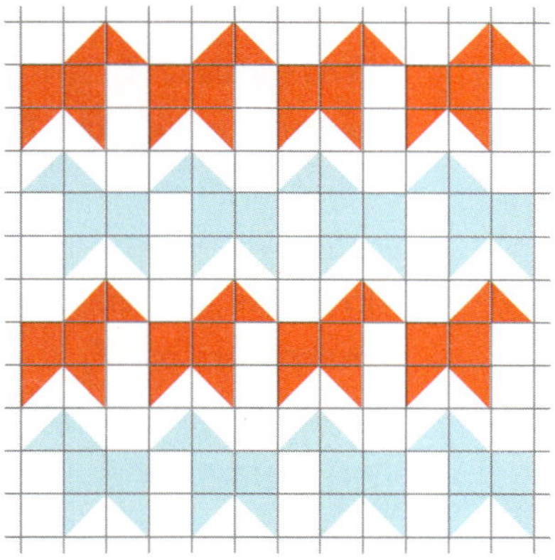

4 Erfinde selbst Ornamente und Muster, bei denen eine Figur verschoben, gespiegelt oder gedreht ist.

5 Diese Ornamente hat der niederländische Maler M. C. Escher (1898–1972) gemalt. Vergleiche das Muster mit **3**.

1, 2 Verschieben, Drehen, Spiegeln an Pappmodell der Blüte und des Pferdchens verdeutlichen.
2–4 Karopapier verwenden. Figuren frei zeichnen.

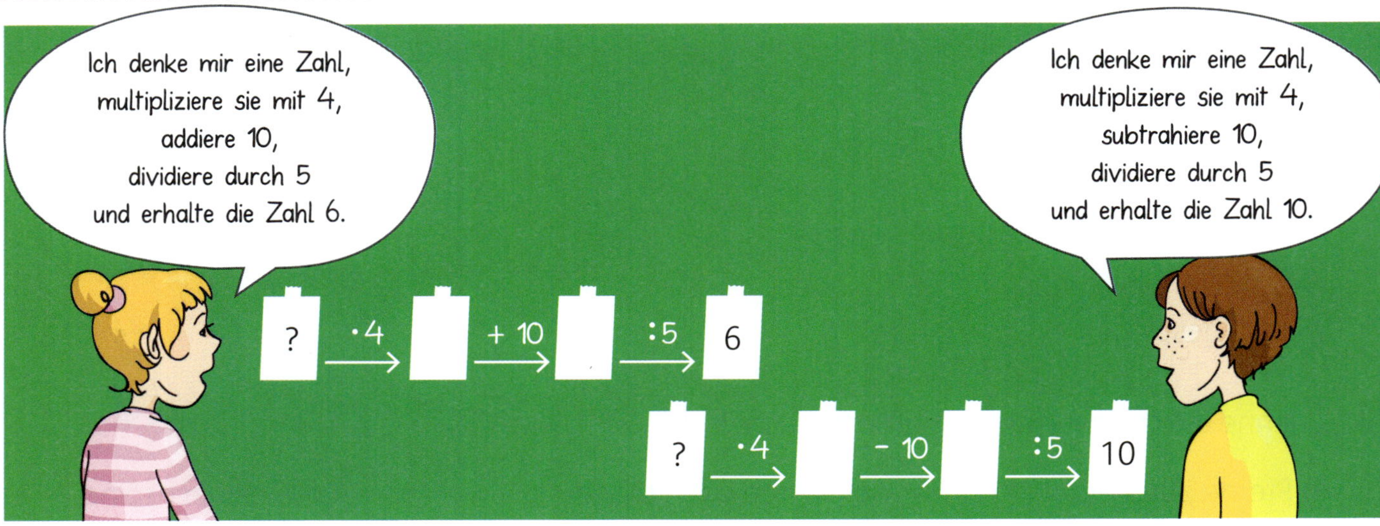

1 Wie heißen die gedachten Zahlen?

a) Ich denke mir eine Zahl, multipliziere sie mit 5, addiere 30, dividiere durch 6 und erhalte die Zahl 10.

b) Wenn ich von meiner Zahl 50 subtrahiere, mit 9 multipliziere und 550 addiere, so erhalte ich 1 000.

c) Wenn ich zu meiner Zahl 500 addiere, dann durch 3 dividiere und mit 5 multipliziere, so erhalte ich 2 500.

d) Ich denke mir eine Zahl, multipliziere mit 7, dividiere durch 7, multipliziere mit 4, dividiere durch 4 und erhalte die Zahl 900.

e) Wer meine Zahl zuerst dreimal hintereinander verdoppelt und dann durch 3 dividiert, der erhält 800.

f) Wer die gedachte Zahl erst verdoppelt, dann 333 addiert und zum Schluss drittelt, der erhält 1 111.

2 Findest du auch diese Zahlen?

a) Meine Zahl ist zweistellig. Wenn man die Einer- und Zehnerziffer vertauscht und dann die Zahl halbiert, so erhält man 16.

b) Meine Zahl ist ein Vielfaches von 8. Wer sie halbiert und dann 5 addiert, der erhält eine Zahl der Dreierreihe zwischen 20 und 30.

3 Wähle eine dreistellige Zahl, multipliziere sie mit 5, das Ergebnis mit 4 und das Ergebnis wieder mit 5. Rechne mehrere Beispiele. Was fällt dir auf? Begründe.

4 Erfinde eigene Zahlenrätsel und stelle sie deinem Partner oder deiner Partnerin.

■ Zahlenrätsel in Rechenketten übersetzen und lösen. Evtl. Hinweis auf Umkehraufgaben geben.
→ Arbeitsheft, Seite 60

0 1 2 3 4 5 6 7 8 9

1 Welche Zahlen passen?

a) .... · 70 < 400

b) .... · 60 < 400

c) .... · 30 < 250

d) .... · 40 < 350

e) .... · 400 < 3 500

f) .... · 500 > 2 900

g) .... · 80 > 300

h) .... · 300 > 2 300

Leon
1a)
0 · 70 = 0
1 · 70 = 70
2 · 70 = 140
3 · 70 = 210
4 · 70 = 280
5 · 70 = 350

Lösung: 0, 1, 2, 3, 4, 5

2 Welche Zahlen passen?

a) 160 < .... · 30 < 250

b) 300 < .... · 70 < 600

c) 100 < .... · 90 < 850

3 Welche Zahlen passen?

a)
40 < .... · 6 < 50
400 < .... · 60 < 500
4 000 < .... · 600 < 5 000
40 000 < .... · 6 000 < 50 000
Vergleiche die Aufgaben.

b) 50 000 < .... · 7 000 < 60 000

c) 50 000 < .... · 9 000 < 60 000

d) 50 000 < .... · 8 000 < 60 000

e) 20 000 < .... · 4 000 < 30 000

f) 20 000 < .... · 3 000 < 50 000

4 Vergleiche. < oder = oder >?

a)	b)	c)	d)
4 · 800 ○ 4 000	5 000 : 5 ○ 800	10 · 100 ○ 5 000	300 · 0 ○ 300
5 · 800 ○ 4 000	4 000 : 5 ○ 800	15 · 150 ○ 5 000	300 · 3 ○ 300
6 · 800 ○ 4 000	3 000 : 5 ○ 800	20 · 200 ○ 5 000	300 : 3 ○ 300
7 · 800 ○ 4 000	2 000 : 5 ○ 800	25 · 250 ○ 5 000	300 · 1 ○ 300
8 · 800 ○ 4 000	1 000 : 5 ○ 800	30 · 300 ○ 5 000	300 : 1 ○ 300

5 Welche Zahl kann es sein?

a) Die Zahl ist größer als 300 und kleiner als 400.
Sie ist aus der 60er-Reihe.

b) Die Zahl gehört zur 30er-Reihe und zur 50er-Reihe. Die Zahl ist größer als 200 und kleiner als 400.

c) Die Summe der Zahl und ihrer Umkehrzahl ist 888.
Die Zahl ist größer als 600 und kleiner als 700.

d) Die Zahl gehört zur 60er-Reihe. Sie hat die Ziffernsumme 9.
Sie ist größer als 400 und kleiner als 600.

e) Die Zahl ist eine ungerade Quadratzahl. Sie ist größer als 300 und kleiner als 400.

f) Die Zahl hat zwei gleiche Ziffern. Sie ist größer als 400 und kleiner als 500.
Die Zahl lässt sich durch 10 teilen.

■ Lösungen evtl. mithilfe von Ziffernkarten (Beilage) finden. Ergebnisse besprechen. → Arbeitsheft, Seite 60

ANNA-Zahlen

Vierstellige Zahlen wie 3 663, 8 558, 1 001 heißen ANNA-Zahlen.

1 a) Bilde zu einer ANNA-Zahl die andere ANNA-Zahl mit den gleichen Ziffern und subtrahiere die kleinere von der größeren Zahl. Rechne mehrere Aufgaben.
b) Welche Ergebnisse hast du gefunden? Sammle sie und schreibe sie geordnet auf.
c) Suche zu jedem Ergebnis weitere Aufgaben.

1a)
  6336
− 3663
  2673

1a)
  7227
− 2772

2 Multipliziere 891 mit 2, 3, 4, ... 9. Vergleiche mit **1** a). Was fällt dir auf?

3 Lege 2 332 mit Plättchen an der Stellentafel. Verschiebe Plättchen so, dass 3 223 entsteht. Wie ändern sich die Stellenwerte? Wie viel muss 3 223 größer sein als 2 332? Untersuche weitere Beispiele.

NANA-Zahlen

Vierstellige Zahlen wie 3 636, 8 585, 1 010 heißen NANA-Zahlen.

4 a) Bilde zu einer NANA-Zahl die andere NANA-Zahl mit den gleichen Ziffern und subtrahiere die kleinere von der größeren Zahl. Rechne mehrere Aufgaben.
b) Welche Ergebnisse hast du gefunden? Sammle sie und schreibe sie geordnet auf.
c) Suche zu jedem Ergebnis weitere Aufgaben.

4a)
  6363
− 3636
  2727

4a)
  7272
− 2727

5 Multipliziere 909 mit 2, 3, 4, ... 9. Vergleiche mit **4** a). Was fällt dir auf?

6 Lege 3 232 mit Plättchen an der Stellenwerttafel. Verschiebe Plättchen so, dass 2 323 entsteht. Wie ändern sich die Stellenwerte? Wie viel muss 3 232 größer sein als 2 323? Untersuche weitere Beispiele.

Gerade Zahlen, ungerade Zahlen

Gerade Zahlen lassen sich als Doppelreihe legen, ungerade Zahlen als Doppelreihe plus 1 Plättchen extra.

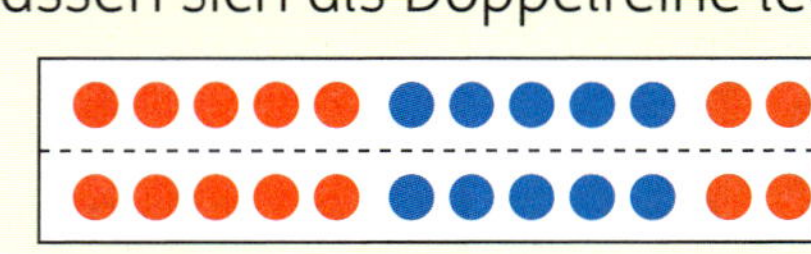

24, gerade

45, ungerade

7 Begründe mithilfe der Doppelreihe:
a) Die Summe zweier gerader Zahlen ist immer gerade.
b) Die Summe zweier ungerader Zahlen ist immer gerade.
c) Die Summe einer geraden und einer ungeraden Zahle ist immer ungerade.

■ Üben und Vertiefen von Subtraktion und Multiplikation. Entdecken und Begründen von Zahlenmustern. Ergebnisse im Lerntagebuch notieren.

Große Summen

1	2	3	4	5	6	7	8	9	10
11	12	13	14	15	16	17	18	19	20
21	22	23	24	25	26	27	28	29	30
31	32	33	34	35	36	37	38	39	40
41	42	43	44	45	46	47	48	49	50
51	52	53	54	55	56	57	58	59	60
61	62	63	64	65	66	67	68	69	70
71	72	73	74	75	76	77	78	79	80
81	82	83	84	85	86	87	88	89	90
91	92	93	94	95	96	97	98	99	100

8 Bestimme die Summe aller Zahlen in der Hundertertafel.

a) Berechne zuerst die Summe der Zahlen in der ersten Zeile, dann in der zweiten, dritten Zeile, usw. Was fällt dir bei den Zeilen-Summen auf? Begründe. Welche weiteren Zeilen-Summen vermutest du? Addiere am Schluss alle Zeilen-Summen.

b) Findest du noch andere Möglichkeiten, um die Summe aller hundert Zahlen zu berechnen?

9 Bestimme die Summe aller Zahlen von 1 bis 1 000.

10 Wie viele Aufgaben stehen in der Einspluseins-Tafel? Berechne die Summe aller Ergebnisse. Vergleiche.

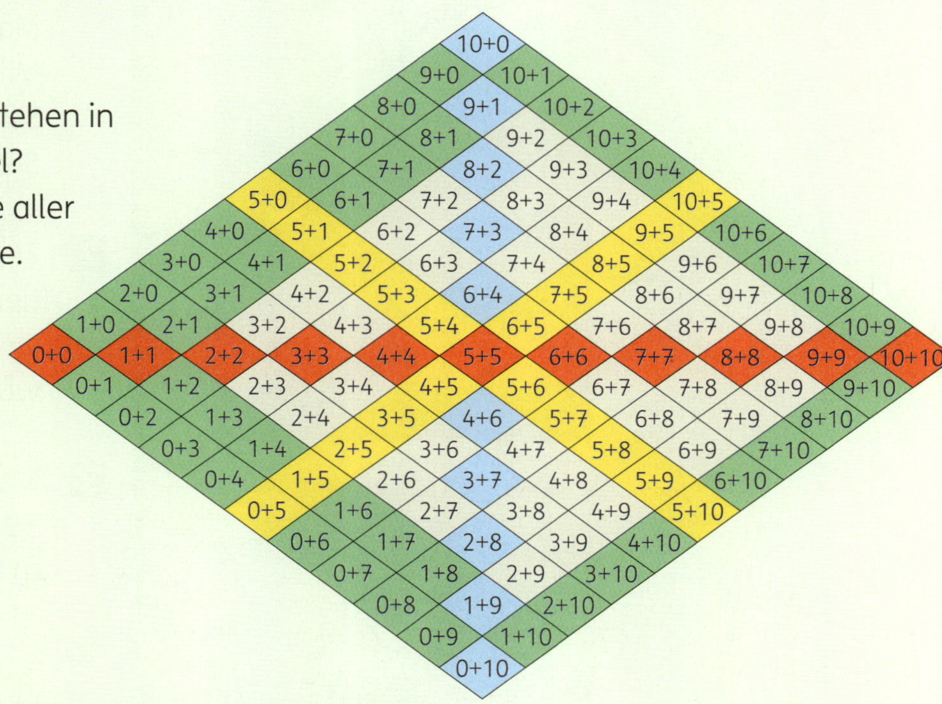

11 Die Begabung von Carl Friedrich Gauß zeigte sich bereits in der Grundschule.

Einmal stellte ihm sein Lehrer die riesige Plusaufgabe: 8 + 16 + 24 + ... + 784 + 792 + 800. Dabei müssen 100 Zahlen addiert werden, von denen jede um 8 größer ist als die vorhergehende.
Der zehnjährige Gauß schaute sich die Aufgabe an und nannte das Ergebnis nach einer Minute: 40 400.

Wie hat er wohl gerechnet?

Carl Friedrich Gauß (1777 – 1855)

Carl Friedrich Gauß gehört zu den bedeutendsten Mathematikern, die je gelebt haben.
Er wurde 1777 in Braunschweig geboren.

■ **8–11** Operative Eigenschaften der Addition als Rechenvorteile nutzen. **11** Den Kindern ein Bild des größten Mathematikers aller Zeiten vermitteln. Ergebnisse im Lerntagebuch notieren.
→ Arbeitsheft, Seiten 62, 63

Spitz a. d. Donau

Ruine Aggstein

Venus von Willendorf

Die Wachau, der Donauabschnitt zwischen Melk und Krems, ist eine der schönsten Landschaften Österreichs und als Weltkulturerbe anerkannt.

1 Zeige auf der Karte
Spitz,
Ruine Aggstein,
Willendorf,
St. Michael,
Maria Langegg,
Mitterarnsdorf,
Schwallenbach,
Steinzeitmuseum.

2 Zeige auf der Karte ungefähr den Platz, von dem aus die Ortschaft Spitz fotografiert wurde.

3 1 cm auf der Karte sind 50 000 cm in Wirklichkeit.

a) Wie viel Meter und wie viel Kilometer sind 50 000 cm?

b) Wie viel Kilometer sind es mit dem Schiff von Weißenkirchen nach Aggsbach-Markt etwa? Schätze.

c) Wie breit etwa ist die Donau bei St. Michael, wie breit bei Spitz an der engsten Stelle?

4 Weißt du, in welche Richtung die Donau fließt?

■ Umgang mit einer Wanderkarte üben.

Fahrplan der Donauschiffe in der Wachau

donauaufwärts			donauabwärts	
09:00	ab	Krems/Stein	an	11:45
09:10	↓	Mautern	↑	11:40
09:35		Dürnstein		11:15
09:55		Weißenkirchen		11:05
10:20		St. Michael		10:55
10:30		Spitz		10:50
10:45		Schwallenbach		10:45
11:05		Aggstein		10:35
11:30		Schönbühel		10:20
11:40		Emmersdorf		10:10
11:50		Melk		10:00

5 a) Wie lange dauert die Fahrt donauabwärts von Melk nach Krems?
b) Wie lange dauert die Fahrt donauaufwärts von Krems nach Melk?
c) Kannst du die unterschiedlichen Fahrzeiten erklären?

6 Schloss Schönbühel ist vom Severitenkloster etwa 1 km entfernt. Laura und Georg haben mit Hilfe einer Stoppuhr die Zeit gemessen, die ein Schiff für diese Entfernung benötigt:
donauabwärts: etwa 3 Minuten für 1 km,
donauaufwärts: etwa 5 Minuten für 1 km.
a) Wie viel Kilometer legt das Schiff donauabwärts etwa in einer Stunde zurück?
b) Wie viel Kilometer legt es donauaufwärts etwa in einer Stunde zurück?
c) Vergleiche mit der Zeit die du zu Fuß oder mit dem Fahrrad brauchst.

Schloss Schönbühel

7 Planung einer Reise in die Wachau: informiert euch im Internet.
a) Wie viel würde die Zugfahrt nach Krems für eure Klasse kosten?
b) Wie viel kostet eine Schifffahrt von Krems nach Melk?
c) Schätzt an der Karte, wie lange ihr für eine Wanderung von Spitz nach Schwallenbach braucht.
d) Was kostet ein Tag mit Übernachtung und Vollpension in der Jugendherberge in Melk?
e) Überschlagt, was eine dreitägige Reise für jedes Kind insgesamt kosten würde.

Stift Melk

■ **5, 6** Fahrpläne lesen, mit verschiedenen Größen rechnen und verschiedene Informationsquellen nutzen.

Das größte Säugetier an Land
Der afrikanische Dickhäuter wiegt 4 000 bis 6 000 kg. Allein seine Haut ist fast 1 000 kg schwer. Der große Zehnagel eines ausgewachsenen Elefanten ist größer als eine Menschenhand. Seine Ohren wiegen etwa 80 kg. Elefantenbullen werden bis zu 4 m hoch und 6 m lang. In der Freiheit werden sie etwa 60 Jahre alt.

Der Chef ist eine Frau
Elefantenweibchen und ihre Jungen leben in Familiengruppen zusammen. Die Führung der Herde übernimmt das größte Weibchen, die so genannte Leitkuh. Erwachsene Elefantenbullen sind Einzelgänger.

Wege und Geschwindigkeiten
Elefanten gehen wie Kamele im „Passgang": 4 bis 6 km in der Stunde. Sie können auch leicht doppelt so schnell laufen. Sie erreichen sogar manchmal Geschwindigkeiten von bis zu 35 km in der Stunde. Um den hohen Nahrungsbedarf zu decken, müssen sie täglich 15 bis 20 km zurücklegen.

Nahrung: Gras, Laub und Wasser
Elefanten brauchen täglich bis zu 150 kg Pflanzennahrung, wie Gras, Laub und Äste. Um ihren großen Hunger zu stillen, müssen die Elefanten täglich 17 bis 19 Stunden fressen. Die Elefanten sind schlechte Nahrungsverwerter. Täglich verlassen 75 kg Kot den Körper in 15 Sitzungen. Ein Kotballen wiegt 2 kg. Jeden Tag trinkt ein Elefant etwa 80 l Wasser. Er saugt es erst in den Rüssel und spritzt es dann in den Mund. Ein „Rüsselvoll" Wasser sind ungefähr 16 l.

Elefantenbabys
Neugeborene Elefantenbabys wiegen etwa 100 kg und sind etwa 1 m groß. Sie trinken pro Tag 10 l Muttermilch, übrigens nicht mit dem Rüssel, sondern mit dem Maul. Das „Rüsseltrinken" müssen sie noch lernen.

Elefantenmütter
Elefanten wachsen langsam. Erst nach 10 Jahren bekommt eine Elefantenkuh ihr erstes Baby. Die Tragzeit beträgt 20 bis 22 Monate, also fast 2 Jahre. Solange sich die Mutter um ihr Baby kümmert, bekommt sie kein neues Junges. So liegen zwischen zwei Geburten einer Elefantenmutter immer 4 bis 5 Jahre.

1 a) Wie viele Autos sind so schwer wie ein Elefant?
b) Wie viele Kinder sind so schwer wie ein Elefant?

2 Wie viele Menschenbabys (etwa 3 kg 500 g) wiegen so viel wie ein Elefantenbaby?

3 Wie viele Babys kann eine Elefantenmutter (bis 40 Jahre) bekommen?

4 a) Wie viel Zeit bleibt dem Elefanten zum Schlafen?
b) Wie viel „Rüsselvoll" Wasser trinkt der Elefant täglich?

5 Vergleiche die Geschwindigkeit eines Fußgängers (4 km in der Stunde) und einer Radfahrerin (20 km in der Stunde) mit der eines Elefanten.

■ Zuerst Sachtexte lesen und besprechen, dabei eigene Fragen stellen. Größen und Daten auf eigenen Wegen veranschaulichen. Im Anschluss **1 – 5** lösen.

Nashörner
Nach dem Elefanten sind Nashörner die zweitgrößten Säugetiere an Land. Ihre größte Bedrohung ist das Horn, das in Asien als Medizin angesehen wird und besser bezahlt wird als Gold. In Asien haben 2 900 Nashörner, in Afrika 2 700 Spitzmaulnashörner und 10 400 Breitmaulnashörner überlebt.
Ein Spitzmaulnashorn wird 3 000 kg, ein Breitmaulnashorn bis zu 3 500 kg schwer.

Elefanten
Im Jahre 1970 gab es weltweit etwa 2 Millionen Elefanten. In Asien haben 40 000 Elefanten in der Wildnis und 16 000 Arbeitselefanten in Gefangenschaft überlebt. Dies entspricht etwa einem Zehntel ihrer afrikanischen Verwandten. Zurzeit sind die Zahlen in Asien und im mittleren Afrika rückläufig, im südlichen Afrika wachsen sie jedoch an.

Elfenbeinschmuggel
Der Preis von geschmuggeltem Elfenbein liegt bei etwa 1 200 Euro für ein Kilogramm. Tierschutzorganisationen schätzen, dass jährlich etwa 40 000 Elefanten von Wilderern getötet werden. Ein Elefant bringt etwa 7 kg Elfenbein.

Wale
Bedroht durch Fang ist auch das größte Säugetier, das je gelebt hat, der Blauwal. Er wird bis zu 30 m lang und 140 000 kg schwer. Allein seine Zunge wird 3 m dick und so schwer wie ein Elefant! Als Nahrung filtert er täglich 4 000 kg Krill (streichholzlange Krebse) aus dem Wasser. Eine 50 cm starke Fettschicht (Blubber) hilft dem Säugetier, die Körper–temperatur von 36 Grad im kalten Wasser zu halten. Die Schwanzflosse ist bis zu 5 m breit. Allein sein Herz wiegt 600 kg.

Tiger
Vor hundert Jahren lebten noch gut 100 000 Tiger in Asien von Indien über Indonesien bis nach Sibirien. Heute sind es nur noch 5 000 bis 7 000 Tiere. Sie aufzuspüren und zu zählen ist reine Detektivarbeit. Prankenabdrücke breiter als 10,5 cm gehören zu einem Männchen, Abdrücke zwischen 8,5 cm und 10,5 cm in der Regel zu einem Weibchen. Das Männchen des sibirischen Amur–Tigers wird bis 300 kg schwer und bis zu 3 m hoch, wenn er sich auf seine Hinterpranken stellt.

1 Wie viele Elefanten insgesamt leben derzeit in Afrika und Asien?

2 Wie viele Nashörner werden weltweit geschätzt?

3 Vergleiche Gewicht und Größe eines Tigers mit einem erwachsenen Menschen.

4 Wie viele Elefanten sind so schwer wie ein Blauwal? Vergleiche auch die Nahrungsmengen.

5 Kennst du weitere bedrohte Säugetiere? Versuche, Zahlen über sie im Internet zu finden. Gestalte ein Plakat und zeige es in der Klasse.

■ Zuerst Sachtexte lesen und besprechen, dabei eigene Fragen stellen. Größen und Daten auf eigenen Wegen veranschaulichen. Im Anschluss **1 – 5** lösen. Informationen im Internet. **5** Ergebnisse auf einem Plakat festhalten.

1 a) Baut gemeinsam in der Klasse aus Bambusstäben einen Würfel von 1 m Seitenlänge. Überprüft: Die Bodenfläche ist so groß, wie ein Meterquadrat.

b) Baut in Partnerarbeit aus Tonpapier einen Würfel von 10 cm Seitenlänge.

c) Probiert es aus:
In diesen Würfel passt genau 1 l Sand.
Er heißt deshalb Literwürfel.

d) Wie viele Literwürfel passen auf den Boden eines Meterwürfels?

e) Wie viele Literwürfel passen in einen Meterwürfel?

! In einen Meterwürfel passen 1 000 Liter.

2 In ein mittleres Fass passen 100 Liter. Wie viele Fässer kann man mit einem Meterwürfel füllen?

Übersicht über Größen (Rauminhalte) auf Seiten 4–5 benutzen. Körperinhalte handelnd vergleichen. Einen großen Würfel von 1 m Seitenlänge mit Dezimeterwürfeln ausmessen.

Durchschnittlicher Wasserverbrauch pro Person am Tag:

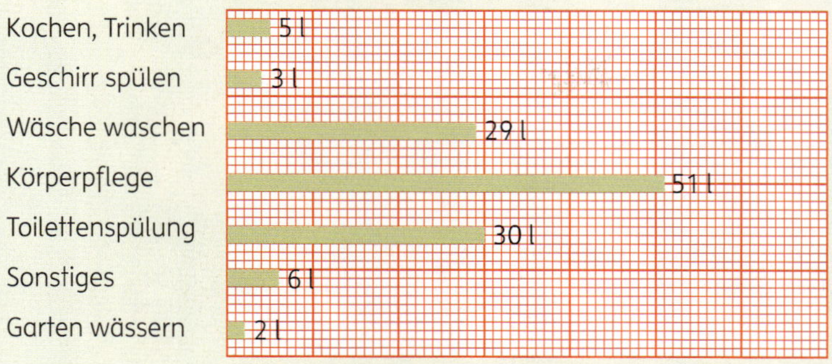

1 000 l Wasser kosten ungefähr 3 Euro.

1 Vollbad 160 l
1 Duschbad 80 l

1 Waschgang:
Normalprogramm ca. 50 l
Sparprogramm ca. 40 l

1 Überschlage, wie viele Liter Wasser eine Person
a) täglich,
b) wöchentlich,
c) jährlich verbraucht.

2 Wie viele Liter verbraucht eine Familie mit 4 Personen durchschnittlich
a) an einem Tag,
b) in einer Woche,
c) in einem Jahr?

3 a) Wie viel Euro kosten 10 l Wasser?
b) Wie viel Euro muss eine Familie mit 4 Personen in einem Jahr ungefähr bezahlen?

4 Ein tropfender Wasserhahn verschwendet am Tag ungefähr 20 l.
a) Wie viel Liter sind das in einem Jahr?
b) Wie viel Euro kostet das in einem Jahr?

5 a) Wie viel Euro kostet das Wasser für ein Vollbad, wie viel für ein Duschbad?
b) Wie viel Geld sparst du, wenn du 10 Vollbäder durch 10 Duschbäder ersetzt?

6 Eine Familie wäscht 4 Maschinen Wäsche in einer Woche.
Wie viel Euro kostet das Wasser für einen Waschgang
a) im Normalprogramm,
b) im Sparprogramm?
c) Wie viel Euro Wasserkosten spart diese Familie im Jahr, wenn sie immer nur mit dem Sparprogramm wäscht?

7 Eine Familie spart Wasser.
a) Erstelle ein Diagramm wie in **1**.
b) Wie viel Liter Wasser verbraucht eine Person an einem Tag, in einer Woche und in einem Jahr?
c) Vergleicht mit dem Durchschnittsverbrauch aus **1**.

Wasserverbrauch pro Person an einem Tag:			
Kochen, Trinken:	4 l	Geschirr spülen:	3 l
Wäsche waschen:	14 l	Körperpflege:	33 l
Toilettenspülung:	25 l	Sonstiges	5 l
Garten wässern: 0 l (Regenwasser verwenden)			

8 Für die Herstellung von 1 kg Papier aus Holzstoff werden 60 l Wasser benötigt, für 1 kg Papier aus Altpapier nur 5 l.

Zehn DIN-A5-Hefte wiegen 480 g.
Überschlage, wie viel Liter Wasser bei jedem Heft gespart werden können.

■ Übersicht über Größen (Rauminhalte) auf Seiten 4 – 5 benutzen. Sachstrukturierte Übung zum Rauminhalt. Evtl. örtlichen Wasserpreis erfragen.

4 Uhr, 28 Minuten, 16 Sekunden
16 Uhr, 28 Minuten, 16 Sekunden

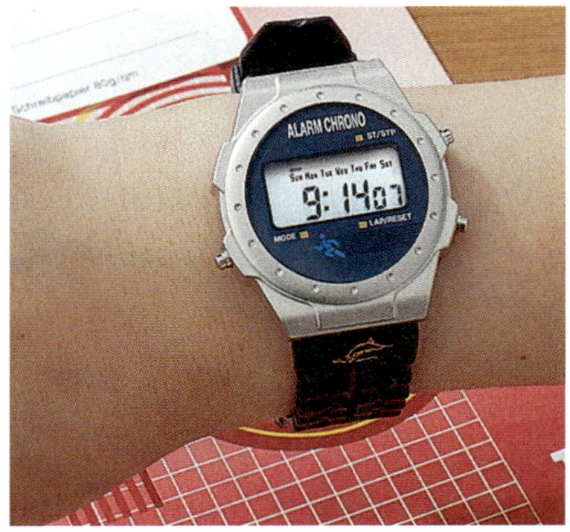

9 Uhr, 14 Minuten, 7 Sekunden

Der Gewichtheber muss die Hantel 2 Sekunden ruhig oben halten, sonst ist der Versuch ungültig.

1 a) Beobachte an Uhren die Anzeige der Sekunden und die Anzeige der Minuten.

b) Zähle eine Minute lang die Sekunden laut mit.

c) Wie oft schlägt dein Puls in 1 Minute?

2 Wie viele Sekunden haben 1, 2, 3, 4, ..., 10 Minuten?

!
1 h = 60 min
$\frac{1}{2}$ h = 30 min
$\frac{1}{4}$ h = 15 min

3 Baut aus einem Gewicht und einer Schnur ein Pendel, das genau in 1 Sekunde hin und in 1 Sekunde her schwingt.

Wie lang ist die Pendelschnur?

!
1 min = 60 s
$\frac{1}{2}$ min = 30 s
$\frac{1}{4}$ min = 15 s

4 Wie viele Minuten?

a) 1 h 10 min　　b) 1 h 40 min
c) 3 h 20 min　　d) 1 h 12 min
e) 2 h 5 min　　f) 1 h 2 min
g) 2 h 30 min　　h) 1 h 45 min

5 Verwandle in min und s.
70 s, 90 s, 75 s, 120 s, 100 s

5) 70 s = 1 min 10 s

6 Der Schall braucht für 333 m etwa 1 s.
Daher hört man den Donner nach dem Blitz um so später, je weiter das Gewitter entfernt ist.
Es blitzt. Eva zählt: „21, 22, 23, 24, 25." Dann donnert es.
Wie weit ist das Gewitter entfernt? Überschlage.

1–3 Im Größenbereich „Zeit" die Sekunde als Unterteilung der Minute kennenlernen. Sekundenpendel selbst herstellen. **4, 5** Aufgaben mit der Zeit. **6** Transfer auf Lebenswelt.

1 Beobachte an einer Uhr Sekunden-, Minuten- und Stundenzeiger.
a) Wie viele Minuten hat eine Stunde?
b) Wie viele Sekunden hat eine Minute?
c) Wie viele Stunden hat ein Tag?
d) Wie oft schlägt dein Herz in einer Minute?

2 Wie lange müssen die Reisenden warten?

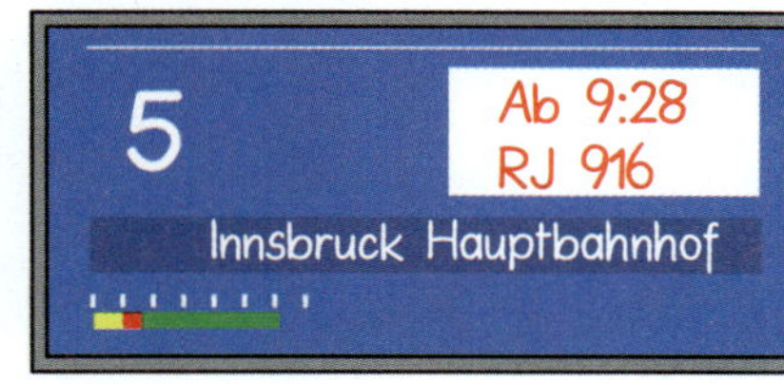

3 Überlege und berechne am Malkreuz.
a) Wie viele Minuten hat ein Tag?
b) Wie viele Sekunden hat eine Stunde?
c) Wie viele Sekunden haben 2 Stunden?
d) Wie viele Sekunden hat ein Tag?
Überprüfe die Rechnung mit einem Überschlag.

4 Wie viele Stunden und Minuten dauert die Show ungefähr?

5

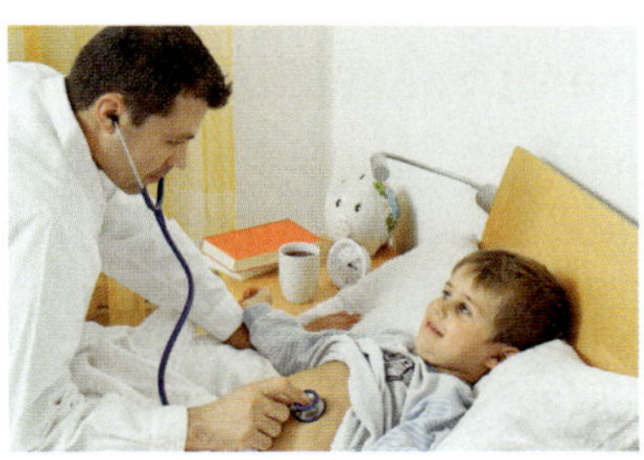

Ein Kinderherz schlägt etwa 72-mal pro Minute. Wie oft schlägt es an einem Tag?

6

Lebewesen	Herzschläge pro Minute	Atemzüge pro Minute
Elefant	24	6
Maus	600	163
Hund	73	18
Igel (wach)	280	20
Igel (Winterschlaf)	18	5
Fledermaus	972	50
Meerschweinchen	250	90
Pferd	36	10
erwachsener Mensch	65	12

a) Berechne für jedes Tier die Herzschläge pro Stunde.
b) Berechne für jedes Tier die Atemzüge pro Stunde.
c) Vergleiche mit dem Menschen.
d) Beobachte eine Uhr mit Sekundenzeiger. Stelle dir vor, wie ein Elefant oder wie eine Maus atmet.

■ **1–6** Sachsituationen im Klassengespräch klären und Aufgaben möglichst selbstständig bearbeiten.
1 d) Pulsmessung besprechen. **4** Angabe in Sekunden problematisieren. → Arbeitsheft, Seite 61

In den ersten 20 Jahren wächst eine Tanne durchschnittlich 13 cm pro Jahr, eine Fichte 31 cm pro Jahr.
In den nächsten 20 Jahren wächst eine Tanne durchschnittlich 54 cm pro Jahr, eine Fichte 48 cm pro Jahr.

1 Fragen und Schätzen
a) Wie viele Lichter hat der Weihnachtsbaum?
b) Wie hoch ist der Baum?
c) Wie viele Jahre brauchte er, um so hoch zu werden?

2 Fragen und Schätzen
Auf dem Weihnachtsmarkt kann man unterschiedlich große Bäume kaufen. Wie alt sind die Bäume ungefähr?
a) 2 m große Tanne/ 2 m große Fichte
b) 3 m große Tanne/ 3 m große Fichte

3 Bastle ein Legespiel als Geschenk.

1. Zeichne die 12 Fünflinge auf Karopapier (Kantenlänge eines Quadrats 1,5 cm).
2. Pause die Fünflinge auf starke Pappe oder Sperrholz.
3. Schneide (oder säge) sie sauber aus.
4. Schneide als Spielplan ein Rechteck 9 cm x 15 cm.

Spielregel:
Lege mit den Formen das Rechteck aus.
Schaffst du es ganz?

Ein Spielplan aus Papier kann gefaltet in die Schachtel (S. 131) gelegt werden.

Du brauchst 2 Quadrate buntes Papier mit mehr als 20 cm Seitenlänge. Schneide von einem Quadrat 1 cm auf allen Seiten ab.

4 Faltet gemeinsam eine Schachtel für das Legespiel.

1. Falte zunächst ein diagonales Gitter in das größere Quadrat. Falte:
a) Symmetrieachsen, b) Ecke auf Mitte, c) Kante auf Mitte. d) Klappe auf und wiederhole b) und c) an den anderen Ecken. Öffne.

2. Falte zwei gegenüberliegende Quadratecken in den Mittelpunkt und klebe sie fest.
Das blau gerahmte Quadrat wird der Deckel.

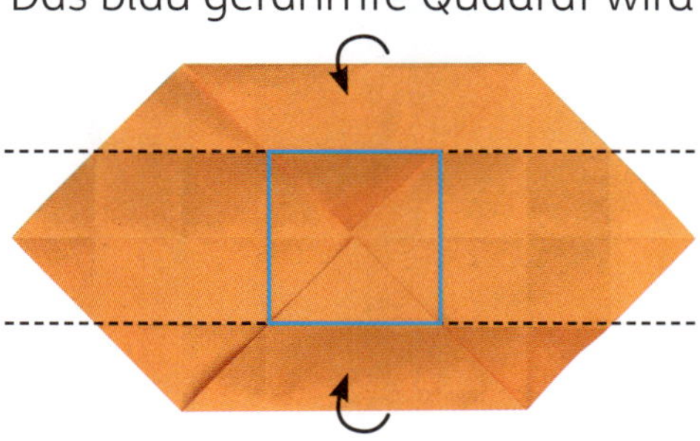

3. Richte die Seiten an der vorderen und hinteren Faltkante auf.

4. Richte eine Quadratecke auf, knicke dabei die blauen Kanten nach innen.

5. Schlage die Ecken nach innen und klebe sie fest.

Wiederhole 4. und 5. mit der anderen Ecke.

6. Falte das zweite Quadrat genauso. Das größere Quadrat ergibt den Deckel, das kleinere den Boden.

■ Eine Schachtel für kleine Weihnachtsgeschenke oder für das Legespiel von S. 130 falten und kleben. Die Kinder helfen sich dabei gegenseitig.

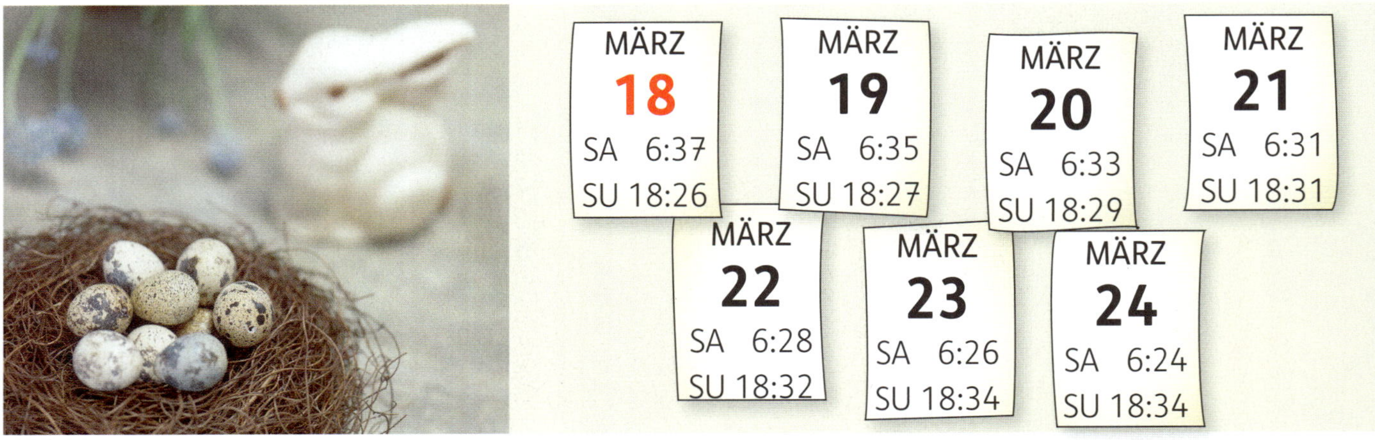

1 An welchem Tag ist der früheste
a) Sonnenaufgang (SA)?
b) Sonnenuntergang (SU)?
c) Berechne die Tageslänge in Stunden und Minuten.

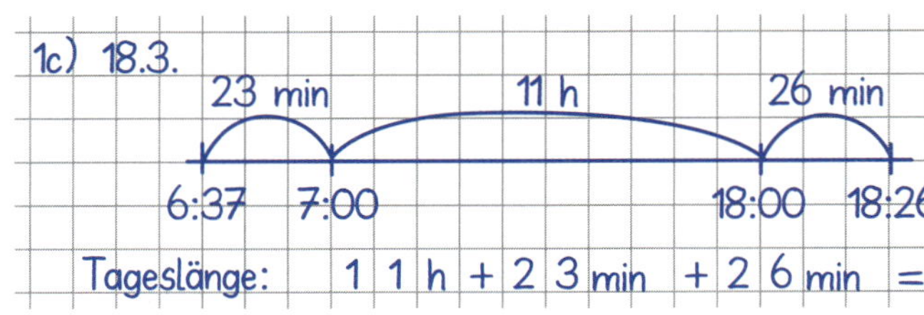

2 Ostern wird jedes Jahr am Sonntag nach dem ersten Frühlingsvollmond gefeiert. Sieh im Kalender nach: Wann ist in diesem Jahr Frühlingsanfang, wann Ostern? Wie viele Tage dauern die Osterferien?

3 In Basel beginnt die Apfelblüte ungefähr am 15.4., in Bozen am 23.4., in Puch bei Weiz am 27.4., in Hamburg am 15.5., in Flensburg am 23.5.
Wie viele Wochen beginnt die Apfelblüte in Flensburg später als in Basel?

4 Vögel brüten unterschiedlich lange.

Kohlmeise
etwa 14 Tage

Sperling
etwa 13 Tage

Buntspecht
etwa 13 Tage

Elster
etwa 18 Tage

Mäusebussard
etwa 34 Tage

Die Försterin beobachtete, dass die Kohlmeise am 29.3. zu brüten anfing. Wann schlüpfen die Jungen?

5 Eine Klasse hat am 24.3. Samen gesät. Wann sind die ersten Keimlinge zu erwarten?

	Keimdauer
Petersilie	14–21 Tage
Schnittlauch	7–15 Tage
Radieschen	6–10 Tage
Sonnenblumen	7–14 Tage

6 Im Korb liegen 50 rote, blaue und grüne Eier. Es sind 6 rote Eier mehr als blaue Eier und 1 blaues Ei mehr als grüne. ?
Vergleicht und erklärt eure Lösungen.

Denkt euch ähnliche Aufgaben aus.

■ Mit Seite 133 als Doppelseite bearbeiten. **1–5** Berechnen von Zeitspannen, dabei sind die Daten in **3–5** Durchschnittswerte. **1** c) Wegen der Übersichtlichkeit kann bei Rechenstrichen ausnahmsweise auf die Benennung der Tageszeit in h und min verzichtet werden.

Schattenspiele.

7 Füllt einen Eimer mit Sand.
Steckt einen Besenstiel im rechten Winkel in den Sand.
Stellt bei Sonnenschein den Eimer mit dem Stab auf den Schulhof und beobachtet den Schatten.
Was fällt euch auf?
a) Markiert 20 Minuten lang alle 2 Minuten mit Kreide die Schattenspitze des Stabes.
b) Markiert an einem Schultag alle 15 Minuten die Schattenspitze des Stabes.

Je höher die Sonne steht, desto kürzer ist der Schatten.

8 In welche Himmelsrichtung zeigt der Schatten, wenn die Sonne am höchsten steht?

9 a) Geht auf den Schulhof und beobachtet eure Schatten. Wo steht die Sonne?
b) Stellt euch in einen Kreis. Wohin zeigen eure Schatten?
c) Stellt euch so in einer Reihe auf, dass Schatten an Schatten grenzt.

10 a) Versucht mit einem Schirm einen möglichst großen Schatten herzustellen.
b) Schneidet aus Karton einen großen Kreis, ein großes Dreieck und ein großes Quadrat. Bewegt die Formen und beobachtet die Schatten.

11 a) Messt euren Schatten morgens und mittags.
b) Vergleicht die Schattenlängen mit eurer Körpergröße.
c) Wie kannst du auch ohne fremde Hilfe die Länge des eigenen Schattens messen? Erkläre.

12 Gehe abends um eine Straßenlaterne herum und beobachte deinen Schatten.

■ Mit Seite 132 als Doppelseite bearbeiten. **7–8** Schattenspiele, Bestimmung der Südrichtung. **9–12** Operative Übungen zum Schattenwurf.

Einmaleins und Zehner-Einmaleins/ Einmaleins und Zehner-Einmaleins auch umgekehrt

(→ Schülerbuch, Seiten 22, 23)

a) Zu einer vorgegebenen Einmaleinsaufgabe (Beispiel: 7 · 8) rechnet das Kind die Aufgabe und die Aufgabe des Zehner-Einmaleins (7 · 80).

b) Zu einer vorgegebenen „kleinen" Divisionsaufgabe (Beispiel: 21 : 3) rechnet das Kind die Aufgabe und die verwandten Divisionsaufgaben des Zehner-Einmaleins (210 : 3 und 210 : 30).

Zahlen zeigen und nennen

(→ Schülerbuch, Seite 37)

Am Millionbuch wird eine Zahl gezeigt. Das Kind benennt sie.

Ergänzen auf 1 Million

(→ Schülerbuch, Seite 38)

Vorgesprochene reine Tausenderzahlen ergänzt das Kind (evtl. am Millionbuch oder ersatzweise mithilfe des Tausenderbuchs) auf 1 Million.

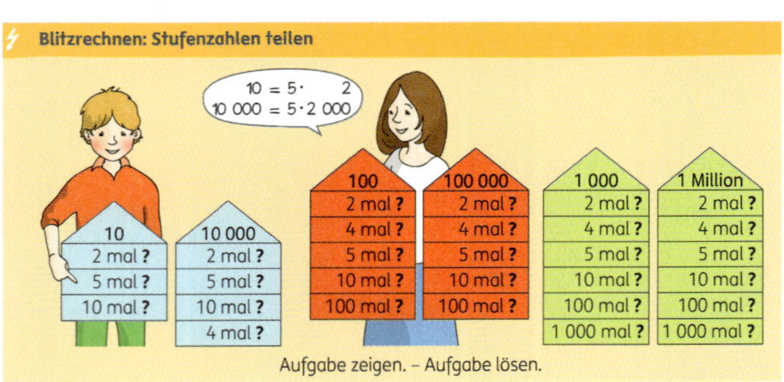

Stufenzahlen teilen

(→ Schülerbuch, Seite 39)

Stufenzahlen (10, 100, 1 000, 10 000, 100 000, 1 000 000) sollen in eine vorgegebene Anzahl von Teilen zerlegt werden. Das Kind bestimmt jeweils das Ergebnis, wobei es auf frühere Ergebnisse zurückgreifen kann.
Die Zerlegungen von 10 und 10 000, 100 und 100 000 sowie 1 000 und 1 Million lassen sich jeweils aufeinander zurückführen.

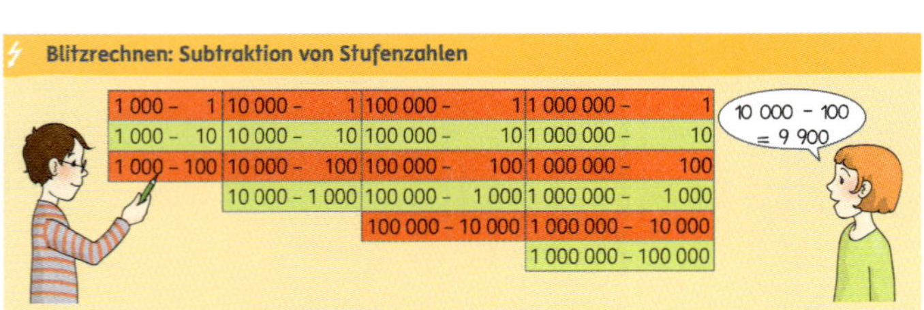

Subtraktion von Stufenzahlen

(→ Schülerbuch, Seite 40)

Es werden Minusaufgaben mit Stufenzahlen gestellt. Das Kind berechnet jeweils das Ergebnis.

Zahl legen. Zahl lesen.
Zahl sagen. Zahl legen und schreiben.
Anzahl der Schritte (2, 4, 5, 8, 10) und Stufenzahl nennen.
In Schritten zählen.

Zahlen lesen und schreiben/Zählen in Schritten
(→ Schülerbuch, Seiten 45, 47)

a) Zunächst wird an der Stellentafel mit Ziffernkarten eine Zahl gelegt. Das Kind nennt die Zahl. Dann wird eine Zahl unter 10 Millionen gesprochen. Das Kind legt sie an der Stellentafel und schreibt sie auf.

b) Stufenzahlen sollen in einer vorgegebenen Anzahl von Schritten erreicht werden. Das Kind zählt in Schritten bis zum Ziel.

Plusaufgaben mit vollen Tausendern lösen.
Minusaufgaben mit vollen Tausendern lösen.

Einfache Additions- und Subtraktionsaufgaben
(→ Schülerbuch, Seite 48)
Es wird jeweils eine Additions- oder Subtraktionsaufgabe mit reinen Tausendern genannt, wobei nur glatte Tausenderzahlen addiert bzw. subtrahiert werden. Das Kind berechnet das Ergebnis und stützt sich dabei auf die gleichnamige Übung im Tausenderraum.

Tausenderzahl verdoppeln.
Tausenderzahl halbieren

Verdoppeln und Halbieren
(→ Schülerbuch, Seite 49)
Auch diese Übung ist analog zur gleichnamigen Übung im Tausenderraum. Zahlen mit vier Endnullen unter 500 000 sollen verdoppelt, Zahlen mit vier Endnullen unter 1 Million halbiert werden.

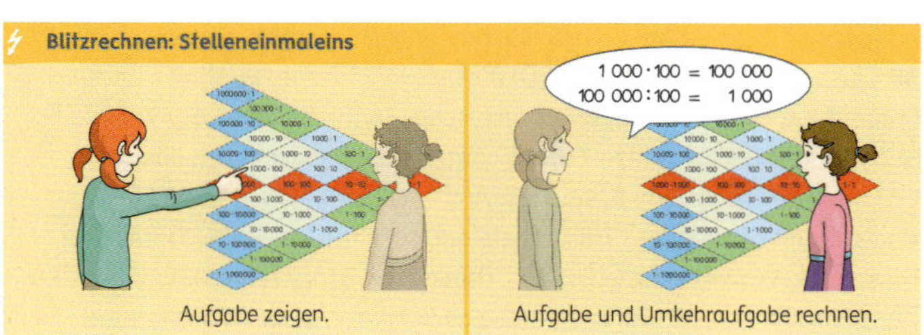

Aufgabe zeigen.
Aufgabe und Umkehraufgabe rechnen.

Stelleneinmaleins
(→ Schülerbuch, Seite 60)
Für diese Übung wird die Rückseite des Schülerbuchs verwendet. Es wird auf ein Feld gezeigt. Das Kind rechnet die Malaufgabe und deren Umkehraufgabe.

Einmaleins-Aufgabe nennen.
Aufgabe und verwandte Aufgaben rechnen.
Umkehraufgabe des Einmaleins nennen.
Aufgabe und verwandte Aufgaben rechnen.

Einfache Multiplikationsaufgaben/
Einfache Divisionsaufgaben
(→ Schülerbuch, Seiten 61, 62)

a) Zu einer vorgegebenen Einmaleinsaufgabe (Beispiel: 7 · 8) rechnet das Kind die Aufgabe und weitere verwandte Multiplikationsaufgaben (7 · 80, 7 · 800, 7 · 8 000).

b) Zu einer vorgegebenen „kleinen" Divisionsaufgabe (Beispiel: 21 : 3) rechnet das Kind die Aufgabe und weitere verwandte Divisionsaufgaben (210 : 3, 2 100 : 3, 21 000 : 3).

Bildquellennachweis

S. 6: David Joyner / iStockphoto.com; **S. 13:** Klett-Archiv (David Ausserhofer, Wandlitz); **S. 16:** Laschi / Fotolia.com; Denis Kabanov / Thinkstock; Karl Thomas / Allover / picturedesk.com; syagci / iStockphoto.com; MH Foto Design; SGV / Fotolia.com; HelleM / iStockphoto.com; Picturefoods.com / Fotolia.com; **S. 17:** Derek Brumby / Thinkstock; Borisb17 / Thinkstock; anyaivanova / Thinkstock; **S. 18:** Alexander Hoene / Fotolia.com; kirvinic / Fotolia.com; **S. 21:** Science Photo Library / picturedesk.com; **S. 23:** stockcam / iStockphoto.com; **S. 24:** Klett-Archiv (Jens Schacht, Düsseldorf); **S. 25:** Dan Race / Fotolia; ikonoklast_hh / Fotolia; **S. 26:** Karl Thomas / Allover / picturedesk.com; snygo / aboutpixel.de; Waldemarus / Thinkstock; **S. 27:** Olaf Wandruschka / Fotolia.com; Kathrin39 / Fotolia.com; Barbarette / Fotolia.com; Herby (Herbert) Me / Fotolia.com; Robert Mayer / Fotolia.com; Martin Hahn / Fotolia.com; **S. 31:** Joachim Neumann / Fotolia.com; **S. 34:** Klett-Archiv (David Ausserhofer, Wandlitz); Klett-Archiv (David Ausserhofer, Wandlitz); Joy Fera / Fotolia.com; **S. 36:** Klett-Archiv (David Ausserhofer, Wandlitz); **S. 41:** MAGICS / Action Press / picturedesk.com; **S. 42:** David Joyner / iStockphoto.com; **S. 43:** pavlen / Thinkstock; Alexander Forst / EXPA / picturedesk.com; **S. 44:** Kruse, Ingrid von / SZ-Photo / picturedesk.com; **S. 48:** Dusan Kostic / Fotolia.com; ÖFB - Österreichischer Fußball-Bund; Österreichischer Leichtathletik-Verband; © Pitopia, Alexandra Buss, 2010; Joe McDaniel / iStockphoto.com; Österreichischer Tennisverband; **S. 49:** filipe varela / Thinkstock; **S. 50:** hsvrs / iStockphoto.com; openlens / Fotolia.com; thongsee / Fotolia.com; ThKatz / Fotolia.com; **S. 51:** Fotolyse / Fotolia.com; Mike Watson Images /Thinkstock; MEV-Verlag, Germany; kurga / Thinkstock; **S. 57:** Maria.P. / Fotolia.com; **S. 58:** Klett-Archiv (Foto Geuther, Rötha); **S. 61:** Rodney_X / Thinkstock; **S. 66:** DiMarzio / Fotolia; **S. 67:** Michal Krakowiak / iStockphoto.com; AzmanJaka / Thinkstock; gnagel / Thinkstock; **S. 71:** ullstein bild / Ullstein Bild / picturedesk.com; **S. 75:** Milous / Thinkstock; **S. 76:** Zabavna / Thinkstock; Wavebreakmedia Ltd / Thinkstock; Stacy Able / iStockphoto.com; Ale-ks / Thinkstock; **S. 77:** Bjrn Wylezich / Fotolia; MH Foto Design; Irina Fischer / Fotolia.com; by-studio / Fotolia.com; Neiromobile / Fotolia.com; Henrik Pettersson / Thinkstock; awfoto / Fotolia.com; Frank F. Haub / stock.adobe.com / Fotolia; **S. 80:** Stockbyte / Thinkstock; Chalabala / Thinkstock; Michael Bodmann / iStockphoto.com; **S. 88:** Klett-Archiv (Martin Adam, Berlin); Klett-Archiv (Martin Adam, Berlin); **S. 89:** öbv (Harald Waiss, Wien); **S. 91:** öbv (Wolfgang Renner, Wien); **S. 93:** Barbara Gindl / APA / picturedesk.com; Roman Babakin / Thinkstock; **S. 94:** Walter Luger / Fotolia.com; öbv (Harald Waiss, Wien); Ma / Interfoto / picturedesk.com; **S. 98:** Christian Nasca / iStockphoto.com; **S. 100:** Andrey Armyagov / Fotolia.com; **S. 110:** roman023 / Thinkstock; **S. 111:** Omika / Fotolia; MEV-Verlag, Germany; Roni Ben Ishay / Thinkstock; **S. 112:** Elena Elisseeva / iStockphoto.com; Franz Pfluegl / Fotolia; Wolfgang Jargstorff / Fotolia.com; **S. 113:** Vladimir Mucibabic / Fotolia.com; kickers / istockphoto.com; Zauberhut / Fotolia.com; **S. 114:** Martina Berg / Fotolia.com; **S. 115:** NationalparkRegion Hohe Tauern Kärnten / OTS / picturedesk.com; fightbegin / Thinkstock; **S. 116:** Eric Ferguson / iStockphoto.com; Eric Simard / iStockphoto.com; Maksim Shebeko / Fotolia.com; Ryan Jones / iStockphoto.com; TUNA TIRKAZ / iStockphoto.com; rraheb / Thinkstock; Sven Larsen / iStockphoto.com; **S. 117:** M.C.Escher's"Symmetry Drawing E67"©2017 The M.C. Escher Company-The Netherlands; **S. 121:** Georgios Kollidas / Fotolia; **S. 122:** LianeM / Thinkstock; bluejayphoto / Thinkstock; Paweł CYGAN / Fotolia.com; **S. 123:** © BRANDNER Schiffahrt Wachau; Richard Semik / Thinkstock; pure-life-pictures / Fotolia.com; **S. 124:** Chris Kruger / iStockphoto.com; Duncan Noakes / Fotolia.com; **S. 125:** CornelisNienaber / Thinkstock; Duey / Fotolia.com; adwalsh / iStockphoto.com; **S. 126:** Klett-Archiv (Bettina Goebecke, Leipzig); Klett-Archiv (David Ausserhofer, Wandlitz); MEV-Verlag, Germany; **S. 128:** Ralf Geithe / Fotolia.com; Klett-Archiv (Jens Schacht, Düsseldorf); Hans Klaus Techt / APA / picturedesk.com; **S. 129:** Gina Sanders / Fotolia.com; **S. 130:** craftvision / iStockphoto.com; **S. 131:** Klett-Archiv (David Ausserhofer, Wandlitz); **S. 132:** MEV-Verlag, Germany; lues01 / Thinkstock; snygo / aboutpixel.de; fotoreisen.com / Fotolia; Andrew Howe / iStockphoto.com; Paweł Spychała / iStockphoto.com; **S. 133:** FooTToo / Thinkstock; Klett-Archiv (Bettina Goebecke, Leipzig)